Ponti

Italiano terzo millennio

Ponti

Italiano terzo millennio

Elissa Tognozzi
University of California, Los Angeles

Giuseppe Cavatorta
Dartmouth College

Houghton Mifflin Company   Boston   New York

Publisher: Rolando Hernández
Sponsoring Editor: Van Strength
Development Manager: Sharla Zwirek
Senior Development Editor: Sandra Guadano
Senior Project Editor: Rosemary R. Jaffe
Editorial Assistants: Erin Kern, Rachel Zanders
Senior Production/Design Coordinator: Sarah Ambrose
Senior Designer: Henry Rachlin
Manufacturing Manager: Florence Cadran
Senior Marketing Manager: Tina Crowley Desprez
Associate Marketing Manager: Claudia Martínez

Cover image: *Ballerina* by Gino Severini © Archivo Iconografico, S.A./Corbis.

Credits for texts, photographs, illustrations, and realia are found following the index at the back of the book.

Printed in the U.S.A.

ISBN: 0-618-05237-2

Library of Congress Control Number: 2001133358

1 2 3 4 5 6 7 8 9—MP—07 06 05 04 03

CONTENTS

CAPITOLO 3   Terra di casalinghe e vitelloni?   **45**

COMMUNICATIVE OBJECTIVES   *Specify locations; Discuss interpersonal relationships; Discuss gender issues*

CAPITOLO 4   O sole mio?   **70**

COMMUNICATIVE OBJECTIVES   *Make requests and suggestions; Give commands; Talk about music and musicians*

CAPITOLO **5** Pizza, pasta e cappuccino? 94

COMMUNICATIVE OBJECTIVES *Talk about modern Italian cuisine; Express likes and dislikes; Refer to locations and quantities*

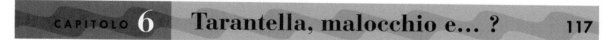

L'ITALIA A COLORI **Il mondo di oggi nei palazzi di ieri**

CAPITOLO **6** Tarantella, malocchio e... ? 117

COMMUNICATIVE OBJECTIVES *Talk about Italian traditions, festivals, and holidays; Discuss superstitions; Refer to events in the distant past; Talk about fairy tales and fables*

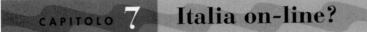

CAPITOLO 7 Italia on-line? 140

COMMUNICATIVE OBJECTIVES *Discuss future events; Make polite requests; Express desires and intentions; Talk about computers, cell phones, and pagers; Construct complex sentences*

CAPITOLO 8 Fratelli d'Italia? 167

COMMUNICATIVE OBJECTIVES *Express opinion, belief, doubt, and emotion; Discuss volunteer efforts and social issues; Discuss community issues*

CAPITOLO 9 Tutti in passerella? 192

COMMUNICATIVE OBJECTIVES *Express opinions about fashion and clothing; Talk about having something done; Get and give permission for something to take place*

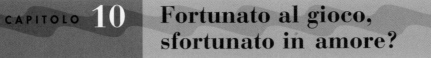

| CAPITOLO **12** | Italiani si diventa? | **257** |

COMMUNICATIVE OBJECTIVES *Talk about Italian lifestyles and customs; Talk about practical aspects of daily life in Italy; Rent an apartment in Italy; Recognize and use common idioms*

PREFACE

Ponti: Italiano terzo millennio is the culmination of a serious rethinking of second-year college language instruction in Italian and a desire to create a text that promotes learning through interaction and reflection. *Ponti* strives to present a realistic picture of modern Italy and its relationship to the world while strengthening the second-year student's newly acquired language skills. The themes of individual chapters and the selection of readings, realia, and photographs are all aimed at replacing stereotypical images of Italy and Italians with a more complex and up-to-date portrayal. The text also integrates communicative aspects in all four skills—reading, writing, listening, and speaking—through activities that are meaningful and appealing to students. In addition, the basic tenets of the Standards for Foreign Language Learning or 5Cs (communication, cultures, connections to other disciplines and viewpoints, cultural and linguistic comparisons, and communities) are embedded in activities and readings throughout the text.

An additional, underlying goal of *Ponti* is to break new ground in Italian-language pedagogy within the realms of oral communication, comprehension, and cultural awareness. Today's combined dynamic of interactive methodologies and technological advances creates an exciting setting that supports a more realistic and functional approach to Italian language studies. The Internet offers the great advantage of eliminating problems of obsolescence. No longer completely dependent on the printed word, pedagogical tasks can draw on an authentic Italian presence on the Web. One way *Ponti* takes advantage of the Web is to encourage cultural exploration and comparison.

The following specific features of *Ponti* reflect the objectives and philosophy of the program:

• Integration of Technology in the Program

The use of technology is driven by pedagogical objectives and by a strong drive to close the gap between language and culture. To this end, the **Internet Café** web activities at the beginning of the text chapters immediately immerse students in Italian culture and prepare them thematically for the chapter content. Website video-based exercises and grammar review and practice for each chapter further interactive learning, with the advantage of immediate feedback. These technological elements will encourage instructors to view technology as an exciting way to extend the boundaries of the classroom and as a source of inspiration for curriculum innovation.

- ### A Nontraditional Approach to Grammar

Ponti immediately introduces intermediate-level structures to promote mastery of second-year grammar concepts by the book's end. Review of selected elementary-level structures is provided on the accompanying website. Many grammar exercises and activities allow for individual creativity, thus building correct usage of the language in an interactive, dynamic way. Standard Italian is used throughout the textbook as the primary language of instruction. To facilitate the student's individual study of grammar outside of the classroom, specific grammar structures are explained in English. Classroom time can thus be used to encourage language proficiency through interaction.

- ### Cultural Portrayal in Authentic Readings

Cultural and literary readings emphasize both contemporary selections and selections chosen to illustrate a particular past era. They are organized with an eye to functionality, interactive exchange, and relevance to culture. The literary selections present pertinent aspects of Italian society, and explore local and global realities that are not always prevalent in higher education programs.

- ### Systematic Reading and Writing Skill Development

To provide a solid foundation in reading and writing and to prepare students for more advanced study in Italian, reading and writing strategies encourage students to implement techniques that will make them more successful readers and writers. Pre- and post-reading exercises and a guided approach to writing provide additional support for student efforts.

- ### Varied Opportunities for Oral and Written Communication

Throughout the chapters, numerous guided and more open pair and group activities reinforce chapter topics, while fostering communication and personal expression. Themes linked to cultural awareness encourage students to use oral and written language to express how they see themselves as well as how they see others.

Ponti is organized into twelve chapters. Each chapter includes the following sections:

~ INTERNET CAFÉ

This web-based activity serves as an introduction to the chapter's theme and is designed as an appealing way of engaging students with the subject before they actually begin the chapter.

～ INTRODUCTION

An introductory essay provides an informative overview of the chapter theme and a point of departure for discussion and cultural comparison.

～ LESSICO.EDU

This is a list of useful words and phrases relating to the chapter's theme. Vocabulary activities and exercises help students acquire the new vocabulary by putting it to immediate use in context.

～ STUDIO REALIA

Authentic realia and related group activities give students an opportunity to communicate, to complete functional tasks, and to assess their comprehension level.

～ GRAMMATICA & CO.

This section presents from two to five grammatical structures, with follow-up exercises and communicative activities. Examples and charts clearly illustrate concepts and serve as a useful reference.

～ BIBLIOTECA 2000

The chapter's primary reading selection is presented in this section. The readings are noteworthy for their variety. They include not only selections from leading Italian writers like Calvino, Fenoglio, and Bontempelli, but also an interview with a Neapolitan rap group and a story by an immigrant from Togo. In addition to pre-reading activities, the reading is also preceded by a discussion of a pertinent reading strategy, such as using format to predict content or making inferences. Comprehension exercises follow the reading.

～ DI PROPRIA MANO

This section calls on students to express themselves in written Italian. The writing assignments are structured to stimulate creativity without being entirely open-ended. Most are linked thematically to the preceding reading selection. Each writing assignment is introduced by a brief description of a pertinent writing strategy, such as parallel writing or relaying instructions.

The **Block notes** feature is an ongoing assignment to keep a journal in Italian. Students record observations about Italian lifestyles, traditions, behavior, and outlooks. In the last chapter, students draw on the contents of their journals in a final writing assignment on cultural stereotyping.

～ REFERENCE

The end-of-book **Reference** section provides a verb appendix that contains verb charts, conjugations of regular and irregular verbs, lists of verbs conjugated with **essere** and **avere** in compound tenses, and a list of verbs with irregular past participles. An Italian-English glossary defines high-frequency words used in the text.

An Overview of Your Textbook's Main Features

Ponti consists of twelve chapters, class-tested in their entirety in multiple classes at UCLA and Dartmouth.

Technology Integration Encourages Curriculum Innovation

The **Internet Café** web activity at the beginning of each chapter sets the cultural theme of the chapter. It immediately immerses you in Italian culture to prepare you for the thematic content of the chapter. Throughout the text, you are encouraged to use the Internet to extend the boundaries of the classroom and experience a present-day view of Italy.

Chapter Opener

Each chapter opens with a photo related to the theme of the chapter. The chapter title poses a question to engage you in discussion of ideas related to the theme.

Communication goals establish clear learning objectives for the chapter.

C A P I T O L O **1**

Italamerica?

Internet Café

Indirizzo: http://italian.college.hmco.com/students
Attività: La nostalgia comincia dalla pancia... per fortuna che c'è McDonald's!
In classe: Stampa una pagina del sito di McDonald's Italia dedicata ad un prodotto o ad una strategia pubblicitaria che ti ha colpito per essere diversa rispetto a prodotti o strategie dei McDonald's del tuo paese. Portala in classe, descrivila ai compagni e spiega la ragione per cui pensi che McDonald's l'abbia scelta per la sua campagna italiana.

Communicative Objectives

- Make comparisons
- Discuss the effect of English on Italian
- Discuss American influences on Italy and Italian influences on America
- Discuss Italian traditions associated with coffee

Un tocco d'America nel nome di un bar di Lucca.

1

Italamerica?

In Italia il grande boom verso l'americanizzazione nasce intorno agli anni '40 e '50. In questo periodo i cinema italiani proiettano° centinaia di film che, dal western al dramma, presentano una civiltà di grandi sentimenti, di successo e sempre all'avanguardia in tutti i campi°. Il fascino per l'America è testimoniato° anche dalla musica e dal cinema italiani* che, tra il serio e il faceto°, ironizzano° sulla mania degli italiani verso lo stile di vita degli Stati Uniti.

In confronto ad altri paesi europei, gli italiani e la lingua italiana sembrano più aperti ad una «contaminazione», specialmente quando arrivi dagli Stati Uniti. L'esplosione tecnologica, inoltre, ha portato ad un continuo incremento di termini inglesi nella pubblicità e nella vita di tutti i giorni. Ma anche lo stile di vita sembra in parte adeguarsi° a quello americano: dall'introduzione di numerosi fast food alla cena davanti alla televisione invece del tradizionale pasto a tavola tutti insieme. Perfino la recente introduzione della festa di Halloween ha avuto grande successo nelle grandi città che di giorno in giorno acquistano un aspetto sempre più americaneggiante°. A questo si aggiunge la novità di alcuni negozi aperti anche la domenica e di molti altri che sono passati all'orario continuato°, adattandosi così ad un modello dominato dalle leggi del consumismo°.

Ma dobbiamo anche riconoscere che l'Italia ha contribuito a modificare alcuni aspetti della vita degli altri paesi, esportando soprattutto la propria immagine culinaria e quella della moda. Pizzerie e ristoranti italiani in primo luogo, ma anche il grande successo delle gelaterie italiane e dei caffè (si pensi al fenomeno Starbuck's), portano un po' dei sapori° italiani fuori dalla penisola, mentre gli stilisti italiani continuano a godere di un illimitato successo.

proiettano° *show*

campi° *fields*
è... testimoniato° *is manifested /*
tra... faceto° *half-jokingly /*
ironizzano° *speak ironically*

adeguarsi° *to adapt*

americaneggiante° *Americanized*
orario... continuato° *... continuous business hours /*
consumismo° *consumerism*

sapori° *flavors*

* Si pensi alla canzone "Tu vuo' fa' l'americano" di Renato Carosone e a film quali *Un americano a Roma* con Alberto Sordi.

Tra esotismo e praticità: nomi dei piatti in italiano, ingredienti in inglese.

«PRANZOALSOLE» – Tra i neologismi coniati da Filippo Tommaso Marinetti per sostituire vocaboli stranieri: «polibibita» invece di cocktail, «pranzoalsole» per picnic, «traidue» per sandwich (*Futurismo I*, Cult, 21).

DOMANDE

1. Oltre al cinema, quali possono essere altre ragioni dell'influsso degli Stati Uniti sull'Italia?
2. Le pubblicità che vedi alla televisione usano a volte la lingua di altri paesi? Quali possono essere le ragioni per cui lo fanno?
3. Conosci film o programmi televisivi che parlano dell'Italia o degli italiani all'estero? Quali immagini offrono dell'Italia, degli italiani o degli italiani all'estero?
4. Quali sono alcune parole inglesi che si usano in Italia? Quali sono parole di altre lingue che si usano comunemente in inglese?
5. In base a quanto presentato dall'attività Web, ti sembra che i fast food italiani siano influenzati dall'ambiente italiano? In che modo?

LESSICO.EDU

appropriarsi *to appropriate*	essere a posto *to be fine, to be in order*	l'influsso *influence*
il caffè *coffee*		lo scambio culturale *cultural exchange*
il doppiaggio *movie dubbing*	fare concorrenza a *to compete with* (in business)	i sottotitoli *subtitles*
il doppiatore *dubber*		

L'inglese nell'italiano*

la / il babysitter *la bambinaia / il bambinaio*	l'Internet	lo smog *l'inquinamento*
il boom *l'esplosione*	il meeting *la riunione*	lo sport
il club *il circolo*	OK *va bene*	il test *l'esame di laboratorio*
il computer	lo shock	l'UFO *l'oggetto volante non identificato*
l'email (*m.*) *la posta elettronica*	lo shopping *le spese*	il Web *la rete*
il fax *il facsimile*	lo slogan *il motto pubblicitario / politico*	il weekend *il fine settimana*
il film *la pellicola cinematografica*		
il garage *l'autorimessa*		
l'hi-tech *la tecnologia avanzata*		

* Le parole italiane di questa sezione possono essere usate anche se spesso sono preferite, nella lingua italiana, quelle di origine straniera.

Authentic Cultural Readings Reflect an Up-to-Date Portrayal of Italy and Italians

Authentic readings such as an ad, song lyrics, and magazine articles in the **Studio realia** section of each chapter provide a setting for exploring culture.

C. Una città cosmopolita? Abbiamo visto che l'Italia è aperta alle suggestioni del mondo americano e, a poco a poco, comincia a cambiare in alcuni aspetti, come per esempio nell'apertura di fast food. Con un compagno / una compagna, verificate se il vostro paese sia aperto o meno agli influssi esterni. In caso affermativo, in quali campi e verso quali culture? Poi parlatene con la classe e identificate almeno una cultura che non vi sembra ben rappresentata nella vostra città.

tipo di cultura	influssi evidenti
italiana	
francese	
africana	
araba	

STUDIO REALIA

Tutta l'Italia fa slurp.
la storia

All'inizio del secolo in una latteria di Empoli Romeo Bagnoli si guadagnò un'ottima reputazione per il gelato che produceva. Per farlo più buono usava un latte di prima qualità proveniente da una fattoria vicina che si chiamava Sammontana, e che finì con il dare il nome alla gelateria e poi all'azienda che nacque. Da lì ebbe inizio la storia di quella che oggi è una delle realtà più importanti sul panorama nazionale per la produzione del gelato.
Una storia fatta di scelte lungimiranti ed all'avanguardia come l'acquisto di nuovi macchinari all'estero, un rapporto stretto con i venditori e soprattutto, per primi assoluti, la proposta di mettere primi banchi frigo nei bar.

Così negli anni '50 Sammontana si trasforma da una realtà artigianale in un'industria, che da locale diviene rapidamente nazionale, iniziando ad operare con successo in tutta Italia. Nascono poi in rapida successione i prodotti che hanno costruito la fama del gelato Sammontana e che sono ancora grandi successi di vendita: Barattolino, Coppa Oro e Stecco Ducale, il primo stecco estruso lanciato sul mercato italiano.

SAMMONTANA
gelati all'italiana

SAMMONTANA GELATI ALL'ITALIANA

Il carretto nella comunicazione

PRATICA

A. Tutta l'Italia fa slurp. Il gelato è sicuramente un prodotto che porta il nome dell'Italia fuori dai propri confini. In tutto il mondo, infatti, si cerca di imitare il gusto inconfondibile del gelato italiano. Sammontana, un'importante industria gelatiera, pubblicizza i suoi gelati con slogan spesso innovativi. Leggi ora la storia del gelato Sammontana e rispondi alle seguenti domande.

	vero	falso	dato non fornito
1. Sammontana fa gelati dagli anni Cinquanta.	____	____	____
2. Si chiama Sammontana per il nome della fattoria da cui il proprietario comprava il latte.	____	____	____
3. Hanno comprato macchinari per produrre il gelato anche all'estero.	____	____	____
4. Sammontana produce anche torte.	____	____	____
5. Sono stati i primi a pensare di mettere i banchi frigo nei bar.	____	____	____
6. Nei gelati Sammontana c'è un ingrediente segreto.	____	____	____
7. Dagli anni Cinquanta da attività artigianale diventa una vera e propria Azienda nazionale.	____	____	____

B. L'Italia all'estero. Con un compagno / una compagna, fate una lista di alcuni prodotti italiani che sono pubblicizzati nel vostro paese. Poi descrivetene uno, tenendo in considerazione, soprattutto, il modo in cui viene presentato. Quali caratteristiche italiane vengono enfatizzate? La pubblicità usa stereotipi? Perché vi sembra efficace?

C. Una pubblicità. Dovete creare la pubblicità televisiva per un prodotto del vostro paese da vendere in Italia. Volete usare una giusta miscela di lingua italiana, per lanciare il messaggio, e di lingua inglese, per mettere l'accento sulla sua provenienza. In gruppi di tre, pensate alla breve descrizione del prodotto in italiano e ad una frase ad effetto in inglese. Poi (pagina 7) pensate alla grafica della vostra pubblicità ed ad ogni particolare che potrebbe funzionare per il vostro prodotto.

descrizione del prodotto

slogan in inglese

Interactive activities in pairs and groups help you develop your ability to communicate and express ideas and opinions.

Nontraditional Grammar Sequence Focuses on Intermediate-level Structures

Review of selected topics studied in first-year courses is provided on the *Ponti* website in order to emphasize intermediate-level structures in the text and give you increased opportunities to master key concepts. Explanations in **Grammatica & co.** are in English to facilitate out-of-class study. Examples and charts further illustrate concepts to clearly convey the information.

Short sayings, slogans, and phrases that appear in the margins of the text illustrate grammar concepts in context and provide a lighthearted touch to the presentations.

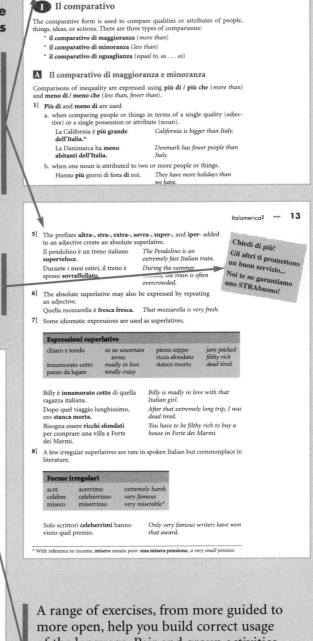

A range of exercises, from more guided to more open, help you build correct usage of the language. Pair and group activities give you opportunities to practice specific structures in communicative contexts.

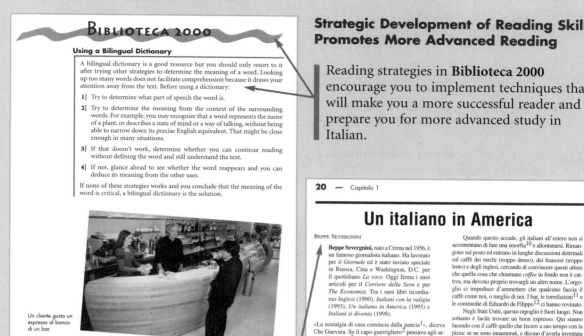

BIBLIOTECA 2000

Using a Bilingual Dictionary

A bilingual dictionary is a good resource but you should only resort to it after trying other strategies to determine the meaning of a word. Looking up too many words does not facilitate comprehension because it draws your attention away from the text. Before using a dictionary:

1] Try to determine what part of speech the word is.

2] Try to determine the meaning from the context of the surrounding words. For example, you may recognize that a word represents the name of a plant, or describes a state of mind or a way of talking, without being able to narrow down its precise English equivalent. That might be close enough in many situations.

3] If that doesn't work, determine whether you can continue reading without defining the word and still understand the text.

4] If not, glance ahead to see whether the word reappears and you can deduce its meaning from the other uses.

If none of these strategies works and you conclude that the meaning of the word is critical, a bilingual dictionary is the solution.

Un cliente gusta un espresso al banco di un bar.

Strategic Development of Reading Skills Promotes More Advanced Reading

Reading strategies in **Biblioteca 2000** encourage you to implement techniques that will make you a more successful reader and prepare you for more advanced study in Italian.

Un italiano in America

BEPPE SEVERGNINI

Beppe Severgnini, nato a Crema nel 1956, è un famoso giornalista italiano. Ha lavorato per *il Giornale* ed è stato inviato speciale in Russia, Cina e Washington, D.C. per il quotidiano *La voce*. Oggi firma i suoi articoli per il *Corriere della Sera* e per *The Economist*. Tra i suoi libri ricordiamo *Inglesi* (1990), *Italiani con la valigia* (1993), *Un italiano in America* (1995) e *Italiani si diventa* (1998).

«La nostalgia di casa comincia dalla pancia[1]», diceva Che Guevara. Se il capo guerrigliero[2] pensava agli arrosti delle natia[3] Argentina durante le notti sulla Sierra Maestra, l'italiano all'estero è pronto a sottoscriverne[4] l'affermazione, pur avendo desideri più modesti: cornetto e cappuccino, o un onesto caffè macchiato.

L'assenza di bar degni di questo nome, non c'è dubbio, rappresenta uno degli aspetti più dolorosi dell'espatrio. Per combattere la nostalgia, noi italiani insistiamo nel voler bere il caffè in piedi a Vienna e a Parigi, persuadendo così gli altri avventori[5] d'avere di fronte uno squilibrato[6], e irritando il gestore[7], convinto che si tratti di un trucco per non pagare la consumazione al tavolo. Un'altra nostra fissazione è chiedere l'«espresso all'italiana», ben sapendo che saremo puniti con intrugli[8] il cui sapore è a metà tra un amaro medicinale e la cicuta[9] di Socrate.

Quando questo accade, gli italiani all'estero non si accontentano di fare una smorfia[10] e allontanarsi. Rimangono sul posto ed entrano in lunghe discussioni dottrinali sul caffè dei turchi (troppo denso), dei francesi (troppo lento) e degli inglesi, cercando di convincere questi ultimi che quella cosa che chiamano *coffee* in fondo non è cattiva, ma devono proprio trovargli un altro nome. L'orgoglio ci impedisce d'ammettere che qualcuno faccia il caffè come noi, o meglio di noi. I bar, le torrefazioni[11] e le commedie di Eduardo de Filippo[12] ci hanno rovinato.

Negli Stati Uniti, questo orgoglio è fuori luogo. Non soltanto è facile trovare un buon espresso. Qui stanno facendo con il caffè quello che fecero a suo tempo con la pizza: se ne sono innamorati, e dicono d'averla inventata loro. In materia di caffè, bisogna dire, un po' di esperienza ce l'hanno. La prima *cafeteria* venne aperta a Chicago intorno al 1890.

Cent'anni dopo, il caffè ha stracciato[13] ogni altra bevanda calda. La versione più popolare rimane il caffè lungo, l'«acqua marrone» contro cui si sono battute in-

Quanto italiano in questo menu al caffè americano!

1. stomach 2. guerilla leader 3. native (of one's birth) 4. subscribe to, endorse 5. regular customers 6. crazy, unbalanced 7. manager 8. unappetizing concoctions 9. hemlock 10. grimace 11. coffee shops 12. Italian playwright and actor 13. ha... destroyed

The literary selections emphasize contemporary selections and present varied aspects of Italian society.

∿∿∿ PRE-LETTURA ∿∿∿

A. Leggi le definizioni della parola **macchiato** e determina quale definizione è adatta al testo.

«... l'italiano all'estero è pronto a sottoscriverne l'affermazione, pur avendo desideri più modesti: cornetto e cappuccino, o un onesto caffè macchiato.»

macchiato, a. 1 stained; spotted, mottled (*variegato*): **m. di sangue** bloodstained; **marmo m.** spotted (variegated) marble; **legno m.** mottled wood. **2** (*di cavallo*) dappled; dapple. **3** (*ind. Cartaria*) foxed • **m. di fango** bespattered with mud • (*fig.*) **essere m. d'una stessa pece** to be tarred with the same brush • **caffè m.** coffee with a dash of milk • **latte m.** milk with a drop of coffee • **un pelame nero m. di bianco** a black coat with white spots.

B. A coppie, cercate di determinare il significato delle parole sottolineate. Usate il dizionario solo se è necessario.

1. L'assenza di bar <u>degni</u> di questo nome, non c'è dubbio, rappresenta uno degli aspetti più dolorosi dell'espatrio.
2. ... convinto che si tratti di un <u>trucco</u> per non pagare la consumazione al tavolo.
3. Cent'anni dopo, il caffè <u>ha stracciato</u> ogni altra bevanda calda.

C. Negli ultimi anni la nascita di vari locali specializzati in caffè ha raggiunto proporzioni enormi. A ogni angolo e a tutte le ore, si possono trovare questi locali aperti con la gente che beve una varietà incredibile di bevande a base di caffè. A coppie, rispondete alle seguenti domande e richieste di approfondimento.

1. Secondo voi, a che cosa si può attribuire questo boom della caffeina?
2. Descrivete uno di questi locali.
3. Frequentate questi posti? Perché?
4. Bevete il caffè? Che tipo? Se no, cosa bevete?
5. Siete mai stati in un bar italiano? Se sì, descrivetelo.
6. Vi piace il caffè italiano? Quale caffè preferite?

Pre- and post-reading exercises help you focus on extracting the main points or ideas of the readings.

Guided Writing and Journal Entries Develop Personal Expression

A guided approach to writing in **Di propria mano** includes presentation of specific writing strategies to reinforce correct language use and improve your ability to write more fluidly.

Block notes activities encourage you to reflect on and record in Italian your personal observations about what you learn in the course and about Italy and Italians.

The Standards for Foreign Language Learning or 5Cs (communication, cultures, connections, comparisons, and communities) are embedded not only in activities such as the writing, but also in activities throughout the chapters.

---

2. «Qui [gli americani] stanno facendo con il caffè quello che fecero a suo tempo con la pizza: se ne sono innamorati, e dicono d'averla inventata loro.»
3. «Il più grande successo di questi ultimi anni è però il cappuccino (*cap-uh-cheé-no*) — soprattutto dopo pranzo, a conferma di una certa confusione mentale.»
4. «Negli Stati Uniti, un uomo di governo non si vergogna di reggere un gotto con scritto I BOSS! YOU NOT!; un capitano d'industria può esibire il *mug* personale con l'immagine dei Tre Porcellini, e nessuno si stupirà.»

B. In classe, dopo aver letto le osservazioni di Severgnini, componi una lista delle cose simili e quelle differenti tra un «café americano» e un «bar italiano». Non dimenticare di parlare anche della qualità del caffè, dell'elemento sociale e del modo di bere.

cose simili   cose diverse

C. A coppie, ricreate una situazione in cui l'autore entra in un café americano e ordina un caffè al barista. Cercate di immaginare una conversazione che rifletta il pensiero dello scrittore. Poi presentate la conversazione alla classe.

DI PROPRIA MANO

Comparisons

Comparisons can take several forms. In the **Grammatica** section of this chapter, you have learned how to make explicit comparisons in Italian. Another effective strategy to portray something unfamiliar is to describe it in terms of the familiar. In the **Biblioteca** section, Beppe Severgnini does this for his Italian readers by describing the distinctive ways in which Americans have embraced Italian coffee and European café culture and made them their own. In this way, he portrays some aspects of the American character and makes indirect comparisons with Italy. Thus, Severgnini uses a very specific topic to make some broader points, thus comparing two cultures without ever making overt comparisons. Unfamiliar things or ideas presented in a new situation can seem either comical or troubling; Severgnini chose to approach the unfamiliar with humor.

PRE-SCRITTURA

Pensa a un viaggio che hai fatto in un'altra città o in un altro paese. Fai una lista degli avvenimenti del viaggio e delle tue esperienze e mettili in ordine cronologico.
Poi rifletti sulle differenze che ti hanno colpito. Queste differenze possono riguardare incontri con la gente, modi di dire or di fare, modi di vestire, mangiare, ecc. Fai una lista delle differenze che ti vengono subito in mente.

SCRITTURA

Quando si incontrano differenze in altre culture, qualche volta possono dar fastidio, ma spesso nel ricordarle sono viste in un'altra luce che rende la situazione divertente. Usando le liste delle riflessioni fatte in pre-scrittura, scrivi due o tre paragrafi che raccontano queste esperienze. Concludi spiegando se la tua impressione oggi di quella città è diversa da com'era all'inizio. Cerca di sfruttare l'umorismo!

ESEMPIO:
Un albergo a Brindisi. Una notte la mia famiglia è arrivata a Brindisi molto tardi e non avevamo ancora prenotato un albergo. Siamo stati costretti a chiedere il consiglio al tassista. Il tassista ci ha detto che c'era un bellissimo albergo, vino compreso, in centro. Prezzo giusto. Abbiamo accettato. Quando siamo arrivati, abbiamo capito che il concetto di un «bell'albergo» può variare estremamente. C'erano due lettini e una bottiglia di vino già aperta. Eravamo in quattro. Come abbiamo dormito bene quella notte! A proposito, naturalmente, non abbiamo bevuto il vino.

BLOCK NOTES

This notebook will be an ongoing assignment throughout the course. You will be asked to record in Italian your observations about and reactions to what you learn about Italian lifestyles, traditions, behavior, and outlooks. The goal is not to promote grammatical accuracy but to provide a creative outlet and practice in self-expression. Content is key. At the end of the book, you will use your journal in a final writing assignment on cultural stereotyping.

Quando si pensa ad un paese e alla sua cultura, è comune fare generalizzazioni e quindi creare degli stereotipi. Lo stereotipo nasce da una percezione o da un concetto relativamente rigido ed eccessivamente semplificato o distorto di un aspetto della cultura in questione. Nella lettura di questo capitolo, hai scoperto percezioni sia degli italiani dell'America, sia degli americani dell'Italia. Scrivi le tue osservazioni.

Supplementary Materials

Workbook/Lab Manual

The exercises in the Workbook are designed to reinforce the vocabulary and grammar structures presented in the corresponding textbook chapter, as well as strengthen general reading and writing skills. The exercises reinforce the chapter vocabulary and grammar through both closed and open-ended exercises. Both **Lessico.edu** and **Grammatica & co.** sections recycle the chapter's vocabulary.

The Lab Manual is coordinated with the audio CD program. It provides listening and pronunciation practice, and contains exercises that call for written responses to oral cues that reinforce grammar structures and vocabulary presented in the corresponding chapter.

Workbook Answer Key

The answers to the workbook exercises can be packaged with the Workbook/ Lab Manual at the discretion of the institution.

Audio CD program

The audio CD program that corresponds to the Lab Manual is available for use in the language lab or learning center as well as for purchase by students.

Ponti Website

The student website includes the following resources for each chapter: (1) the **Internet Café** search activities corresponding to each textbook chapter, (2) video clips with accompanying listening and comprehension exercises and script, and (3) grammar review explanations and ACE self-correcting exercises. The video clips consist of twelve conversational vignettes that relate to the chapter themes. Grammar explanations and practice in Chapters 1 through 8 provide review of first-year topics not covered in the textbook. All chapters include exercises designed to reinforce the topics presented in the text chapters.

The instructor site includes the complete lab program audio script, the video script, and additional resources for instructors.

Instructor's Class Prep CD-ROM

This CD-ROM includes the audio and video scripts, the lab manual answer key, as well as a testing program in ready-to-copy PDF format and in Word to allow instructors to customize quizzes and tests. Two tests for each chapter, midterms, and finals test oral comprehension, vocabulary, grammar, and written composition skills. The Instructor's Test Cassette contains the listening portions of the quizzes and tests.

Acknowledgments

Many people at Houghton Mifflin worked hard to make this book a reality and they deserve our heartfelt thanks. Special acknowledgment goes to E. Kristina Baer and Beth Kramer for their critical support at the initial stages of the project and to Randy Welch for following through with its development. We also thank the design, art, and production staff, particularly Rosemary Jaffe, for their innovative and creative work. Thanks do not suffice for the contributions, labor, and insights of our editors, Sandy Guadano and Ann Goodsell. In addition to the years of experience and expertise they brought to the project, they also contributed a human touch to this sometimes arduous process. We will be forever grateful to them for their support, both professional and moral.

We would like to thank the many people who tirelessly read and reread the manuscript, including Elissa's mother Mary Tognozzi, Anna Minardi, Federica Santini, Cristina Villa, and Amy Boylan. We also thank our students at UCLA and Dartmouth, who patiently participated in class testing and graciously provided feedback and input. Elissa would also like to thank her mentor, Dr. Mirella Cheeseman, who has always provided guidance and encouragement.

The authors and publisher would like to thank the following reviewers who generously shared their recommendations for improving the manuscript during its development.

Antonella A. Bassi, University of California, Davis
Giovanna Bellesia, Smith College
Antonio Carrara, University of Massachusetts/Boston
Nadia Ceccacci, University of Oregon
Giulia Centineo, University of California at Santa Cruz
Marina de Fazio, University of Kansas
Patricia F. Di Silvio, Tufts University
Cinzia Donatelli Noble, Brigham Young University
Corrado Federici, Brock University
Luciana Fellini, San Diego State University
Flavia Laviosa, Wellesley College
Giancarlo Lombardi, The College of Staten Island/CUNY
G.A. Picciano, McGill University
Judy Serafini-Sauli, Sarah Lawrence College
Miriam Swennen Ruthenberg, Florida Atlantic University
A. Urbancic, University of Toronto
Alessandro Vettori, Rutgers University

E.T.
G.C.

To my son, Anthony

E.T.

ad Anna,
cuore e sprone
alla mia avventura
americana

G.C.

Italamerica?

Communicative Objectives

- Make comparisons
- Discuss the effect of English on Italian
- Discuss American influences on Italy and Italian influences on America
- Discuss Italian traditions associated with coffee

Internet Café

Indirizzo: http://italian.college.hmco.com/students

Attività: La nostalgia comincia dalla pancia... per fortuna che c'è McDonald's!

In classe: Stampa una pagina del sito di McDonald's Italia dedicata ad un prodotto o ad una strategia pubblicitaria che ti ha colpito per essere diversa rispetto a prodotti o strategie dei McDonald's del tuo paese. Portala in classe, descrivila ai compagni e spiega la ragione per cui pensi che McDonald's l'abbia scelta per la sua campagna italiana.

Un tocco d'America nel nome di un bar di Lucca.

Italamerica?

In Italia il grande boom verso l'americanizzazione nasce intorno agli anni '40 e '50. In questo periodo i cinema italiani proiettano° centinaia di film che, dal western al dramma, presentano una civiltà di grandi sentimenti, di successo e sempre all'avanguardia in tutti i campi°. Il fascino per l'America è testimoniato° anche dalla musica e dal cinema italiani* che, tra il serio e il faceto°, ironizzano° sulla mania degli italiani verso lo stile di vita degli Stati Uniti.

In confronto ad altri paesi europei, gli italiani e la lingua italiana sembrano più aperti ad una «contaminazione», specialmente quando arrivi dagli Stati Uniti. L'esplosione tecnologica, inoltre, ha portato ad un continuo incremento di termini inglesi nella pubblicità e nella vita di tutti i giorni. Ma anche lo stile di vita sembra in parte adeguarsi° a quello americano: dall'introduzione di numerosi fast food alla cena davanti alla televisione invece del tradizionale pasto a tavola tutti insieme. Perfino la recente introduzione della festa di Halloween ha avuto grande successo nelle grandi città che di giorno in giorno acquistano un aspetto sempre più americaneggiante°. A questo si aggiunge la novità di alcuni negozi aperti anche la domenica e di molti altri che sono passati all'orario continuato°, adattandosi così ad un modello dominato dalle leggi del consumismo°.

Ma dobbiamo anche riconoscere che l'Italia ha contribuito a modificare alcuni aspetti della vita degli altri paesi, esportando soprattutto la propria immagine culinaria e quella della moda. Pizzerie e ristoranti italiani in primo luogo, ma anche il grande successo delle gelaterie italiane e dei caffè (si pensi al fenomeno Starbuck's), portano un po' dei sapori° italiani fuori dalla penisola, mentre gli stilisti italiani continuano a godere di un illimitato successo.

Margin glosses: proiettano° = show; campi° = fields; è testimoniato° = è... is manifested; tra il serio e il faceto° = tra... half-jokingly; ironizzano° = speak ironically; adeguarsi° = to adapt; americaneggiante° = Americanized; orario continuato° = orario... continuous business hours; consumismo° = consumerism; sapori° = flavors

---

* Si pensi alla canzone «Tu vuo' fa' l'americano» di Renato Carosone e a film quali *Un americano a Roma* con Alberto Sordi.

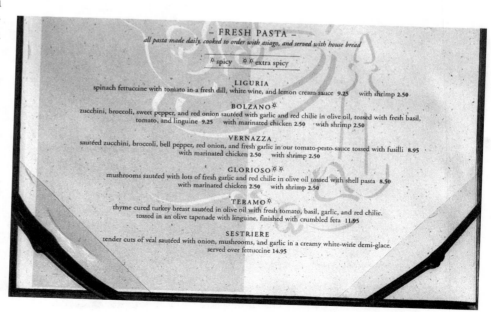

— FRESH PASTA —
all pasta made daily, cooked to order with asiago, and served with house bread

° spicy °° extra spicy

LIGURIA
spinach fettuccine with tomato in a fresh dill, white wine, and lemon cream sauce 9.25   with shrimp 2.50

BOLZANO
zucchini, broccoli, sweet pepper, and red onion sautéed with garlic and red chilie in olive oil, tossed with fresh basil, tomato, and linguine 9.25   with marinated chicken 2.50   with shrimp 2.50

VERNAZZA
sautéed zucchini, broccoli, bell pepper, red onion, and fresh garlic in our tomato-pesto sauce tossed with fusilli 8.95
with marinated chicken 2.50   with shrimp 2.50

GLORIOSO °°
mushrooms sautéed with lots of fresh garlic and red chilie in olive oil tossed with shell pasta 8.50
with marinated chicken 2.50   with shrimp 2.50

TERAMO °
thyme cured turkey breast sautéed in olive oil with fresh tomato, basil, garlic, and red chilie. tossed in an olive tapenade with linguine, finished with crumbled feta 11.95

SESTRIERE
tender cuts of veal sautéed with onion, mushrooms, and garlic in a creamy white-wine demi-glace. served over fettuccine 14.95

Tra esotismo e praticità: nomi dei piatti in italiano, ingredienti in inglese.

«PRANZOALSOLE» – Tra i neologismi coniati da Filippo Tommaso Marinetti per sostituire vocaboli stranieri: «polibibita» invece di cocktail, «pranzoalsole» per picnic, «traidue» per sandwich (*Futurismo I*, Cult, 21).

DOMANDE

1. Oltre al cinema, quali possono essere altre ragioni dell'influsso degli Stati Uniti sull'Italia?
2. Le pubblicità che vedi alla televisione usano a volte la lingua di altri paesi? Quali possono essere le ragioni per cui lo fanno?
3. Conosci film o programmi televisivi che parlano dell'Italia o degli italiani all'estero? Quali immagini offrono dell'Italia, degli italiani o degli italiani all'estero?
4. Quali sono alcune parole inglesi che si usano in Italia? Quali sono parole di altre lingue che si usano comunemente in inglese?
5. In base a quanto presentato dall'attività Web, ti sembra che i fast food italiani siano influenzati dall'ambiente italiano? In che modo?

LESSICO.EDU

appropriarsi *to appropriate*
il caffè *coffee*
il doppiaggio *movie dubbing*
il doppiatore *dubber*

essere a posto *to be fine, to be in order*
fare concorrenza a *to compete with* (in business)

l'influsso *influence*
lo scambio culturale *cultural exchange*
i sottotitoli *subtitles*

L'inglese nell'italiano*

la / il babysitter *la bambinaia / il bambinaio*
il boom *l'esplosione*
il club *il circolo*
il computer
l'email (*m.*) *la posta elettronica*
il fax *il facsimile*
il film *la pellicola cinematografica*
il garage *l'autorimessa*
l'hi-tech *la tecnologia avanzata*

l'Internet
il meeting *la riunione*
OK *va bene*
lo shock
lo shopping *le spese*
lo slogan *il motto pubblicitario / politico*

lo smog *l'inquinamento*
lo sport
il test *l'esame di laboratorio*
l'UFO *l'oggetto volante non identificato*
il Web *la rete*
il weekend *il fine settimana*

---

* Le parole italiane di questa sezione possono essere usate anche se spesso sono preferite, nella lingua italiana, quelle di origine straniera.

~~~~~~~ PRATICA ~~~~~~~

A. Insieme al cinema. Completa il brano con le parole appropriate.

Coca-Cola	garage	film (2)	computer	skateboard
UFO	email	OK	doppiatori	sottotitoli

Marco e Giorgio hanno deciso di andare insieme al cinema a guardare un
_____ con Bruce Willis. Marco voleva invitare anche Sandra
ma il telefono era sempre occupato; allora ha deciso di mandarle un
_____ dal suo nuovo _____ IBM. Intanto Giorgio
era andato a prendere la macchina in _____ e quando Marco
ha finito di scrivere sono partiti. Quando sono arrivati al cinema Sandra era
lì che li aspettava.

GIORGIO: Ciao Sandra, come hai fatto ad arrivare così presto?

SANDRA: Appena ho ricevuto il messaggio di Marco sono scesa e con il mio
_____ ci sono voluti solo cinque minuti per arrivare qui.

MARCO: Bene! Sono contento che tu sia qui, e sono sicuro che ti divertirai.
Bruce Willis è bravissimo! Questa volta è la storia di un pilota della
TWA che ha un incontro ravvicinato con un _____ che
viene da un pianeta lontano.

SANDRA: Mah, non lo so. Il vostro gusto è diverso dal mio. Speriamo bene. Io
preferisco i film in lingua originale.

GIORGIO: Io li preferisco in italiano. I _____ italiani sono molto
bravi e l'ultima volta che ho visto un _____ in lingua
originale, invece di gustarmelo, ho passato le due ore a leggere i
_____.

MARCO: _____. Ora basta con le discussioni. Volete qualcosa prima di
entrare? Io prendo un po' di popcorn e una lattina di _____.

SANDRA: Per me niente, grazie.

GIORGIO: Anch'io sono a posto.

B. Una lingua unica? A coppie, ricreate una breve conversazione tra
un padre / una madre e suo figlio / sua figlia ricordando che il genitore è
un professore / una professoressa d'italiano e preferisce usare solo termini
italiani mentre il figlio / la figlia utilizza molte parole straniere che spesso
fanno arrabbiare il genitore.

ESEMPIO:

GENITORE: Cosa hai fatto oggi?

FIGLIA: Sono andata a fare shopping con le amiche.

GENITORE: Fare le spese! Quante volte devo dirti di parlare correttamente
in italiano?

FIGLIA: Ma dai! La lingua di oggi è diversa...

GENITORE: Capisco per parole che non hanno un equivalente italiano
come skateboard, ma...

C. Una città cosmopolita? Abbiamo visto che l'Italia è aperta alle suggestioni del mondo americano e, a poco a poco, comincia a cambiare in alcuni aspetti, come per esempio nell'apertura di fast food. Con un compagno / una compagna, verificate se il vostro paese sia aperto o meno agli influssi esterni. In caso affermativo, in quali campi e verso quali culture? Poi parlatene con la classe e identificate almeno una cultura che non vi sembra ben rappresentata nella vostra città.

tipo di cultura	influssi evidenti
italiana	
francese	
africana	
araba	

STUDIO REALIA

Tutta l'Italia fa slurp.

la storia

All'inizio del secolo in una latteria di Empoli Romeo Bagnoli si guadagnò un'ottima reputazione per il gelato che produceva. Per farlo più buono usava un latte di prima qualità proveniente da una fattoria vicina che si chiamava Sammontana, e che finì con il dare il nome alla gelateria e poi all'azienda che nacque. Da lì ebbe inizio la storia di quella che oggi è una delle realtà più importanti sul panorama nazionale per la produzione del gelato.

Una storia fatta di scelte lungimiranti ed all'avanguardia come l'acquisto di nuovi macchinari all'estero, un rapporto stretto con i venditori e soprattutto, per primi assoluti, la proposta di mettere primi banchi frigo nei bar.

Così negli anni '50 Sammontana si trasforma da una realtà artigianale in un'industria, che da locale diviene rapidamente nazionale, iniziando ad operare con successo in tutta Italia. Nascono poi in rapida successione i prodotti che hanno costruito la fama del gelato Sammontana e che sono ancora grandi successi di vendita: Barattolino, Coppa Oro e Stecco Ducale, il primo stecco estruso lanciato sul mercato italiano.

SAMMONTANA
gelati all'italiana

Il carretto nella comunicazione

SAMMONTANA
GELATI ALL'ITALIANA

~~~~~~~~ **PRATICA** ~~~~~~~~

A. Tutta l'Italia fa slurp.   Il gelato è sicuramente un prodotto che porta il nome dell'Italia fuori dai propri confini. In tutto il mondo, infatti, si cerca di imitare il gusto inconfondibile del gelato italiano. Sammontana, un'importante industria gelatiera, pubblicizza i suoi gelati con slogan spesso innovativi. Leggi ora la storia del gelato Sammontana e rispondi alle seguenti domande.

	vero	falso	dato non fornito
1. Sammontana fa gelati dagli anni Cinquanta.			✓
2. Si chiama Sammontana per il nome della fattoria da cui il proprietario comprava il latte.	✓		
3. Hanno comprato macchinari per produrre il gelato anche all'estero.		✓	
4. Sammontana produce anche torte.		✓	
5. Sono stati i primi a pensare di mettere i banchi frigo nei bar.	✓		
6. Nei gelati Sammontana c'è un ingrediente segreto.			✓
7. Dagli anni Cinquanta da attività artigianale diventa una vera e propria Azienda nazionale.	✓		

(handwritten note in margin: Fattoria – Farm)

B. L'Italia all'estero.   Con un compagno / una compagna, fate una lista di alcuni prodotti italiani che sono pubblicizzati nel vostro paese. Poi descrivetene uno, tenendo in considerazione, soprattutto, il modo in cui viene presentato. Quali caratteristiche italiane vengono enfatizzate? La pubblicità usa stereotipi? Perché vi sembra efficace?

C. Una pubblicità.   Dovete creare la pubblicità televisiva per un prodotto del vostro paese da vendere in Italia. Volete usare una giusta miscela di lingua italiana, per lanciare il messaggio, e di lingua inglese, per mettere l'accento sulla sua provenienza. In gruppi di tre, pensate alla breve descrizione del prodotto in italiano e ad una frase ad effetto in inglese. Poi (pagina 7) pensate alla grafica della vostra pubblicità ed ad ogni particolare che potrebbe funzionare per il vostro prodotto.

_____

descrizione del prodotto

_____

slogan in inglese

Grafica

	sì	no	perché / quale
Volete usare un modello famoso / una modella famosa?			
Volete usare una canzone per aiutarvi a lanciare il prodotto?			
C'è un altro prodotto a cui dovete fare concorrenza?			

GRAMMATICA & CO.

 Il comparativo

The comparative form is used to compare qualities or attributes of people, things, ideas, or actions. There are three types of comparisons:

- **il comparativo di maggioranza** (*more than*)
- **il comparativo di minoranza** (*less than*)
- **il comparativo di uguaglianza** (*equal to, as . . . as*)

A Il comparativo di maggioranza e minoranza

Comparisons of inequality are expressed using **più di / più che** (*more than*) and **meno di / meno che** (*less than, fewer than*).

1] **Più di** and **meno di** are used

   a. when comparing people or things in terms of a single quality (adjective) or a single possession or attribute (noun).

La California è **più grande dell'Italia.***	*California is bigger than Italy.*
La Danimarca ha **meno abitanti dell'Italia.**	*Denmark has fewer people than Italy.*

   b. when one noun is attributed to two or more people or things.

Hanno **più** giorni di festa **di** noi.	*They have more holidays than we have.*

   c. with stressed pronouns.

Maurizio beve **più** caffè **di me.**	*Maurizio drinks more coffee than I drink.*

---

* When the preposition **di** precedes an article, they combine to form a contracted preposition.

d. before **quanto** and **quel che.** Either the indicative or the subjunctive may follow **quanto** used in this way.

Gli italiani mangiano **più** hamburger **di quanto pensassi.** Gli italiani mangiano **più** hamburger **di quanto pensavo.**	*Italians eat more hamburgers than I thought.*
Lucio Dalla fa **meno** concerti **di quel che** tu pensi.	*Lucio Dalla does fewer concerts than you think.*

e. before a number.

Teresa ha **più di quattro** amici italiani.	*Teresa has more than four Italian friends.*

2] **Più che** and **meno che** are used

a. when comparing two qualities (adjectives) or attributes (nouns) of a single person, place, or thing.

Grazia è **più intelligente che ricca!**	*Grazia is more intelligent than (she is) wealthy!*
Il gelato italiano è fatto con **più frutta fresca che frutta surgelata.**	*Italian ice cream is made with more fresh fruit than frozen fruit.*

b. before an infinitive.

È **più** economico **comprare che affittare** un telefonino.	*It's cheaper to buy a cell phone than to rent one.*

c. before a preposition + noun or stressed pronoun.

È stato **più** divertente **per Anna che per me.**	*It was more fun for Anna than for me.*

B   Il comparativo di uguaglianza

Comparisons of equality express equivalence in qualities, attributes, or actions using (**così**)... **come** or (**tanto**)... **quanto.** In both expressions, the first comparative term can be omitted.

Lucia è **tanto** intelligente **quanto** Riccardo. Lucia è intelligente **quanto** Riccardo.	*Lucia is as intelligent as Richard.*

1] **Così... come** is used with adjectives, adverbs, and pronouns. It is invariable.

Roma è (**così**) **grande come** Sydney?	*Is Rome as big as Sydney?*
Gli americani si vestono (**così**) **bene come** gli italiani?	*Do Americans dress as well as Italians?*

2] **Tanto... quanto** may be used with adjectives, adverbs, and pronouns, but unlike **così... come,** it can also be used with nouns and infinitives. When used with a noun, **tanto... quanto** agrees in gender and number with the noun it modifies.*

Quel film era **(tanto) brutto quanto** pensavamo. (*adjective*)	*That film was as bad as we thought.*
Cucina **(tanto) bene quanto** uno chef. (*adverb*)	*He cooks as well as a chef.*
Loro vanno in Italia **quanto te?** (*pronoun*)	*Do they go to Italy as much as you do?*
Gli italiani comprano **tanti televisori quanti** telefonini? (*nouns*)	*Do Italians buy as many television sets as they do cell phones?*
Gli italiani esportano **tanto olio quanta pasta.** (*noun*)	*Italians export as much oil as pasta.*
Gli piace **(tanto) cucinare quanto** mangiare. (*infinitive*)	*He likes to cook as much as he likes to eat.*

Note that when **tanto quanto** follows a conjugated verb, it is invariable and is not separated.

Gli italiani viaggiano **(tanto) quanto** gli americani?	*Do Italians travel as often as Americans?*

 **PRATICA**

A. Al bar italiano. Completa con la forma corretta del comparativo e della preposizione articolata quando necessaria.

1. Il caffè italiano ha _meno_ acqua _di_ caffè americano. (minoranza)
2. I turisti bevono _più_ cappuccini _che_ caffelatte. (maggioranza)
3. Gli italiani possono bere un caffè in _meno_ _di_ trenta secondi. (minoranza)
4. Nel bar ci sono _tante_ paste _quante_ panini. (uguaglianza)
5. Si ordinano _meno_ paste _che_ gelati. (minoranza)
6. Andare al bar è _più_ divertente _di_ quanto pensassi. (maggioranza)
7. Il Florian è un bar _tanto_ interessante _quanto_ accogliente. (uguaglianza)
8. Quel bar è aperto _più_ ore _di_ quella trattoria. (maggioranza)

---

* When there is only one noun in the sentence, the form of **quanto** may agree with that noun or remain masculine singular. **Es.:** Gli italiani comprano **tante macchine quanto / quante** i canadesi.

B. Geografia. Forma otto frasi al comparativo seguendo l'esempio. Usa i seguenti dati.

> **ESEMPIO:** Torre del Greco / Napoli
> Torre del Greco ha meno abitanti di Napoli.
> *o* Napoli ha più abitanti di Torre del Greco.

città	abitanti	città	abitanti
Parma	168.000	Catania	341.000
Bologna	385.000	Siracusa	127.000
Latina	111.000	Firenze	380.000
Roma	2.645.000	Prato	168.000
Bergamo	117.000	Livorno	163.000
Milano	1.303.000	Venezia	296.000

1. Catania / Bergamo
2. Livorno / Siracusa
3. Roma / Milano
4. Parma / Firenze
5. Latina / Venezia
6. Prato / Parma

C. Due città. A coppie, paragonate una grande città del vostro paese ad una grande città italiana. Considerate i seguenti elementi.

1. popolata
2. industriale
3. caotica
4. tranquilla
5. vecchia
6. ricca
7. divertente
8. vivace

> **ESEMPIO:** inquinata
> ST. 1: San Francisco è più inquinata di Milano.
> ST. 2: Secondo me, invece, San Francisco è tanto inquinata quanto Milano.
> *o* Sono d'accordo...

D. Il cinema. A coppie, formate delle frasi complete usando il comparativo pensando alle caratteristiche e alle differenze che contraddistinguono il cinema italiano e quello americano. Uno studente crea delle frasi e il compagno / la compagna dirà se è d'accordo o no. Fate anche attenzione all'uso di **di** o **che**.

> **ESEMPIO:** cinema italiano / messaggi politici / messaggi religiosi
> ST. 1: Il cinema italiano ha più messaggi politici che messaggi religiosi.
> ST. 2: Hai ragione...
> *o* Non sono d'accordo. Il cinema italiano ha tanti messaggi politici quanti messaggi religiosi.

1. gli attori italiani / pagati / gli attori americani
2. i film italiani / trame (*plot*) realistiche / trame fantascientifiche
3. il cinema americano / film romantici / film politici
4. i registi italiani / capaci / i registi americani

5. in Italia / teatri all'aperto / sale cinematografiche
6. i personaggi dei film americani / sentimentali / i personaggi dei film italiani
7. gli scenografi italiani / bravi / gli scenografi americani
8. nelle colonne sonore (*soundtracks*) americane / musica moderna / musica classica

E. Amici di origine italiana.   Paragona te stesso/a ad un tuo amico / una tua amica italo-americano/a, italo-canadese, italo-australiano/a, se ne hai. Se non hai nessun amico / nessuna amica di origine italiana, paragonati ad una persona della tua famiglia. Scrivi otto affermazioni e poi leggile al tuo compagno / alla tua compagna che dopo ti potrà fare delle domande e chiederti di giustificare le tue affermazioni.

ESEMPIO:

ST. 1: Il mio amico è molto meno sensibile di me.
ST. 2: In che senso è meno sensibile di te?

II Il superlativo

Superlatives can be either relative or absolute.

A Il superlativo relativo

1] The relative superlative expresses the ultimate degree of a particular quality (*the most, the least, the -est*) compared to that of other people or things. It is formed using the definite article and an adjective with **più** or **meno**. When the superlative follows the noun, the definite article is not repeated.

Il vino **più** bevuto dai toscani è il Chianti.	*The wine most commonly drunk by Tuscans is Chianti.*
La vita italiana è **la meno** frenetica dei paesi europei.	*Italian life is the least hectic of any European country.*

2] Sometimes the superlative is used with varying forms of **tutto.**

È il più grande autore di **tutti.**	*He's the greatest author of all.*
Quella è la pasta più venduta di **tutte.**	*That pasta is the most widely sold of all.*

3] If the adjective is one that ordinarily precedes the noun, it does so in this construction as well.

Piazza del Campo è **la più bella** piazza d'Italia.	*Piazza del Campo is the most beautiful piazza in Italy.*
La Fiat è **la più vecchia** fabbrica **di** automobili italiane.	*Fiat is the oldest Italian car factory.*

B Il superlativo assoluto

The absolute superlative expresses the highest possible degree of a quality, independent of comparisons.

1] The absolute superlative is expressed by adding the suffix **-ssimo/a/i/e** to the masculine plural form of an adjective. Like all adjectives, the superlative agrees in gender and number with the noun it modifies.

Ornella Muti è una **bravissima** attrice.

Ornella Muti is a great actress.

Alcuni attori americani sono **ricchissimi.***

Some American actors are very rich.

2] Adjectives that ordinarily have only two forms (**triste, tristi**) have four possible forms when modified by the suffix **-ssimo/a/i/e.**

Ladri di biciclette è un film **tristissimo.**

Bicycle Thief *is a very sad film.*

3] Adverbs are invariable and use only the masculine singular form (**-issimo**) after dropping the final vowel.

Jovanotti canta **benissimo.**

Jovanotti sings very well.

Maria sta **malissimo.**

Maria is very ill.

4] The absolute superlative can also be expressed by using adverbs like **molto, assai, decisamente, incredibilmente,** or **estremamente** to intensify an adjective. The adverb takes the place of **-ssimo** and is not used in conjunction with it.

Alcuni italiani considerano la presenza di fast food in Italia **molto** offensiva.

Some Italians consider the presence of fast food restaurants in Italy very offensive.

—Come ti è sembrato il concerto?
—Bellissimo! Anzi, strabello!

---

* Because the masculine plural form of **ricco** is **ricchi,** when forming the superlative, the **h** is retained.

5] The prefixes **ultra-, stra-, extra-, sovra-, super-,** and **iper-** added to an adjective create an absolute superlative.

Il pendolino è un treno italiano **superveloce.**

The Pendolino is an extremely fast Italian train.

Durante i mesi estivi, il treno è spesso **sovraffollato.**

During the summer months, the train is often overcrowded.

6] The absolute superlative may also be expressed by repeating an adjective.

Quella mozzarella è **fresca fresca.**   *That mozzarella is very fresh.*

7] Some idiomatic expressions are used as superlatives.

Espressioni superlative			
chiaro e tondo	*in no uncertain terms*	pieno zeppo	*jam-packed*
		ricco sfondato	*filthy rich*
innamorato cotto	*madly in love*	stanco morto	*dead tired*
pazzo da legare	*totally crazy*		

Billy è **innamorato cotto** di quella ragazza italiana.

Billy is madly in love with that Italian girl.

Dopo quel viaggio lunghissimo, ero **stanca morta.**

After that extremely long trip, I was dead tired.

Bisogna essere **ricchi sfondati** per comprare una villa a Forte dei Marmi.

You have to be filthy rich to buy a house in Forte dei Marmi.

8] A few irregular superlatives are rare in spoken Italian but commonplace in literature.

Forme irregolari		
acre	acerrimo	*extremely harsh*
celebre	celeberrimo	*very famous*
misero	miserrimo	*very miserable**

Solo scrittori **celeberrimi** hanno vinto quel premio.

Only very famous writers have won that award.

---

* With reference to income, **misero** means *poor*: **una misera pensione,** *a very small pension.*

Chiedi di più!
Gli altri ti promettono un buon servizio...
Noi te ne garantiamo uno STRAbuono!

~~~~ PRATICA ~~~~

A. Un viaggio in Italia. Un amico / un'amica chiede a un altro amico / un'altra amica del suo viaggio in Italia. A coppie, uno/a fa le domande e l'altro/a risponde usando superlativi regolari e irregolari.

> **ESEMPIO:** l'albergo
> ST. 1: Com'era l'albergo?
> ST. 2: Era bruttissimo.
> *o* L'ho trovato pulito pulito.
> *o* Era un albergo misero.

1. i mezzi di trasporto
2. il cibo
3. gli italiani
4. il tempo
5. i negozi
6. le montagne
7. l'acqua del mare
8. il ritmo di vita

B. Gli studenti d'italiano. Esprimi le qualità degli studenti d'italiano usando il superlativo assoluto. Forma ogni frase in due modi utilizzando gli aggettivi offerti o altri che pensi che li possano descrivere meglio.

> **ESEMPIO:** interessante
> Gli studenti d'italiano sono interessantissimi.
> Gli studenti d'italiano sono estremamente interessanti.

1. creativo
2. simpatico
3. divertente
4. curioso
5. romantico
6. interessato
7. flessibile
8. attento

C. Espressioni idiomatiche. Esprimi le seguenti frasi in un altro modo usando un'espressione idiomatica.

> **ESEMPIO:** Con il suo stipendio, non paga neanche l'affitto.
> È uno stipendio misero.

1. Tommaso ha perso la testa per quella ragazza.
2. Nel teatro non c'era più un posto libero.
3. Non ho dormito bene e ho lavorato molto.
4. Dante è un poeta famosissimo.
5. Quell'uomo ha più soldi di Bill Gates.
6. Non ha più dubbi su quello che ho detto. Ho detto tutto mille volte in mille modi diversi.

D. Opinioni forti. Tu e il tuo compagno / la tua compagna avete opinioni molto diverse. A turni, uno esprime un'opinione e l'altro ribatte. Attenzione ad accordare gli aggettivi.

> **ESEMPIO:** sport / difficile
> ST. 1: Il calcio è lo sport più difficile.
> ST. 2: Ma che dici? Il ciclismo è lo sport più difficile.

1. macchina / sportivo
2. ristorante / caro / questa città
3. musicisti / popolare
4. scrittrice / conosciuto
5. giorni della settimana / bello
6. attrice / famoso
7. atleta / bravo
8. avvenimento / emozionante / quest'anno

III Comparativi e superlativi irregolari

A The adjectives **buono, cattivo, grande,** and **piccolo** have both regular and irregular comparative and superlative forms.

aggettivo	comparativo di maggioranza	superlativo relativo	superlativo assoluto
buono	più buono	il più buono	buonissimo
	migliore	**il migliore**	**ottimo**
cattivo	più cattivo	il più cattivo	cattivissimo
	peggiore	**il peggiore**	**pessimo**
grande	più grande	il più grande	grandissimo
	maggiore	**il maggiore**	**massimo**
piccolo	più piccolo	il più piccolo	piccolissimo
	minore	**il minore**	**minimo**

The irregular forms **migliore, peggiore, maggiore,** and **minore** may drop the final **-e** before nouns, except those beginning with **z** or **s** + *consonant*.

Severino era il **miglior** amico di mio padre.

Severino was my father's best friend.

B The regular and irregular forms are often interchangeable, but the irregular form is required to express certain meanings.

Il mio fratello **maggiore** abita a Napoli.

My oldest brother lives in Naples.

Il traffico è il **maggior** problema delle città grandi.

Traffic is the biggest problem in big cities.

L'aereo va alla sua **massima** velocità.

The airplane is going at its maximum speed.

Ho la **massima** stima per quel regista.

I have the highest regard for that director.

C **La maggior parte** and **la maggioranza** express *the majority, the most.* These expressions take the third-person singular verb form.

La maggior parte degli elettori ha votato, e **la maggioranza** ha scelto il candidato di centro.

Most of the voters voted, and the majority chose the middle-of-the-road candidate.

D The adverbs **bene, male, poco,** and **molto** also have irregular comparative and superlative forms.

avverbio	comparativo di maggioranza	superlativo relativo	superlativo assoluto
bene	meglio	il meglio	benissimo, **ottimamente**
male	peggio	il peggio	malissimo, **pessimamente**
poco	meno	il meno	pochissimo, **minimamente**
molto	più	il più	moltissimo, **massimamente, sommamente**

Il viaggio è andato **il meglio** possibile.	*The trip went as well as it possibly could.*
A Chicago i mezzi di trasporto pubblico funzionano **benissimo.**	*In Chicago public transportation works very well.*

When choosing between **migliore** and **meglio, peggiore** and **peggio,** decide whether you need an adjective or an adverb. Use the following table for reference.

buono	migliore	cattivo	peggiore
bene	meglio	male	peggio

Il gelato italiano è **buono.** È **migliore** del gelato americano.	*Italian ice cream is good. It is better than American ice cream.*
Gli italiani guidano **bene,** ma guidano **meglio** dei francesi?	*Italians drive well but do they drive better than the French?*
Questa torta è **cattiva** ma quella è **peggiore.**	*This cake is bad but that one is worse.*
Pierlaura oggi sta **male** ma stava **peggio** ieri.	*Pierlaura is not well today but she was worse yesterday.*

E The expressions **sempre più** and **sempre meno** express increasing and decreasing quantities.

I giovani italiani passano **sempre meno** tempo con la famiglia.	*Italian youth spend increasingly less time with their families.*
Sempre più spesso si assiste ad un ritorno alle tradizioni.	*More and more often we are seeing a return to traditions.*

~~~~~~~~~~~~~ **PRATICA** ~~~~~~~~~~~~~

handwritten note: noleggiare – to rent (a car)

A. Una macchina a noleggio.   Completa il seguente brano scegliendo tra gli aggettivi e gli avverbi tra parentesi.

L'estate scorsa siamo andati in Italia. Abbiamo deciso di noleggiare una macchina. Purtroppo, abbiamo noleggiato la __peggiore__ (peggiore / peggio) macchina possibile. Anche se molte macchine italiane, come la Ferrari ad esempio, sono le __migliori__ (migliori / meglio) del mondo, la nostra esperienza ha dimostrato il contrario. È stata l'esperienza __peggiore__ (peggiore / peggio) del viaggio.

Di positivo posso dire che la costiera amalfitana è bellissima e, secondo me, __la maggior__ (la maggior / miglior) parte degli italiani guida _____ (migliore / meglio) di noi. Certo, guidano velocemente, ma stanno attenti e, soprattutto, usano la freccia per cambiare corsia. Secondo me i __peggiori__ (peggiori / peggio) autisti non usano mai la freccia.

I problemi sono iniziati quando la nostra macchina ha cominciato a non andare __bene__ (bene / buono). Era molto lenta. La _____ (massima / ottima) velocità possibile era 120 km e non potevamo superare gli 80. Nessuno rispettava le distanze di sicurezza. Ma il __peggiore__ (peggio / peggiore) doveva ancora arrivare. A metà strada la macchina si è guastata e alla fine abbiamo deciso di prendere il treno. È stata la decisione __migliore__ (migliore / meglio) che potessimo prendere. Abbiamo abbandonato la macchina e abbiamo proseguito felici e contenti.

handwritten note: guastata – broken down

B. Il migliore paese.   Chiedi a un tuo compagno / una tua compagna quale paese offre il meglio / il peggio per le seguenti categorie. Usate le forme irregolari quando possibile. Fate tutti i cambiamenti necessari.

ESEMPIO: vini / buono
    ST. 1: Secondo te, chi ha i vini migliori del mondo? Perché? *o* Quali?
    ST. 2: Secondo me, l'Italia ha i vini migliori del mondo.

1. il prosciutto / buono
2. i musei / grande
3. la moda / originale
4. i treni / veloce
5. la musica / moderno
6. le automobili / cattivo

C. Che bella serata! Completa il seguente brano mettendo la forma corretta del comparativo o del superlativo e facendo i cambiamenti necessari.

minore	(2v.) migliore	meglio
ottimo	peggiore	pessimo

handwritten note: festicciola – small party

Io sono di __ottimo pessimo__ umore. Ieri sera abbiamo invitato qualche amico a casa nostra ed abbiamo fatto una festicciola. Il fratello __minore__ di Luigi è venuto con il suo __migliore__ amico e loro due hanno preparato delle lasagne squisite. L'unica cosa __meglio migliore__ delle lasagne è stata il vino. Silvia sa scegliere i vini __meglio migliore__ di tutti. Per fortuna, Silvia porta sempre il vino! Purtroppo la torta che avevamo ordinato era __pessima__. Sinceramente è stata la __peggiore__ torta che abbia mai mangiato, ma abbiamo risolto il problema con un altro bicchiere di vino!

BIBLIOTECA 2000

Using a Bilingual Dictionary

A bilingual dictionary is a good resource but you should only resort to it after trying other strategies to determine the meaning of a word. Looking up too many words does not facilitate comprehension because it draws your attention away from the text. Before using a dictionary:

1] Try to determine what part of speech the word is.

2] Try to determine the meaning from the context of the surrounding words. For example, you may recognize that a word represents the name of a plant, or describes a state of mind or a way of talking, without being able to narrow down its precise English equivalent. That might be close enough in many situations.

3] If that doesn't work, determine whether you can continue reading without defining the word and still understand the text.

4] If not, glance ahead to see whether the word reappears and you can deduce its meaning from the other uses.

If none of these strategies works and you conclude that the meaning of the word is critical, a bilingual dictionary is the solution.

Un cliente gusta un espresso al banco di un bar.

Choosing among dictionary definitions is easier when you know what part of speech you are looking for. You may be able to rule out many of the definitions in the entry.

Skimming the entire entry, or the part that pertains to the part of speech you are looking for, is a good idea. In particular, look at the idiomatic uses that appear at the end of the entry. Remember that in Italian the entries for adjectives are listed in the masculine singular form and verbs are listed in the infinitive form.

PRE-LETTURA

A. Leggi le definizioni della parola **macchiato** e determina quale definizione è adatta al testo.

«... l'italiano all'estero è pronto a sottoscriverne l'affermazione, pur avendo desideri più modesti: cornetto e cappuccino, o un onesto caffè macchiato.»

> **macchiato, a. 1** stained; spotted, mottled (*variegato*): **m. di sangue** bloodstained; **marmo m.** spotted (variegated) marble; **legno m.** mottled wood. **2** (*di cavallo*) dappled; dapple. **3** (*ind. Cartaria*) foxed • **m. di fango** bespattered with mud • (*fig.*) **essere m. d'una stessa pece** to be tarred with the same brush • **caffè m.** coffee with a dash of milk • **latte m.** milk with a drop of coffee • **un pelame nero m. di bianco** a black coat with white spots.

B. A coppie, cercate di determinare il significato delle parole sottolineate. Usate il dizionario solo se è necessario.

1. L'assenza di bar <u>degni</u> di questo nome, non c'è dubbio, rappresenta uno degli aspetti più dolorosi dell'espatrio.
2. ... convinto che si tratti di un <u>trucco</u> per non pagare la consumazione al tavolo.
3. Cent'anni dopo, il caffè <u>ha stracciato</u> ogni altra bevanda calda.

C. Negli ultimi anni la nascita di vari locali specializzati in caffè ha raggiunto proporzioni enorme. A ogni angolo e a tutte le ore, si possono trovare questi locali aperti con la gente che beve una varietà incredibile di bevande a base di caffè. A coppie, rispondete alle seguenti domande e richieste di approfondimento.

1. Secondo voi, a che cosa si può attribuire questo boom della caffeina?
2. Descrivete uno di questi locali.
3. Frequentate questi posti? Perché?
4. Bevete il caffè? Che tipo? Se no, cosa bevete?
5. Siete mai stati in un bar italiano? Se sì, descrivetelo.
6. Vi piace il caffè italiano? Quale caffè preferite?

Un italiano in America

BEPPE SEVERGNINI

Beppe Severgnini, nato a Crema nel 1956, è un famoso giornalista italiano. Ha lavorato per *il Giornale* ed è stato inviato speciale in Russia, Cina e Washington, D.C. per il quotidiano *La voce*. Oggi firma i suoi articoli per il *Corriere della Sera* e per *The Economist*. Tra i suoi libri ricordiamo *Inglesi* (1990), *Italiani con la valigia* (1993), *Un italiano in America* (1995) e *Italiani si diventa* (1998).

«La nostalgia di casa comincia dalla pancia[1]», diceva Che Guevara. Se il capo guerrigliero[2] pensava agli arrosti delle natia[3] Argentina durante le notti sulla Sierra Maestra, l'italiano all'estero è pronto a sottoscriverne[4] l'affermazione, pur avendo desideri più modesti: cornetto e cappuccino, o un onesto caffè macchiato.

L'assenza di bar degni di questo nome, non c'è dubbio, rappresenta uno degli aspetti più dolorosi dell'espatrio. Per combattere la nostalgia, noi italiani insistiamo nel voler bere il caffè in piedi a Vienna e a Parigi, persuadendo così gli altri avventori[5] d'avere di fronte uno squilibrato[6], e irritando il gestore[7], convinto che si tratti di un trucco per non pagare la consumazione al tavolo. Un'altra nostra fissazione è chiedere l'«espresso all'italiana», ben sapendo che saremo puniti con intrugli[8] il cui sapore è a metà tra un amaro medicinale e la cicuta[9] di Socrate.

Quando questo accade, gli italiani all'estero non si accontentano di fare una smorfia[10] e allontanarsi. Rimangono sul posto ed entrano in lunghe discussioni dottrinali sul caffè dei turchi (troppo denso), dei francesi (troppo lento) e degli inglesi, cercando di convincere questi ultimi che quella cosa che chiamano *coffee* in fondo non è cattiva, ma devono proprio trovargli un altro nome. L'orgoglio ci impedisce d'ammettere che qualcuno faccia il caffè come noi, o meglio di noi. I bar, le torrefazioni[11] e le commedie di Eduardo de Filippo[12] ci hanno rovinato.

Negli Stati Uniti, questo orgoglio è fuori luogo. Non soltanto è facile trovare un buon espresso. Qui stanno facendo con il caffè quello che fecero a suo tempo con la pizza: se ne sono innamorati, e dicono d'averla inventata loro. In materia di caffè, bisogna dire, un po' di esperienza ce l'hanno. La prima *cafeteria* venne aperta a Chicago intorno al 1890.

Cent'anni dopo, il caffè ha stracciato[13] ogni altra bevanda calda. La versione più popolare rimane il caffè lungo, l'«acqua marrone» contro cui si sono battute in-

Quanto italiano in questo menu al caffè americano!

---

1. stomach   2. guerilla leader   3. native (of one's birth)   4. subscribe to, endorse   5. regular customers   6. crazy, unbalanced   7. manager   8. unappetizing concoctions   9. hemlock   10. grimace   11. coffee shops   12. Italian playwright and actor   13. **ha...** destroyed

vano generazioni di italiani. Rispetto al cugino inglese, questo *coffee* è più tecnologico (niente malinconici cucchiaini di miscela istantanea, sostituito da un'infinità di macchinari[14]), più pericoloso e meno decoroso[15]. Mentre gli inglesi amano il caffè tiepido nelle tazze di porcellana, gli americani lo bevono ustionante[16] da micidiali[17] bicchieri di polistirolo[18] e dentro i *mugs*, boccali[19] decorati con mostriciattoli[20], fumetti, super-eroi, scritte spiritose. Negli Stati Uniti, un uomo di governo non si vergogna di reggere un gotto[21] con scritto I BOSS! YOU NOT!; un capitano d'industria può esibire il *mug* personale con l'immagine dei Tre Porcellini, e nessuno si stupirà.

La droga di moda è però l'espresso — spesso eccellente, come si diceva. Nei bar, mi sono sentito chiedere, con linguaggio da spacciatori[22]: *How many shots?* — e il riferimento è al numero di caffè che il cliente intende bere tutti insieme (caffè semplice: *one shot;* caffè doppio, *two shots,* e così via, fino all'*overdose*). Una nuova, inquietante[23] abitudine è quella di chiedere un *caffeinated coffee.* Si tratta di una precauzione contro il decaffeinato, da parte di quegli americani (e sono molti) che ormai funzionano a caffeina.

Il caffè è entrato trionfalmente anche nelle serie televisive, vero radar degli umori del paese. In *Friends,* in *Frasier* e in *Ellen* le scene girate dentro una *coffeehouse* non si contano più. La bella innamorata di Clark Kent-Superman, nel telefilm *Lois and Clark,* ordina *a short, non-fat mocha, decaf, no foam, no sugar, no whipped cream* (ovvero: un decaffeinato ristretto tipo «mocha» senza grassi, senza schiuma, senza zucchero e senza panna montata). Da Starbucks — la catena più nota, originaria[24] di Seattle — distribuiscono opuscoli[25] con le combinazioni possibili, e piccole guide alla pronuncia: *caf-ay' là-tay* (caffellatte), *caf-ay' mò-kah* (caffè mocha), *caf-ay' a-mer-i-cah-no* (caffè americano), *ess-press'-o cone pà-na* (espresso con panna).

Il più grande successo di questi ultimi anni è però il cappuccino (*cap-uh-cheè-no*) — soprattutto dopo pranzo, a conferma di una certa confusione mentale.* La marcia trionfale del cappuccino nel vocabolario degli americani (dove entrò in punta di piedi[26] intorno al 1950) — e il suo prezzo, doppio o triplo rispetto a un caffè normale — hanno qualcosa di misterioso. Una spiegazione potrebbe essere l'«effetto Chardonnay», un vino che gli anglosassoni preferiscono a qualsiasi altro vino bianco perché provano piacere a pronunciarne il nome. Se è così, gli americani non ordinano il cappuccino per poterlo bere, ma lo bevono per poterlo ordinare. Perverso? Certamente.

---

14. machinery   15. decent, proper   16. scalding hot   17. deadly, lethal   18. Styrofoam   19. jugs   20. little monsters   21. mug   22. drug dealers   23. disturbing   24. **originaria...** originally from   25. brochures   26. **in...** on tiptoe

* In general, Italians drink cappuccino only at breakfast.

∼∼∼∼∼ COMPRENSIONE ∼∼∼∼∼

A.   L'umorismo di uno scrittore può nascere da varie fonti, ma spesso è legato alla percezione di una situazione nuova rispetto a una situazione più familiare al lettore. Qualche volta le percezioni sono accurate. Altre volte sono esagerate e non fanno necessariamente parte della realtà della situazione anche se ci può essere un elemento di verità. Leggi le seguenti affermazioni da *Un italiano in America* e determina se la descrizione dell'autore è basata sulla realtà o è un'esagerazione. Giustifica le tue risposte.

1. «Un'altra nostra fissazione è chiedere l'«espresso all'italiana», ben sapendo che saremo puniti con intrugli il cui sapore è a metà tra un amaro medicinale e la cicuta di Socrate.»

2. «Qui [gli americani] stanno facendo con il caffè quello che fecero a suo tempo con la pizza: se ne sono innamorati, e dicono d'averla inventata loro.»
3. «Il più grande successo di questi ultimi anni è però il cappuccino (*cap-uh-cheè-no*) — soprattutto dopo pranzo, a conferma di una certa confusione mentale.»
4. «Negli Stati Uniti, un uomo di governo non si vergogna di reggere un gotto con scritto I BOSS! YOU NOT!; un capitano d'industria può esibire il *mug* personale con l'immagine dei Tre Porcellini, e nessuno si stupirà.»

B. In classe, dopo aver letto le osservazioni di Severgnini, componi una lista delle cose simili e quelle differenti tra un «café americano» e un «bar italiano». Non dimenticare di parlare anche della qualità del caffè, dell'elemento sociale e del modo di bere.

cose simili   cose diverse

C. A coppie, ricreate una situazione in cui l'autore entra in un café americano e ordina un caffè al barista. Cercate di immaginare una conversazione che rifletta il pensiero dello scrittore. Poi presentate la conversazione alla classe.

DI PROPRIA MANO

Comparisons

Comparisons can take several forms. In the **Grammatica** section of this chapter, you have learned how to make explicit comparisons in Italian. Another effective strategy to portray something unfamiliar is to describe it in terms of the familiar. In the **Biblioteca** section, Beppe Severgnini does this for his Italian readers by describing the distinctive ways in which Americans have embraced Italian coffee and European café culture and made them their own. In this way, he portrays some aspects of the American character and makes indirect comparisons with Italy. Thus, Severgnini uses a very specific topic to make some broader points, thus comparing two cultures without ever making overt comparisons. Unfamiliar things or ideas presented in a new situation can seem either comical or troubling; Severgnini chose to approach the unfamiliar with humor.

PRE-SCRITTURA

Pensa a un viaggio che hai fatto in un'altra città o in un altro paese. Fai una lista degli avvenimenti del viaggio e delle tue esperienze e mettili in ordine cronologico.

Poi rifletti sulle differenze che ti hanno colpito. Queste differenze possono riguardare incontri con la gente, modi di dire or di fare, modi di vestire, mangiare, ecc. Fai una lista delle differenze che ti vengono subito in mente.

SCRITTURA

Quando si incontrano differenze in altre culture, qualche volta possono dar fastidio, ma spesso nel ricordarle sono viste in un'altra luce che rende la situazione divertente. Usando le liste delle riflessioni fatte in pre-scrittura, scrivi due o tre paragrafi che raccontano queste esperienze. Concludi spiegando se la tua impressione oggi di quella città è diversa da com'era all'inzio. Cerca di sfruttare l'umorismo!

Esempio:

Un albergo a Brindisi. Una notte la mia famiglia è arrivata a Brindisi molto tardi e non avevamo ancora prenotato un albergo. Siamo stati costretti a chiedere il consiglio al tassista. Il tassista ci ha detto che c'era un bellissimo albergo, vino compreso, in centro. Prezzo giusto. Abbiamo accettato. Quando siamo arrivati, abbiamo capito che il concetto di un «bell'albergo» può variare estremamente. C'erano due lettini e una bottiglia di vino già aperta. Eravamo in quattro. Come abbiamo dormito bene quella notte! A proposito, naturalmente, non abbiamo bevuto il vino.

BLOCK NOTES

This notebook will be an ongoing assignment throughout the course. You will be asked to record in Italian your observations about and reactions to what you learn about Italian lifestyles, traditions, behavior, and outlooks. The goal is not to promote grammatical accuracy but to provide a creative outlet and practice in self-expression. Content is key. At the end of the book, you will use your journal in a final writing assignment on cultural stereotyping.

Quando si pensa ad un paese e alla sua cultura, è comune fare generalizzazioni e quindi creare degli stereotipi. Lo stereotipo nasce da una percezione o da un concetto relativamente rigido ed eccessivamente semplificato o distorto di un aspetto della cultura in questione. Nella lettura di questo capitolo, hai scoperto percezioni sia degli italiani dell'America, sia degli americani dell'Italia. Scrivi le tue osservazioni.

Communicative Objectives

- Narrate and describe events in the past
- Summarize and talk about news events
- Talk about Italian newspapers and magazines

Mito o realtà?

Internet Café

Indirizzo: http://italian.college.hmco.com/students

Attività: Sfogliando le pagine di un giornale

In classe: Stampa il breve riassunto dell'articolo che hai letto e portalo in classe. Presentalo, spiegando le ragioni per cui ti è sembrato interessante.

Una tradizionale edicola italiana.

Mito o realtà?

Fino a pochi anni fa l'immagine dell'Italia all'estero si basava sui racconti nostalgici degli emigrati, sui pochi film italiani che arrivavano su schermi stranieri e sull'esportazione dei suoi prodotti migliori, dal cibo alla moda. Un'immagine dunque che non poteva essere altro che romantica, dimentica dell'effettiva realtà della penisola.

Oggi però si sono moltiplicate, per chi vive all'estero, le fonti che offrono un'idea più accurata della vita e della società italiana. Tra queste sono da sottolineare la più efficiente rete° di distribuzione che permette a quotidiani° e a riviste di arrivare in tutto il mondo in tempo reale, la rete Internet e le trasmissioni satellitari.

Sul territorio nazionale questo compito è affidato° soprattutto ai quotidiani e ai telegiornali. Alcuni quotidiani come il *Corriere della Sera*, *La repubblica* e *La stampa* sono diffusi in tutta l'Italia ma quasi ogni città di media grandezza produce il proprio quotidiano in cui l'enfasi° viene posta soprattutto sulla cronaca° della città stessa e della sua provincia.

La medesima situazione si riscontra° nelle programmazioni televisive. Le grandi reti nazionali, sia pubbliche sia private, offrono un gran numero di telegiornali e di programmi dedicati alla cronaca nazionale ed estera, mentre alle numerosissime piccole emittenti° cittadine è lasciato il compito della cronaca locale.

Infine, tra le centinaia di riviste che fanno mostra di sé nelle edicole° italiane, *L'espresso* e *Panorama* sono tra quelle che si concentrano in modo specializzato sulla cronaca e sulla politica nazionale ed internazionale. Notizie di attualità possono essere trovate anche in altre riviste ma con un taglio°

network / daily newspapers

entrusted

emphasis
news

si… is found

TV broadcasting stations

newsstands

tone

Aspettando il prossimo autobus una ragazza legge uno dei quotidiani gratuiti della capitale.

giornalistico completamente diverso: tra i settimanali° più letti si trovano *Oggi* e *Gente,* indirizzati ad un pubblico medio e senza l'indirizzo° scandalistico di riviste quali *Cronaca vera, Novella 2000* e molte altre.

weeklies (magazines or newspapers)

approach

Al lettore attento i vari mezzi di comunicazione offrono, accanto all'immagine romantica che spesso l'accompagna, un ritratto dell'Italia più vicino alla realtà ed ai bisogni delle persone che ne studiano la lingua e la cultura.

Un edicolante sorride circondato da riviste, quotidiani e fumetti.

DOMANDE

1. Cosa pensa l'autore del brano dei film italiani? Credi che i film del tuo paese diano un'idea corretta del luogo dove vivi, delle persone che conosci, della tua vita?
2. Leggi spesso quotidiani o settimanali? Quali? C'è una sezione del giornale che preferisci alle altre?
3. Qual è, secondo la tua opinione, il metodo migliore per tenersi aggiornati (*up-to-date*) sulle notizie nel mondo?
4. Pensi che i film ed alcune trasmissioni televisive del tuo paese contribuiscano a creare stereotipi sugli italiani? Fai alcuni esempi.
5. In base alle informazioni imparate grazie all'attività Web, quali differenze trovi tra *La Gazzetta di Parma* e il giornale della tua città?

LESSICO.EDU

Giornali et giornalisti

l'abbonamento *subscription*
la cronaca *news*
la cronaca nera *crime news*
la cronaca rosa *celebrity news*
il / la cronista *reporter*
l'edicola *newsstand*
l'edizione straordinaria *special edition*
l'emittente (*f.*) *television station*

il / la fotoreporter *news photographer*
il / la giornalista *journalist*
intervistare *to interview*
l'inviato/a *correspondent*
il mensile *monthly publication*
il periodico *newspaper*
il quotidiano *daily newspaper*

il redattore / la redattrice *editorial staff person*
la redattore capo / la redattrice capo *editor-in-chief*
la redazione *editorial office; editing*
la rivista *magazine*
il settimanale *weekly magazine or newspaper*
il telegiornale *television news*

～～～ PRATICA ～～～

A. In redazione. Leggi le definizioni date e scrivi la parola corrispondente.

1. la persona che cura i servizi fotografici di un giornale o di una rivista _____
2. un periodico che esce una volta al mese _____
3. il luogo dove lavorano i giornalisti _____
4. la cronaca che si occupa della vita degli attori _____
5. il luogo dove si comprano i giornali _____
6. il giornalista che lavora all'estero _____

B. I giornali per la famiglia. Completa il paragrafo con i vocaboli corretti.

giornalisti   rivista   mensile   edicola
quotidiano   fotoreporter periodici

Ieri sono andato all'_____ per comprare come al solito i _____ per me e per la mia famiglia. Io, tutti i giorni, compro il *Corriere della Sera*, il _____ di Milano, perché mi piacciono molto i _____ che ci scrivono. Per mia moglie ho preso una _____ d'informatica che esce settimanalmente e per mio figlio una rivista _____ di pesca: fortunatamente quest'ultima esce solo una volta al mese perché costa moltissimo. Le fotografie sono bellissime perché sono state scattate dai migliori _____: io penso però che non ci sia niente di terribilmente interessante nel vedere fotografie di pesci morti!

Abbiamo dimenticato il giornale di oggi.

C. Le vostre abitudini. Prima completate la tabella (pagina 28) seguendo il modello dell'esempio e poi intervistate un vostro compagno / una vostra compagna per scoprire come si informa sugli avvenimenti di cronaca.

> **Esempio:** leggere riviste
> ST. 1: Leggi spesso riviste?
> ST. 2: Sì, le leggo spesso.
>   *o* No, non le leggo mai.

	mai	raramente	una volta alla settimana	spesso
leggere riviste				
leggere quotidiani				
guardare telegiornali				
seguire programmi di cronaca (Esempio: 20/20)				
collegarsi a Internet				

Dopo aver fatto le domande al vostro compagno / alla vostra compagna, cercate di scoprire perché le sue preferenze sono per un mezzo di comunicazione piuttosto che per un altro.

STUDIO REALIA

~~~~~~~~~ **PRATICA** ~~~~~~~~~

A. In prima pagina. Quella che vedete è la prima pagina del *Corriere della Sera*. Ogni sezione della pagina ha un nome particolare. Lavorate in coppia e cercate attraverso le definizioni seguenti di identificare sul giornale le parti indicate. Poi confrontate le vostre risposte con quelle della classe.

testata: la parte superiore della prima pagina di un giornale, contenente il nome e l'indicazione dell'anno, della data, del prezzo, ecc.

notizia d'apertura: la notizia più importante che appare immediatamente sotto la testata

titolo: frase in caratteri grandi che identifica l'argomento o il contenuto di un articolo

editoriale: articolo di fondo, per lo più di carattere politico, pubblicato sulla prima pagina di un quotidiano o di un periodico; scritto di solito dal direttore, rispecchia l'indirizzo (*position*) ideologico del giornale; normalmente si trova sul lato sinistro, per chi guarda, della prima pagina e il più delle volte è in corsivo

occhiello: frase non più lunga di una riga posta sopra il titolo con caratteri più piccoli rispetto a quelli del titolo

articolo di spalla: articolo di minore importanza rispetto alla notizia d'apertura ma che compare parzialmente in prima pagina

vignetta: piccola illustrazione; scenetta, per lo più di carattere satirico o umoristico, stampata in libri o giornali

sommario: una o più frasi poste sotto il titolo che lo spiegano più dettagliatamente e anticipano il contenuto dell'articolo

B. Dentro la notizia. Leggi le notizie qui sotto e per ognuna scegli la categoria sotto la quale dovrebbe andare.

News su Internet NOTIZIE QUANDO VUOI SU CHI VUOI SU QUELLO CHE VUOI

Categorie: politica interna, politica estera, cronaca nera, cronaca rosa, spettacolo, sport

1. L'Italia ha vinto sei medaglie d'oro agli ultimi campionati mondiali di nuoto.
2. Catturati due mafiosi mentre viaggiavano in auto verso la frontiera.
3. Domani il matrimonio tra il principe di Galles e la figlia del re di Svezia.
4. Il governo italiano ha deciso di abbassare le tasse sulla benzina.
5. Il concerto di Paolo Conte domani su RAI 2 alle ore 20,30.
6. Incontro tra i leader palestinesi e israeliani per riportare la pace a Gerusalemme.

GRAMMATICA & CO.

I Il passato prossimo

The **passato prossimo** expresses a completed past action, usually an action concluded in a precise time frame. The **passato prossimo** is also used to describe a past occurrence whose effects continue in the present.

Ho aspettato tre ore all'aeroporto.	*I waited at the airport for three hours.*
Ho sempre **amato** viaggiare.	*I've always loved to travel* (and still do).

In English the **passato prossimo** can be expressed in three ways.

Abbiamo letto il giornale.
{ *We read the newspaper.*
We have read the newspaper.
We did read the newspaper.

A Formazione del passato prossimo

1] The **passato prossimo** is formed with the present tense of the auxiliary verb **avere** or **essere** plus the past participle of the action verb.

aspettare		andare	
ho		sono	
hai		sei	+ andato/a
ha	+ aspettato	è	
abbiamo		siamo	
avete		siete	+ andati/e
hanno		sono	

2] Regular past participles are formed by adding the participle ending (**-ato, -uto, -ito**) to the end of the verb stem.

infinito	desinenza	participio passato
aspettare	-ato	**aspettato**
ricevere	-uto	**ricevuto**
partire	-ito	**partito**

Most first-conjugation verbs (verbs ending in **-are**) are regular.

3] Many common second-conjugation verbs (verbs ending in **-ere**) have irregular past participles.

infinito	participio passato	traduzione
accendere	acceso	*to turn on* (e.g., a light)
accorgersi	accorto	*to become aware of; to notice*
aggiungere	aggiunto	*to add*
cogliere	colto	*to gather; to collect; to pick*
crescere	cresciuto	*to grow*
cuocere	cotto	*to cook*
difendere	difeso	*to defend*
dipingere	dipinto	*to paint*
dividere	diviso	*to share; to divide*
esprimere	espresso	*to express*
fingere	finto	*to pretend*
mettere	messo	*to put; to place*
muovere	mosso	*to move* (an object)
nascondere	nascosto	*to hide*
offendere	offeso	*to offend*
piangere	pianto	*to cry*
radersi	rasato, raso*	*to shave oneself*
rendere	reso	*to give back; to produce;* *to result in*
ridere	riso	*to laugh*
rimanere	rimasto	*to stay*
scegliere	scelto	*to choose*
scendere	sceso	*to descend*
spegnere	spento	*to turn off; to extinguish*
stendere	steso	*to hang; to lay out; to stretch*
svolgere	svolto	*to develop*
togliere	tolto	*to take away*
uccidere	ucciso	*to kill*
valere	valso	*to be worth*
vincere	vinto	*to win*

* The past participle **raso** is rarely used. It is preferable to use the past participle
of **rasarsi**, which is **rasato**.

See the appendix for a more complete list of verbs with irregular past participles.

4] Some third-conjugation verbs (verbs ending in **-ire**) also have irregular past participles.

infinito	participio passato	traduzione
aprire	aperto	*to open*
coprire	coperto	*to cover*
dire	detto	*to say; to tell*
morire	morto	*to die*
offrire	offerto	*to offer*
scoprire	scoperto	*to discover*
soffrire	sofferto	*to suffer*
venire	venuto	*to come*

B Verbi transitivi ed intransitivi

1] When an object (a person, thing, or animal) receives the action of the verb, the verb is transitive. Most transitive verbs are conjugated with **avere**.

SUBJECT (PERFORMS ACTION)	VERB (EXPRESSES ACTION)	OBJECT (RECEIVES ACTION)
Luca	ha comprato	*La Gazzetta dello Sport.*
Luca	*bought*	The Gazzetta dello Sport.

Prima di uscire, Lucia **ha spento** le luci in redazione.	*Before leaving, Lucia turned out the lights in the editorial office.*
Cento giornalisti **hanno coperto** il vertice a Genova.	*One hundred journalists covered the summit meeting in Genoa.*

A direct object may be implied rather than expressed: **Ho già mangiato** implies that food was eaten without naming it.

2] An intransitive verb expresses a state of being and/or a change of location. An intransitive verb never takes a direct object. Nearly all intransitive verbs are conjugated with **essere**, and their past participles therefore agree in gender and number with the subject of the sentence.

Siamo andati a Bologna ieri.	*We went to Bologna yesterday.* (change of location)
Lo scrittore **è morto** a 94 anni.	*The writer died at age 94.* (state of being)
È diventata professoressa nel 1998.	*She became a professor in 1998.* (state of being)
Quel discorso **è durato** un'ora.	*That speech lasted an hour.* (state of being)

3] Reflexive verbs, both transitive and intransitive, are always conjugated with **essere.**

I due giornalisti **si sono sposati** dopo tre anni di fidanzamento.	*The two journalists got married after a three-year engagement.*
Mi sono messo la cravatta per andare al loro matrimonio.	*I put on a tie to go to their wedding.*

4] A few verbs of movement are conjugated with **avere,** as are some verbs that do not take a direct object.

verbi di movimento coniugati con *avere*		verbi senza oggetto diretto coniugati con *avere*	
camminare	ho camminato	**dormire**	ho dormito
giocare	ho giocato	**ridere**	ho riso
nuotare	ho nuotato	**riposare**	ho riposato
passeggiare	ho passeggiato	**sbadigliare** (*to yawn*)	ho sbadigliato
sciare	ho sciato	**sorridere**	ho sorriso
viaggiare	ho viaggiato	**starnutire**	ho starnutito

5] Some verbs, such as **piovere** and **nevicare,** are conjugated with either **essere** or **avere** as the auxiliary verb, with no change in meaning. Other verbs have a change in meaning, depending on whether they are conjugated with **essere** or **avere.**

  a. **Cominciare, iniziare, finire, terminare,** and **concludere** take **avere** when the subject is a living being. They take **essere** when the subject is inanimate.

Ho cominciato a studiare all'1,00.	*I started studying at 1 o'clock.*
Lo sciopero **è cominciato** alle 2,00.	*The strike began at 2 o'clock.*
Ha finito il progetto.	*He/she finished the project.*
Lo spettacolo **è finito** a mezzanotte.	*The show ended at midnight.*

  b. **Migliorare, peggiorare, salire, scendere,** and **cambiare** take **avere** when a direct object is expressed; otherwise they take **essere.**

Caterina **ha peggiorato** la situazione.	*Caterina made the situation worse.*
Da quando è arrivata Francesca, tutto **è peggiorato.**	*Since Francesca arrived, everything got worse.*
Ho salito le scale.	*I climbed the stairs.*
Sono salita sul treno.	*I got on (boarded) the train.*
Abbiamo sceso le scale.	*We went down the stairs.*
Siamo scesi dall'aereo.	*We got off the plane.*
Hanno cambiato casa.	*They moved (to a different house).*
Sono cambiati i tempi.	*Times have changed.*

c. **Correre** and **volare** take **essere** when a point of departure or a point of arrival is stated; otherwise they take **avere**.

Ha corso una maratona.	*He/she ran a marathon.*
È corso a casa loro.	*He ran to their house.*
Ho sempre **volato** con Alitalia.	*I've always flown Alitalia.*
Anche loro **sono volati** da Roma.	*They also flew from Rome.*

d. **Passare** takes **essere** when the meaning is to stop by or to go by. It takes **avere** in all other situations.

Hanno passato l'estate al mare.	*They spent the summer at the seashore.*
Siamo passati da loro ieri sera.	*We went by their house last night.*

C Il passato prossimo di *dovere, volere, potere*

1] The modal verbs **volere, dovere,** and **potere** may take either **avere** or **essere** when followed by an infinitive. If the infinitive is transitive, the auxiliary is **avere.** If it is intransitive, the auxiliary is **essere** and the past participle agrees with the subject in gender and number. If there is no infinitive, **avere** is used. In spoken Italian, **avere** is acceptable in both cases.

TRANSITIVO

Non ho potuto **prenotare** un albergo.	*I couldn't reserve a hotel.*
Ha dovuto **fare** un abbonamento per quel mensile.	*He had to subscribe to that monthly publication.*

INTRANSITIVO

Non sono volut**a andare** in Spagna.	*I didn't want to go to Spain.*
L'inviata non è potut**a tornare** nel tempo previsto.	*The correspondent couldn't return as planned.*

HAI VOLUTO LA BICICLETTA? PEDALA!

2] Using **volere, potere,** or **dovere** in the **passato prossimo** signifies that the action one wanted, was able, or needed to perform was, in fact, completed. If the action was not completed, or it is unclear whether or not it was, the imperfect is used. **Dovere** when used in the imperfect means *was supposed to.**

Ho visto quel libro in vetrina e non **ho potuto** resistere. L'ho comprato subito.	*I saw that book in the window and I couldn't resist. I bought it immediately.*

***Sapere** and **conoscere** have different meanings when used in the **passato prossimo** and in the **imperfetto. Esempio:**

Solo ieri ho saputo dell'intervista.	*Only yesterday I found out about the interview.*
Sapeva scrivere articoli divertenti.	*She knew how to write funny articles.*
Abbiamo conosciuto Marta ieri.	*Yesterday we met (for the first time) Martha.*
Conoscevo quel giornalista.	*I knew that journalist.*

Volevo andare alla conferenza ma **ho dovuto** lavorare.	*I wanted to go to the conference but I had to work.*
Dovevo lavorare ma invece ho guardato la televisione.	*I was supposed to work but instead I watched TV.*
Dovevo lavorare e allora non ho guardato la televisione.	*I was supposed to work and therefore I didn't watch TV.*

3] When a reflexive pronoun precedes the modal verb, the auxiliary verb is **essere.** When the pronoun follows the infinitive, the auxiliary verb is **avere.**

Non **ho** potuto iscriver**mi** a quel corso.	*I wasn't able to enroll in that course.*
Non **mi sono** potuta iscrivere a quel corso.	

4] **Desiderare, sapere,** and **preferire** function like **volere, dovere,** and **potere** in that they immediately precede an infinitive without a preposition. These verbs are always conjugated with **avere.**

Ho desiderato conoscerlo.	*I wanted to meet him.*

PRATICA

A. È successo ieri.   Trasforma le seguenti frasi al passato prossimo.

1. La giornalista torna dall'ufficio alle tre di notte.
2. I miei amici leggono il *Corriere della Sera*.
3. Voi decidete di scioperare.
4. Le emittenti italiane trasmettono film stranieri.
5. Io e Gianni Minà andiamo a Cuba e intervistiamo Fidel Castro.
6. La sezione di cronaca rosa presenta il matrimonio di personaggi famosi.
7. I telegiornali della sera sono i più seguiti.
8. Tu rimani all'estero per molto tempo.

B. Al casinò a Forte dei Marmi.   Raccontate questa storia di cronaca a un vostro compagno / una vostra compagna di classe.

1. Ieri la vicenda **svolgersi** a Forte dei Marmi.
2. La vicenda **cominciare** quando Giampaolo Bellini di Follonica **decidere** di tentare ancora la fortuna.
3. **Entrare** nel casinò e **iniziare** a giocare e a perdere.
4. Poi **vedere** una signora anziana che **vincere** mille euro.
5. La donna **allontanarsi** dalle slot machines e **mettere** la vincita nella borsa.
6. A questo punto Bellini **avere** un'idea non troppo intelligente: **dare** alla vecchia uno spintone e **cercare** di prendere la sua borsa.
7. Lei **cadere** per terra e tutti i soldi **volare** in aria.
8. Tutti **correre** ad aiutarla e Giampaolo Bellini **perdere** non solo i soldi ma anche la libertà.

C. Cronaca rosa: le vacanze del portiere Santini. Completa l'articolo con la forma corretta del passato prossimo.

La scorsa settimana tutti al mare _____ (potere) vedere il famoso Roberto Santini girare per le città adriatiche con un nuovo amore, Valeria Baldini, figlia del noto chirurgo degli atleti a Roma, Romolo Baldini. Sulla rottura del fidanzamento del famoso portiere con la fidanzata precedente, la famosa modella Claudia Betti, la Baldini _____ (dire): «Quando Roberto _____ (trovare) Claudia con un altro, non _____ (riuscire) a perdonarla. Ovviamente, io lo _____ (aiutare) a dimenticarla. Siamo felicissimi e in questi giorni passati noi _____ (divertirsi) molto. _____ (trascorrere) una settimana in barca prima di venire qui a Rimini dove _____ (decidere) di dedicarci al relax e all'amore.» Infatti, il fotografo _____ (scattare) molte foto dei due innamorati che _____ (confermare) le parole della Baldini.

D. Le notizie. A coppie, parlate di alcuni fatti che sono successi negli ultimi giorni e che sono stati riportati dai mass media. Fate una lista degli avvenimenti (minimo cinque). Indicate cosa, quando e dove è successo. Poi paragonate la vostra lista a quella degli altri.

E. Lo scorso weekend. In gruppi di tre o quattro, fate una lista di minimo sei cose che avete voluto, dovuto o potuto fare durante il weekend. Usate sia i verbi transitivi, sia i verbi intransitivi. Poi paragonate quello che avete fatto a quello che hanno fatto i vostri compagni di classe.

ESEMPIO: Ho dovuto leggere un articolo per lavoro.

F. Cronaca nera. Un furto di notte. Studiate il fumetto che segue e poi in gruppi di quattro, raccontate quello che è successo. Potete usare alcune delle parole qui suggerite: curatrice, tetto, furto, staccare, scivolare, disfare, caricare, rubare, scappare, aprire, scoprire...

II L'imperfetto

The imperfect tense (**l'imperfetto**) is used to describe past actions and states of being that lasted for an extended and often unspecified period of time. In English, ongoing actions and states are often expressed with *used to* or *was / were* + the *-ing* form of the verb.

A Formazione dell'imperfetto

The imperfect is formed by adding the characteristic endings to the stem of the verb.

telefonare	leggere	capire
telefon**avo**	legg**evo**	cap**ivo**
telefon**avi**	legg**evi**	cap**ivi**
telefon**ava**	legg**eva**	cap**iva**
telefon**avamo**	legg**evamo**	cap**ivamo**
telefon**avate**	legg**evate**	cap**ivate**
telefon**avano**	legg**evano**	cap**ivano**

Only a few verbs are irregular in the imperfect.

essere	dire	fare	bere	produrre*
ero	dicevo	facevo	bevevo	producevo
eri	dicevi	facevi	bevevi	producevi
era	diceva	faceva	beveva	produceva
eravamo	dicevamo	facevamo	bevevamo	producevamo
eravate	dicevate	facevate	bevevate	producevate
erano	dicevano	facevano	bevevano	producevano

* **Produrre** is a model for the **-urre** verbs that follow this pattern: **condurre, ridurre, tradurre,** etc.

Note that **avere** is regular in the imperfect.

B Usi dell'imperfetto

The imperfect is used in the following ways.

1] to describe weather, settings, and characteristics of people and things

Quel giorno il sole splendeva, gli uccelli cantavano e tutto sembrava perfetto.

That day the sun was shining, the birds were singing, and everything seemed perfect.

Da ragazza Marisa era molto curiosa.

As a little girl, Marisa was very curious.

TEMPORALI E NEVE AL NORD — Ieri, per chi si trovava sulle strade delle Alpi, non è stata una buona giornata. Le grandi nevicate dei giorni precedenti avevano infatti reso il controllo delle auto quasi impossibile. A questo si è aggiunta nuova neve, che continuava a cadere sui poveri automobilisti, e che ha dato al paesaggio intorno un'atmosfera da paese nordico. Se faceva brutto ieri, non possiamo nemmeno aspettarci un miglioramento per oggi. Neve e pioggia continueranno infatti fino al prossimo venerdì.

2] to describe ongoing past actions

Ieri **a quest'ora** riscrivevo **ancora** l'articolo.	*At this time yesterday, I was still rewriting the article.*

3] to describe an ongoing action that is interrupted by another action

Mentre l'annunciatore **parlava**, è arrivata una notizia dell'ultima ora.	*While the announcer was talking, a news flash came in.*
Leggevo Panorama quando qualcuno ha bussato alla porta.	*I was reading* Panorama *when someone knocked at the door.*

4] to describe habitual and/or repeated actions often signaled by key words such as **ogni, sempre, spesso, tutti i giorni,** and **di solito**

Quando ero piccola, **tutti i giorni** accompagnavo mio padre al bar dove lui leggeva il giornale e io leggevo fumetti.	*When I was little, every day I went to the bar with my father where he read the newspaper and I read comics.*

5] to describe simultaneous actions, often signaled by **mentre**

Mentre lei scriveva, lui guardava il telegiornale.	*While she was writing, he was watching the news.*

6] to specify age

Quando Tommaso aveva **sei anni,** abitava in Turchia.	*When Tommaso was six years old, he lived in Turkey.*

7] to specify times of day, dates, and seasons

Erano **le undici** quando sono tornata a casa.	*It was 11 o'clock when I got home.*

8] to describe mental and physical states

Lui **credeva** di essere molto intelligente.	*He believed he was very intelligent.*
Non ha dormito ed aveva **mal di testa.**	*He didn't sleep and had a headache.*

9] as an alternative to the conditional in polite requests

Scusi, le **volevo** chiedere un'informazione.	*Excuse me. I wanted to ask you for some information.*

～～～～ **PRATICA** ～～～～

A. Un'intervista.   Intervistatevi a vicenda usando l'imperfetto.

> **ESEMPIO:** dove / andare / in vacanza da bambino/a
> ST. 1: Dove andavi in vacanza da bambina?
> ST. 2: Andavo al mare. E tu?

1. dove / abitare / quando / avere tre anni
2. leggere già / libri in prima elementare
3. la tua maestra / piacerti
4. alle scuole medie / suonare uno strumento
5. i tuoi genitori / permetterti di guidare la macchina a 16 anni
6. a 17 anni / lavorare dopo scuola
7. cosa / sognare di diventare
8. fare dello sport

B. Il primo anno all'università.   A coppie, formate domande e risposte secondo l'esempio. Intervistatevi sui problemi che avete dovuto affrontare durante il primo anno dell'università. Poi presentate alla classe pregi e difetti dell'esperienza dell'intervistato.

> **ESEMPIO:** mangiare bene in mensa
> ST. 1: Mangiavi bene in mensa?
> ST. 2: No, non mangiavo bene in mensa.
>   *o* Sì, mangiavo abbastanza bene in mensa.

1. vivere vicino a casa
2. pagare molto per l'affitto
3. andare all'università in autobus
4. metterci poco tempo ad arrivare all'università
5. sentirsi a proprio agio durante le lezioni
6. uscire spesso con gli amici
7. arrivare in orario per l'inizio della lezione
8. dover studiare fino a tardi

C. Cane salva un bambino.   Completa con la forma corretta del passato prossimo o dell'imperfetto.

Ieri io _____ (leggere) sul giornale un articolo che mi _____ (commuovere). _____ (essere) la storia di un cane che aveva salvato (*had saved*) la vita a un bambino che _____ (giocare) vicino alla piscina. A quanto pare, il bambino, che _____ (avere) soli due anni, _____ (uscire) di casa all'insaputa di (*unnoticed by*) tutti. _____ (avvicinarsi) alla piscina e _____ (cercare) di fare andare la sua barchetta. All'improvviso, il bambino _____ (cadere) in piscina e ovviamente non _____ (sapere) nuotare. Il cane _____ (cominciare) ad abbaiare in modo pazzesco e _____ (chiedere) di uscire. Quando la mamma _____ (fare) uscire il cane, lui _____ (correre) alla piscina, _____ (saltare) dentro ed _____ (tirare) fuori il bambino che _____ (essere) scioccato ma sano e salvo.

D. Un momento nostalgico. Lavori per un settimanale dedicato agli animali e il tuo redattore capo ti ha chiesto di trovare una buona storia. Intervista un tuo compagno / una tua compagna chiedendogli/le di parlare di un animale importante nella sua adolescenza. L'intervistato/a descriverà l'animale parlando delle sue caratteristiche e di cosa facevano insieme.

> **ESEMPIO:** Avevo un cane che si chiamava Garibaldi. Garibaldi ed io giocavamo tutti i giorni. Era un cane molto affettuoso...

E. Un articolo di interesse generale. In gruppi di quattro, componete un articolo su un argomento che interessa a tutti per il giornale della vostra università. Dovete raccontare un avvenimento che è successo recentemente e che merita di essere pubblicato.

BIBLIOTECA 2000

Using Format to Predict Content

Newspaper and magazine articles often adhere to predictable formats. It is a journalistic convention that the most important facts appear at the beginning of the story so readers can gather essential information quickly. The writer does not present personal opinions but often quotes the opinions of others. The writing style is straightforward.

Non-textual clues can help readers predict content. An accompanying photograph or graphic may orient you to the basic thrust of the article. The headline is usually short and informational, but it may employ plays on words and references unfamiliar to non-native readers. The subtitle typically summarizes the article and may be easier to understand. The location of the event often appears at the beginning of the article. When you begin reading Italian newspaper articles, make a habit of first surveying all these cues. This is an approach that can also help you decipher other kinds of texts in Italian.

Le perle d'Italia

Al di là del cibo, della moda e, naturalmente, dell'arte, l'Italia si distingue nel mondo in numerosissimi campi. Il design italiano è apprezzato in tutto il mondo e c'è chi farebbe pazzie per una cucina, un mobile, una bicicletta, un'automobile firmati da un disegnatore italiano. L'Italia è anche il paradiso degli archeologi, grazie alla sua storia che si perde nel tempo, e primeggia nel campo dell'artigianato della ceramica e del vetro. Non si può, infine, dimenticare che in Italia si trova l'asilo più all'avanguardia del mondo e che ogni anno, centinaia di persone dall'Europa e dalle Americhe vengono a Reggio Emilia, per cercare di scoprirne i segreti. Nel caso strano che nessuna di queste cose vi stimoli a visitare l'Italia e le sue perle, pensate al gelato artigianale italiano, un prodotto che non è possibile gustare se non in una delle sue tante città.

DOMANDE

1. Quali sono le «perle» del tuo paese?

2. Tra i settori in cui l'Italia primeggia, quale ti attira di più e perché?

3. Quale di questi aspetti trovi che rappresenti meglio l'Italia? Quale invece ti sembra il meno rappresentativo? Perché?

pazzie – crazy things

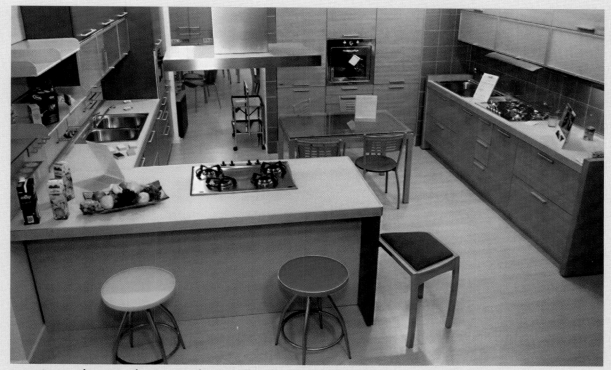

Le cucine prodotte in Italia sono tra le più belle e funzionali del mondo.

Anche nell'arredamento contemporaneo ed un po' avanguardistico lo stile italiano ha un posto di rilievo.

Il successo del design italiano nel mondo delle due ruote non si ferma alle biciclette da corsa.

Non solo Ferrari! Una Aston Martin progettata da Giugiaro, uno dei designer italiani più famosi del mondo.

Un gruppo di archeologi recupera il carico di un'antica nave in uno scavo a Pisa.

Un artigiano di Ravenna mette insieme i pezzi di un mosaico. Le ceramiche di questa zona sono ricercatissime.

A Reggio Emilia, si trova l'asilo Diana, considerato un modello da imitare in tutto il mondo: bambini liberi di agire per non frenare la loro creatività.

Il vero gelato è solo italiano: qui, una gelateria a conduzione familiare in Italia.

~~~~ **PRE-LETTURA** ~~~~

A. A coppie, guardate la foto e l'articolo, cercando di capirne il contenuto dal formato. Cercate di rispondere alle seguenti domande.

1. Chi?
2. Dove? (Quale città?)
3. Dove va?
4. Qual è l'argomento principale?
5. A che ora doveva partire?
6. A che ora parte?

B. In gruppi di tre, rispondete alle seguenti domande e in seguito parlatene con i compagni di classe.

1. Quali sono alcuni motivi per cui la gente sciopera?
2. Ci sono alcune professioni per cui dovrebbe essere vietato scioperare? Quali e perché?
3. Avete mai avuto degli inconvenienti dovuti ad uno sciopero?
4. Avete mai partecipato ad uno sciopero o conoscete qualcuno che lo abbia fatto?

«Io, naufraga¹ in sala d'aspetto²»
Sei ore in attesa di un jet fantasma per Torino

PAOLO POLETTI
ROMA

«Avevo tre valigie una più pesante dell'altra, nelle gambe la fatica di due giorni a Roma per il lancio³ della mia azienda di tessuti⁴ per arredamento⁵, in mente solo la speranza di sedermi al più presto in una comoda poltrona d'aereo. E questa volta non prendo l'Alitalia, basta ritardi, avevo detto prima di partire da Torino, 48 ore prima. Profezia errata⁶ purtroppo: mi hanno fatto passare mezza giornata da incubo⁷. Non per colpa delle compagnie, certo, ma insomma, eravamo ostaggi di un sistema: nessuno ci diceva niente di certo, passavano le ore e io dovevo spostare⁸ gli appuntamenti, affidare a mia sorella il ritiro⁹ del bambino a scuola che altrimenti

---

1. shipwrecked person   2. **sala...** waiting room   3. launch   4. material, fabrics   5. furnishings   6. **Profezia...** Mistaken prophecy   7. nightmare   8. move   9. pick up, retrieval

me lo chiudevano dentro, avvisare di non venire a prendermi a Caselle[10], e così via. Per fortuna che hanno inventato i cellulari...»

Serenella Novelli, manager quarantenne, racconta la sua odissea dell'aria, o meglio, delle sale d'aspetto.

«A mezzogiorno e mezzo sono arrivata a Fiumicino, voli nazionali, per far ritorno a casa, a Torino. Volo Air One, partenza alle 13,45. Preoccupazioni non ne avevo, agitazioni in vista nessuna, ufficialmente. Inghiottiti[11] i bagagli dal nastro trasportatore, i primi sospetti mi sono venuti notando la ressa[12] e l'agitazione al check-in. Infatti non ci hanno imbarcati, all'ora prevista. Sciopero degli uomini radar, ci hanno detto, e pure piuttosto improvviso, anzi, imprevisto. Io sono fiorentina, i miei improperi[13] toscani si sono uniti a quelli più soft dei compagni di viaggio piemontesi. Tanto l'avevamo capito subito, questi ci fregano un'altra volta, ci siamo detti. E infatti così è stato. Prima ci hanno annunciato un'ora di ritardo, poi un'altra. Ma un volo della mattina, della stessa compagnia, non era ancora partito, quelli Alitalia erano tutti annullati e qualcuno cominciava già a preoccuparsi di dove passare la notte a Roma.»

Il pomeriggio della donna-manager, per lei come per qualche migliaio di ostaggi di Fiumicino, è passato in circoli sempre più frequenti tra il bancone del bar, per un caffè, il bancone dell'accettazione, dove un'hostess sempre più confusa farfugliava[14] improbabili orari di partenza, e la vetrata[15] che si affaccia[16] sulle piste: jet immobili, nessun segno di preparativi.

«Avevamo invidia — dice Serenella — per chi, munito[17] di una 24 ore quindi di un bagaglio a mano, poteva al limite anche fregarsene[18] di un biglietto da centomila e di andarsene. Gli stranieri, poi, erano ammutoliti[19]. Verso le 16 un segnale di speranza: hanno annunciato il prossimo decollo di un aereo, ma nessuno l'ha visto. Ci siamo ringalluzziti[20], siamo scattati[21] verso il bancone dell'Air One, quella poveretta deve essersi spaventata pensando che volessimo picchiarla. Ci hanno detto di avviarci[22] verso il cancello di imbarco ma una volta in fila è arrivato il controordine. Tutti di nuovo, seduti, per tre ore.»

La svolta[23] giunge[24] che è quasi ora di cena. «Alle 19 ci hanno fatto salire su un bus e portato sul jet e, bontà loro, ci hanno lasciato usare i cellulari per avvertire della partenza. Decollo alle 19,45. Un'ora dopo ero a Torino, con 6 ore di ritardo. Quando sono salita sul taxi mi sembrava di scappare da una prigione.»

---

10. town near Torino's airport   11. Swallowed up   12. crowd   13. curse words   14. muttered   15. large window
16. looks out   17. equipped   18. not give a damn about   19. struck dumb   20. enthusiastically hopeful
21. **siamo...** we leaped   22. to go toward   23. turning point   24. arrives

COMPRENSIONE

A. Gli inconvenienti.   Dopo aver letto l'articolo, in gruppi di due o tre, elencate gli inconvenienti che la Signora Novelli ha subìto a causa dello sciopero. Poi paragonate le vostre osservazioni con quelle dei vostri compagni di classe.

B. Colpa di chi?   Serenella Novelli dice degli scioperi:
«Non è colpa delle compagnie, certo, ma insomma, eravamo ostaggi di un sistema: nessuno ci diceva niente di certo...»

Dividete la classe in tre e preparatevi a dibattere i pro e i contro degli scioperi. Una squadra prende la posizione del sistema, un'altra prende la parte degli «ostaggi» e l'altra prende la parte degli scioperanti. Usate le seguenti domande come spunti di conversazione.

1. Secondo voi, perché la Signora Novelli credeva di essere un ostaggio del sistema?
2. Perché, secondo voi, il sistema non ha dato informazioni chiare ai passeggeri?
3. Secondo voi, il problema descritto nell'articolo è nato per colpa del sistema?
4. Lo sciopero è stato un modo accettabile per esprimere il proprio messaggio?
5. Gli scioperi sono un modo efficace per ottenere quello che si desidera?

C. Un viaggio in treno.   Tu e il tuo miglior amico / la tua miglior amica avete passato una settimana in Calabria. Quando era ora di tornare a Bergamo, siete arrivati/e alla stazione dei treni per prendere il treno e avete scoperto che c'era uno sciopero dei capotreni (*conductors*). Ora dovete telefonare a casa per spiegare perché non potete tornare. Finite il seguente dialogo e descrivete la situazione che avete trovato. Presentatelo in classe.

Drin, drin...

[   ]: Pronto.

Tu: Ciao, _____. Ti telefono dalla Calabria.

[   ]: Ciao. Come va?

Tu: Male. Siamo arrivati/e alla stazione in anticipo per prendere il treno per tornare a Bergamo e abbiamo trovato caos dappertutto.

[   ]: Non ho capito. Cosa è successo?

Tu: ...

DI PROPRIA MANO

Parallel Writing

Composing your own original written work by imitating a model text is called *parallel writing*. Parallel writing is a method used to familiarize students with the conventions of particular formats, such as a personal essay or a persuasive essay, or even the construction of a single paragraph. In parallel writing, the content is original but the student uses the model for guidance in organizing the material. This process provides students with the structure of the model and with methods of effective presentation.

Parallel writing is useful for writing in a foreign language. It can promote fluency in writing by simplifying the task so that students can concentrate on expressing meaning. In this chapter, you are going to write a newspaper article using as a model the conventional news article with which you are familiar. Newspaper articles lend themselves particularly well to parallel writing because their format is succinct and familiar.

~~~~~~~ **PRE-SCRITTURA** ~~~~~~~

A. Preparati a scrivere il tuo articolo di cronaca, scegliendo uno dei seguenti titoli.

L'arbitro cambia le regole in mezzo alla partita
Furto all'Harry's Bar
Le nozze di Toldo sconvolte da una donna misteriosa
L'EuroStar bloccato in mezzo alla galleria per tre ore

B. Scrivi le risposte alle seguenti domande prima di cominciare l'articolo.

1. Chi è il pubblico del tuo articolo?
2. Chi, quando, che cosa, come e perché?
3. Quali sono le informazioni più importanti che devono andare all'inizio dell'articolo?
4. Chi puoi citare? (Non esprimere opinioni personali ma usa citazioni.)

~~~~~~~ **SCRITTURA** ~~~~~~~

Imitando il formato di un articolo in un quotidiano, usa le informazioni raccolte nelle tue risposte per sviluppare una storia che rispecchi il titolo che hai scelto. Non dimenticare di usare costruzioni e vocabolario semplici.

Prima di consegnare l'articolo all'istruttore, rileggilo per correggere errori di grammatica e ortografia e per determinare se hai bisogno di chiarificare dettagli.

BLOCK NOTES

In questo capitolo hai scoperto alcuni aspetti del panorama giornalistico in Italia. Tenendo in considerazione le letture fatte, l'esercizio Web e la discussione in classe, rifletti sui seguenti punti.

1. Parla degli aspetti del giornalismo italiano che più ti hanno colpito.
2. Paragona la prima pagina di un giornale italiano a quella del quotidiano del tuo paese che leggi di solito.
3. Al di là dei quotidiani in Italia esistono numerose riviste settimanali e mensili che si occupano di politica, spettacolo, sport ed altro. Scegline una del tuo paese che leggi abitualmente e descrivine le caratteristiche (titolo, copertina, uso di immagini, contenuto, ecc.).

Terra di vitelloni e casalinghe?

Communicative Objectives

- Specify locations
- Discuss interpersonal relationships
- Discuss gender issues

INTERNET **Internet Café**

Indirizzo: http://italian.college.hmco.com/students

Attività: Un nome… per sempre?

In classe: Stampa il significato del tuo nome italiano, portalo in classe e presentalo ai tuoi compagni.

Donne in divisa: una vigilessa dà indicazioni ad un anziano.

Terra di vitelloni e casalinghe?

A cominciare dalla fine degli anni Sessanta, una vera e propria rivoluzione ha sconvolto° i rapporti tra uomo e donna che per secoli erano rimasti consolidati° in Italia. E così, il mito del latin lover italiano o quello della donna-casalinga° hanno bisogno di essere rivisti alla luce della nuova realtà.

La donna italiana, dopo secoli di soprusi° e di lotte, da quelle per il voto a quelle per una pari opportunità° lavorativa, negli ultimi trent'anni è riuscita ad entrare in campi che sarebbero stati impensabili fino a pochi decenni fa: il mondo della scienza e della politica, quello degli affari e del sistema giudiziario e, ultimo a cadere, quello militare non sono più campo esclusivo dell'universo maschile. Avendo raggiunto una propria indipendenza economica e psicologica, le donne sono anche riuscite, a poco a poco, a far promuovere leggi sulla famiglia che non le costringono° più ad abbandonare carriera e sogni per accudire° alla casa ed ai figli.

L'uomo italiano sembra avere accettato il nuovo ruolo delle donne e sembra aver cominciato a prendersi le proprie responsabilità all'interno del nucleo familiare: non è più una novità vedere padri in giro da soli con le carrozzine° o giocare con i figli al parco, come non è più un'eccezione alla regola trovare padri che decidono di stare con i figli a casa per permettere alle mogli di portare avanti la loro carriera lavorativa. Sempre di questi ultimi anni è il fenomeno dei ragazzi padri°, fenomeno pressoché° sconosciuto fino agli inizi degli anni '80.

La strada da fare comunque è ancora lunga, soprattutto quando si guardi alla vita nei paesini lontani dall'influenza delle grandi città dove la tradizione sembra opporre una maggiore resistenza.

upset, unsettled
solidified, static
housewife
abuses
pari... equal opportunities

force / to take care of

baby carriages

ragazzi... unwed fathers with primary care of children / almost, nearly

Tempi che cambiano: un padre con la sua bambina in giro per la città.

DOMANDE

1. Il mito (o lo stereotipo) del latin lover è legato all'uomo italiano. Spesso lo stereotipo della donna è quella della madre in cucina che insiste che tutti mangino! Puoi pensare ad altri stereotipi su uomini e donne italiani? Quali pensi che siano gli stereotipi all'estero sulla vostra cultura?

2. Quali sono alcuni lavori che fino a pochi anni fa sarebbero stati principalmente di competenza (*responsibility*) femminile o maschile nel tuo paese?
3. Quali sono alcuni dei ruoli che stereotipicamente vengono dati all'uomo e alla donna nell'ambito familiare? Ci sono ancora ruoli decisamente femminili o maschili all'interno della famiglia nella tua cultura?
4. Secondo te, è più facile emanciparsi in una grande città che non in un piccolo paesino?
5. Porti il cognome di tuo padre, di tua madre o quello di entrambi? Cosa pensi della tradizione italiana di dare ai figli solo il cognome del padre?

LESSICO.EDU

La famiglia

all'antica *old-fashioned*
il bebé *baby*
condividere *to share*
la convivenza *cohabitation*
convivere *to live together*
divorziare da *to divorce*

la ragazza madre *young unwed mother with primary care of children*
il ragazzo padre *young unwed father with primary care of children*

il rispetto *respect*
separarsi *to separate*
sposarsi *to marry*

In casa

la casalinga *housewife*
le faccende domestiche *household chores*
fare il bucato *to do laundry*

il ferro da stiro *iron*
lavare i piatti *to wash the dishes*
stirare *to iron*

Al lavoro

il lavoro a tempo pieno *full-time work*
il lavoro part-time *part-time work*

le pari opportunità *equal opportunity / opportunities*
la parità *equality*
l'uguaglianza *equality*

Altre parole ed espressioni utili

la femminista *feminist*
lecito *permissible*
litigare *to fight*
il maschilista *male chauvinist*

occuparsi di *to be responsible for*
prendersi cura di *to take care of*
ribellarsi *to rebel*

il vitellone *self-indulgent young man*
voler bene a *to be fond of / to love*

～～～～～ PRATICA ～～～～～

A. Problemi al lavoro ed in casa. Completa la conversazione tra Carla e Francesca che escono dall'ufficio e parlano dei problemi al lavoro e in casa.

a tempo pieno	antica	ragazza madre
rispetto	responsabilità	part-time
litighiamo	maschilista	ho divorziato
stira	mi sono ribellata	faccende domestiche
ci sposeremo	pari opportunità	soprusi

CARLA: Sono proprio stanca. E pensare che ora devo correre a prendere il bambino a scuola e prepararli qualcosa da mangiare. Non è facile, dopo due anni di convivenza, ritrovarsi sola come una _____.

FRANCESCA: Lo so. Ci sono troppe _____: il lavoro, i bambini, la casa, la scuola. Forse non sarebbe male avere qualcuno con cui condividerle.

CARLA: Forse, ma non è sempre vero. Da quando _____ da Filippo infatti mi sembra di avere meno cose da fare.

FRANCESCA: Certo, ma Filippo era un uomo un po' all'_____, vero? Mi sembra che avesse le stesse idee di mio nonno per quanto riguarda i ruoli nella famiglia.

CARLA: Direi proprio di sì. Era impossibile chiedergli di occuparsi delle _____. Con la scusa che lui lavorava _____ e io lavoravo solo _____, la casa e il bambino diventavano qualcosa di mia competenza assoluta. Ma _____ e quando ho visto che lui non voleva cambiare ho deciso di lasciarlo.

FRANCESCA: Hai fatto proprio bene. Quando le cose vanno così vuol dire che non c'è _____. Sono tanti anni che noi donne lottiamo le _____ nel mondo del lavoro, e all'interno del nucleo familiare non è più lecito accettare i _____ di chi è ancora un _____.

CARLA: Lo so, lo so. Ma a proposito, come va tra te e Luciano?

FRANCESCA: Va perfettamente. Condividiamo ogni cosa, non _____ mai e presto _____.

CARLA: Ma sei sicura?

FRANCESCA: Certo. Dove potrei facilmente trovare un altro uomo che _____ i suoi e i miei vestiti?!?

CARLA: La solita fortunata...

B. Ragazzi padri e ragazze madri. In questi ultimi anni succede sempre più frequentemente di vedere ragazzi e ragazze che da soli devono prendersi cura dei loro figli. Lavorando in coppia, pensate a come cambierebbe la vostra vita se vi trovaste nella medesima (*same*) situazione e a come vi organizzereste sia dal punto di vista del lavoro / dello studio sia da quello della routine familiare.

	Cosa fate adesso?	Cosa dovreste fare?
sveglia alla mattina	Ci svegliamo alle 10,00.	Dovremmo svegliarci alle 6,00.
lavori di casa		
tempo libero		
lavoro / studio		
divertimenti serali		

C. Punti di vista differenti! Le cose cambiano da generazione a generazione e a volte la comunicazione tra genitori e figli risulta per questo difficile. Con un compagno / una compagna esaminate cosa pensavano le persone della generazione precedente alla vostra riguardo ai temi suggeriti e poi come la pensate voi.

	la generazione precedente	la vostra generazione
divisione dei lavori di casa		
lavoro		
divorzio		

D. E voi siete all'antica? Pensate a quali cose vi aspettereste dal vostro / dalla vostra partner e quali invece credete che dovreste fare voi. Poi confrontate le vostre risposte con quelle della classe.

	il / la partner	io
lavare i piatti	dovrebbe...	dovrei...
fare la spesa		
fare la manutenzione auto		
fare il bucato		
tagliare l'erba		

STUDIO REALIA

Donne al lavoro durante la Seconda guerra mondiale in una fabbrica di pasta.

PRATICA

A. Nuovi uomini e nuove donne. Leggi i seguenti brani dal *Corriere della Sera* (pagine 50–51) e poi spiega come le informazioni nei brani neghino (*refute*) gli stereotipi del ruolo tradizionale dell'uomo e della donna. Elenca le caratteristiche che trovi dell'uomo e della donna moderni.

IL LAVORO

Qualcosa sta cambiando. Lo assicura Franca Chiaromonte, presidente di «Emily», associazione che promuove le donne in politica: «Gli uomini non si vergognano più a interrompere una riunione per andare a prendere i figli a scuola. Ma da qui a rinunciare a un impegno importante per stare accanto ai bambini ce ne corre[1]...» Secondo l'Istat[2] il 19% dei padri prepara il pasto tutti i giorni ai propri figli, il 15% li veste, il 7% fa loro il bagno, il 23% li mette a letto la sera. Dieci anni fa, il tempo medio che un padre passava con il figlio non superava invece i 20 minuti al giorno. Un altro dato lo fornisce la psicoterapeuta Parsi, presidente del «Movimento bambino» che organizza corsi per diventare genitori: all'ultima tornata di iscrizioni, su 180 partecipanti, 70 erano uomini. «Mai visto tanto interesse degli uomini nell'educazione dei figli», commenta.

---

1. **ce...** that's a different story 2. **Istituto Nazionale di statistica**

CASALINGHE ADDIO

Il modello casalinga-moglie-madre non funziona più. Oggi le donne si pensano in modo diverso. Come lavoratrici, innanzitutto. In coppia, ma non necessariamente. E con un figlio. Le statistiche confermano: tre anni fa il modello tradizionale era accettato dal 42,7% delle ragazze fra i 25 e i 34 anni. Oggi la percentuale è scesa al 34,8. Risultato: la casalinga è diventata una specie in via d'estinzione. L'Istat ha calcolato che al Nord nel 71% delle coppie più giovani lavorano sia lui sia lei, mentre nel Mezzogiorno la percentuale scende, ma resta pur sempre consistente: 50%.

B. A volte è necessario recuperare. Nel passaggio da una situazione all'altra, si possono perdere delle cose di valore. In gruppi di tre o quattro, elencate possibili aspetti positivi che possono andare persi (o che sono andati persi) nello sviluppo di questi nuovi ruoli dell'uomo e della donna. Spiegate perché sarebbe bene averli come una volta. Pensate ad almeno quattro situazioni. Presentate le vostre argomentazioni agli altri studenti per sentire se sono d'accordo oppure no.

GRAMMATICA & CO.

A preposition specifies the position or relation of something or someone to something or someone else. A preposition can have different meanings in different contexts, and its meaning is typically determined by the words that follow it.

I Preposizioni semplici

Simple prepositions include: **di, a, da, in, su, con, per, tra,** and **fra.** In general, the uses of **su, con, per,** and **tra / fra** correspond to the uses of their English equivalents. **Di, a, da,** and **in** also have many predictable uses, but some of their idiomatic uses simply have to be memorized.

A La preposizione *di*

1] **Di** is used to express possession, origin, characteristics, material, and content.

Quelli sono i libri **di** Alessandro. (*possession*)	*Those are Alessandro's books.*
Lui è **di** Londra. (*origin*)	*He is from London.*
Sono libri **di** ottima qualità. (*characteristics*)	*They are well-made books.*

Sono **di** carta giapponese. (*material*)	*They are made with Japanese paper.*
Legge sempre libri **di** storia. (*content*)	*He always reads history books.*

2] **Essere** + *aggettivo* + **di** + *infinito.* **Di** is used with an adjective and an infinitive to express a feeling about an action.

È contento di avere il suo nuovo posto di lavoro.	*He's happy to have his new job.*
Siamo lieti di conoscervi.	*We're happy to meet you.*

3] Certain verbs are followed by the preposition **di** before an infinitive.

accorgersi	dichiarare	occuparsi	ricordarsi
consigliare	dimenticarsi	promettere	trattarsi

Quando va in discoteca, non si accorge **di bere** troppo.	*When he goes to the discotheque, he doesn't realize that he drinks too much.*
Ti prometto **di venire** alla festa.	*I promise you that I will come to the party.*

4] Some verbs are followed by the preposition **di** before a noun or a pronoun.

accorgersi	innamorarsi	parlare*	ridere
dimenticarsi	intendersi	puzzare	soffrire
discutere	interessarsi	ricordarsi	trattarsi
fidarsi	occuparsi		

Com'era possibile che non si fosse accorta **di quel bell'uomo?**	*How was it possible that she didn't notice that good-looking man?*
Mi fido **di lui** al cento per cento.	*I trust him 100 percent.*

B La preposizione *a*

1] **A** + *city.* **A** is typically used with the names of cities and small islands.**

Hanno passato la luna di miele **a** Capri.	*They spent their honeymoon on Capri.*
Poi sono andati dopo **a** Venezia per vedere la casa di Casanova.	*Then they went to Venice to see Casanova's house.*

2] **A** is also used with times of day, months,† meals, and ages.

Hanno mangiato **a** mezzogiorno in punto tutti i giorni. (*time of day*)	*They ate at noon on the dot every day.*

---

* When **parlare** is followed by **di,** it means *to talk about something/someone.*

** When referring to a group of islands, such as Hawaii, Fiji, or Barbados, the preposition is combined with the article **le: alle Hawaii, alle Fiji, alle Barbados.**

† The preposition **in** may also be used: **Mi sposo a giugno. / Mi sposo in giugno.**

Sono partiti **a** giugno e ritornati **a** luglio. (*month*)

They left in June and came back in July.

A cena ho mangiato le lasagne al pesto. (*meal*)

At dinner I ate lasagna with pesto.

Si sono sposati **a** 27 anni. (*age*)

They were married at 27 years of age.

Donna...
Dillo ad
alta voce!

3] A number of idiomatic expressions use the preposition **a**.

a calcio	a cena	a mani vuote / piene	a scuola
a carte	ad alta voce	a piedi	a teatro
a casa*	a lezione	a poco a poco	a tennis

4] Certain verbs are routinely followed by the preposition **a** before an infinitive.

abituarsi	continuare	forzare	provare
aiutare	convincere	giocare	rinunciare
avvicinarsi	costringere	mettersi	riuscire
cominciare	divertirsi	obbligare	servire

Ci siamo abituati **a** lavorare lunghe ore.

We're used to working long hours.

Sono riuscite **a** far passare delle leggi.

They were able to get some laws passed.

Detersivo
Dolce Carezza...
E sarà lui a
lavare i piatti!

5] Some verbs are followed by **a** before a noun or a pronoun.

abituarsi	assomigliare	badare	giocare	partecipare
andare	avvicinarsi	credere	interessarsi	rinunciare
assistere				

Non mi sono mai abituata **al** suo carattere.

I've never gotten used to his personality.

Domenica giochiamo **a** calcio con i bambini.

Sunday we are going to play soccer with the children.

Mi sono avvicinata **a** lui.

I moved closer to him.

C La preposizione *da*

1] **Da** is used to express the agent of an action, distance from a given place, duration of an action begun in the past and continuing in the present, or movement away from a place or object.

La cena è stata preparata **da** suo marito. (*agent*)

The dinner has been prepared by her husband.

Lui lavora a soli 6 km. **da** casa. (*distance*)

He works only 6 kilometers from home.

---

* The phrase **a casa** is invariable when used to mean *at home* or *at the house of*. When used with a possessive adjective, the adjective follows **casa. Vado a casa mia. Vai a casa di Roberto.** BUT when used simply to refer to a house, the article contracts with the preposition: **Vada alla casa verde qui accanto.**

Sono sposati **da** sette anni. (*time*)   *They've been married for seven years.*

Tornano **da** Vittoria oggi.*   *They're returning from Victoria*
(*movement*)   *today.*

2] When the word **venire** is used to express origin, it is accompanied by the preposition **da.**

Michele viene **da** Napoli.   *Michele is from Naples.*

3] **Da** is used with **essere, andare,** and other verbs of movement plus a person's name or profession to express location. It can be used as a simple or contracted preposition.

Sono **da** mia cognata.   *I'm at my sister-in-law's house.*

Vanno **dall'**avvocato oggi   *They are going to the lawyer's this*
pomeriggio alle 3,00.   *afternoon at 3:00.*

4] **Da** + *infinitive* is used to indicate obligation, necessity, or ability to do something.

Prima di decidere una carriera,   *Before deciding on a career, there's*
c'è molto **da** prendere in   *a lot to take into consideration.*
considerazione.

La strada **da** fare è ancora   *There is still a long road ahead of*
lunga prima di avere una vera   *us before we have true equality*
uguaglianza tra uomini e donne.   *between men and women.*

5] **Da** is also used to express physical characteristics and behaviors.

Quel ragazzo **dai** capelli   *That young man with turquoise*
turchini vuole esprimere la sua   *hair wants to express his*
individualità.   *individuality.*

Quelle signore **dalle** maniere eleganti   *Those refined ladies don't want to*
non vogliono essere associate   *be associated with the young man*
con il ragazzo dai capelli turchini.   *with turquoise hair.*

6] Some verbs are usually followed by **da** when **da** precedes a noun or a pronoun.

allontanarsi	divorziare	prendere
dipendere	evadere	separarsi
distinguersi	partire (*also* per)	venire (*also used with* a *and* in)

Si è allontanata **da** quella   *She distanced herself from that*
situazione problematica.   *troubled situation.*

7] **Uscire** takes **da** except in the phrase **uscire di casa.**

Sono uscita **di** casa alle 8,00   *I left the house at 8:00 this*
stamattina.   *morning.*

Sono uscita arrabbiata **dalla**   *I left the meeting mad.*
riunione.

---

* When using **tornare da** or **venire da** with a word that requires an article, **da** contracts with the article: **Torna dal Canada.**

D La preposizione *in*

1] **In** is used to refer to continents, nations, regions, and large islands (such as Sicilia and Sardegna),* as well as to express generic locations.

Suo genero ha viaggiato **in** Inghilterra ed **in** Irlanda. (*nations, large islands*)	*His son-in-law traveled to England and Ireland.*
Ha passato due settimane **in** città e due **in** campagna. (*generic location*)	*He spent two weeks in the city and two weeks in the country.*

2] **In** is also used with the names of rooms and other enclosed locations, with means of transportation, and with other locations when they are unmodified. When modified, the preposition **in** is contracted, as explained on page 58.

in aereo	in camera	in collina	in montagna
in autobus	in campagna	in cucina	in periferia
in bagno	in centro	in discoteca	in spiaggia
in barca	in città	in giardino	in treno
in biblioteca	in classe	in macchina	in ufficio

È uscita di casa in fretta per andare **in** ufficio.	*She left the house in a hurry to go to the office.*
Ha girato l'isola **in** macchina.	*He went around the island by car.*

3] **In** also indicates fields of study, professions, and business activities.

Lei si è specializzata **in** psicologia.	*She specialized in psychology.*
Lui, invece, è un dottore **in** legge.	*He, on the other hand, has a law degree.*

4] **In** is used in certain idiomatic expressions.

in acqua	(essere) in due, tre, ecc.	in luna di miele
in cattive acque	in fretta	in ritardo

E La preposizione *su*

1] **Su** is used when referring to content, location, or position, and when estimating ages and prices.

La conferenza è stata **su** Dacia Maraini. (*content*)	*The conference was on Dacia Maraini.*
Su Internet ci sono molti articoli interessanti. (*location*)	*On the Internet there are many interesting articles.*
Mentre parlava ha posato il suo libro **sul** podio. (*position*)	*While she was talking she placed her book on the podium.*

---

* Though they are large islands, **Cuba, Portorico** (*Puerto Rico*), and **Haiti** take the preposition **a**.

È una scrittrice **sui** 60 anni. (*age*)   *She's a writer about 60 years old.*

Il libro costa **sui** 30 euro. (*price*)   *The book costs about 30 euros.*

2] The meaning of **su** often corresponds to English *in* or *on*.

Ho letto **sul** giornale che ci sarà un manifesto per i diritti delle donne.   *I read in the paper that there will be a demonstration for women's rights.*

Si è seduto **su** una sedia in prima fila.   *He sat in a chair in the front row.*

So di poter sempre contare **su** di te.   *I know that I can always count on you.*

F   La preposizione *con*

Con is used to express accompaniment, weather, cause, and equipment.

Viaggia sempre **con** il suo segretario. (*accompaniment*)   *She always travels with her secretary.*

Escono pure **con** la pioggia all'ora di pranzo. (*weather*)   *They go out at lunchtime even in the rain.*

Con quell'atteggiamento finirà per divorziare. (*cause*)   *With that attitude, he'll end up divorced.*

Lei non fa il bucato **con** la lavatrice; lo fa a mano. (*equipment*)   *She doesn't do the laundry in the machine; she does it by hand.*

G   La preposizione *per*

Per is used to express purpose, motivation, duration, destination, value, and goals.

Gli hanno fatto un bel regalo **per** il matrimonio. (*purpose*)   *They gave them a lovely gift for their wedding.*

Il padre lo fa **per** amore. (*motivation*)   *The father does it for love.*

Sono stati fidanzati **per** cinque anni. (*duration*)   *They were engaged for five years.*

Subito dopo il matrimonio, sono partiti **per** le Hawaii. (*destination*)   *Right after the wedding they left for Hawaii.*

Hanno trovato un albergo perfetto **per** poco. (*value*)   *They found a perfect hotel for a great price.*

Lui preferiva andare in Sardegna, ma è andato alle Hawaii **per** accontentarla. (*goal*)   *He would have preferred to go to Sardinia, but he went to Hawaii to make her happy.*

H Le preposizioni *tra* e *fra*

Tra and **fra** are interchangeable. Both are used to express future time, comparisons, locations, and approximate values.

Partiranno **fra** una settimana. (*time*)
They will be leaving in a week.

La compagnia aerea che hanno scelto è **tra** le migliori. (*comparison*)
The airline they chose is among the best.

Il paese che visitano si trova **fra** Siena e Perugia. (*location*)
The small town they will visit is between Siena and Perugia.

I biglietti costavano **tra** i 300 e i 400 euro. (*value*)
The tickets cost between 300 and 400 euros.

~~~~~~~~~ **PRATICA** ~~~~~~~~~

A. Oggi sposi! Scegli la forma corretta della preposizione semplice.

Tra (Per / Tra) lui e lei c'è molto rispetto e affetto. Lui lavora _in_ (a / in) tempo pieno _per_ (per / di) una ditta _di_ (di / in) informatica. Lei è manager di un negozio _in_ (a / in) centro. _A_ (A / Da) casa, tutti e due fanno le faccende domestiche. Hanno deciso _di_ (da / di) sposarsi _in_ (su / in) luglio _in_ (a / in) un giardino _di_ (di / tra) una bellissima villa rinascimentale _su_ (in / su) una collina. Dalla collina si possono vedere il centro storico e il mare. Dopo il matrimonio, andranno _in_ (su / in) luna di miele _____ (da / a) Maui ma prima _____ (da / di) pensare a quello, ci sono moltissime cose _da_ (per / da) fare.

movement ⇒ a or in

B. Sogno ad occhi aperti.
A coppie, parlate della signorina. A che cosa pensa? Dove va? Con chi? A trovare chi? Create quante frasi possibili per descrivere la scena usando preposizioni semplici.

Ⅱ Preposizioni articolate

A When the prepositions **a, di, da, in,** and **su** precede a definite article, they contract to form one word.

preposizione	articolo singolare				articolo plurale		
	il	lo	l'	la	i	gli	le
a *, to*	al	allo	all'	alla	ai	agli	alle
di *, of*	del	dello	dell'	della	dei	degli	delle
da *, from*	dal	dallo	dall'	dalla	dai	dagli	dalle
in	nel	nello	nell'	nella	nei	negli	nelle
su *, on top of*	sul	sullo	sull'	sulla	sui	sugli	sulle

sopra

Note: **Tra, fra,** and **per** do not combine with the article. **Con** can combine with the articles **il (col)** and **i (coi)**, but this construction is not common in modern written Italian.

È scesa **dall'**autobus **all'**angolo per andare **alla** riunione.

She got off the bus at the corner to go to the meeting.

Camminava velocemente per arrivare **al** più presto.

She walked quickly to arrive as soon as she could.

Doveva incontrare il presidente **della** compagnia **negli** uffici **al** decimo piano.

She was supposed to meet the president of the company in the offices on the tenth floor.

B Nouns that take a simple preposition and no article when unmodified usually take a contracted preposition when modified. Exceptions include **a casa** and **a lezione.**

Va **a** scuola alle 8,00.   BUT   Va **alla** scuola elementare alle 8,00.
Giocano **in** giardino.   BUT   Giocano **nei** giardini pubblici.

C In certain cases with the preposition **in,** when the noun is modified, the preposition not only contracts but also changes.

Ho studiato **in** biblioteca.   BUT   Ho studiato **alla** Biblioteca Nazionale.
Lavoro **in** banca.   BUT   Lavoro **alla** Banca d'America.
Sono andati **in** gelateria.   BUT   Sono andati **alla** gelateria di Beppe.
Vengo **in** macchina.   BUT   Vengono **con la** macchina di Marco.
Arriviamo **in** treno.   BUT   Arriviamo **con il** treno Milano-Roma.
Camminare **in** spiaggia.   BUT   Camminare **sulla** spiaggia di Rimini.

~ PRATICA ~

A. Amore a prima vista.   Scegli la forma corretta della preposizione semplice o articolata.

Luca e Laura si sono appena conosciuti ma si amano già tantissimo. Purtroppo lui abita __a__ (a / in) Milano e lei vive __in__ (a / in) Toscana, __in__ (a / in) un paesino vicino __a__ (a / di) Lucca. Due volte __al__ (al / del) mese Luca va __in__ (in / per) treno __a__ (a / di) trovarla e gli altri due fine settimana Laura chiede __ai__ (a / ai) suoi genitori la macchina __per__ (per / a) poter andare a Milano. Quando si incontrano, parlano __del__ (a / del) loro futuro e discutono __dei__ (dei / nei) valori che sono importanti __per__ (per / di) una coppia. A Milano, vanno spesso __a__ (a / da) un piccolo bar e bevono tè freddo mentre si guardano __negli__ (negli / sugli) occhi e sognano un poco. Quando sono __con__ (con / da) Laura, i due preferiscono andare __sulle__ (sulle / dalle) spiagge toscane e guardare il mare apprezzando felici il sole e la brezza marina. Pensano __di__ (di / a) trasferirsi presto __nella__ (dalla / nella) stessa casa dove potranno __tra__ (tra / in) poco tempo cominciare __a__ (di / a) costruire giorno dopo giorno la loro vita di coppia.

B. La mattina di Lucia.   Metti in ordine la mattina di Lucia ricordando di usare le preposizioni semplici o articolate corrette in ogni frase.

ESEMPIO: Lucia si alza _____ letto _____. 🕡

Lucia si alza **dal** letto **alle** 6,30 del mattino.

1. Fa colazione __in__ cucina __alle__. 🕖

2. Si lava i denti __con__ lo spazzolino __alle__. 🕔

3. Esce __di__ casa __alle__. 🕛

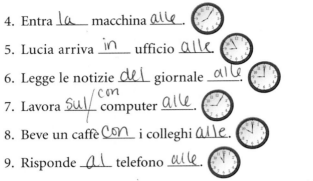

4. Entra _la_ macchina _alle_ .

5. Lucia arriva _in_ ufficio _alle_ .

6. Legge le notizie _del_ giornale _alle_ .

7. Lavora _sul/con_ computer _alle_ .

8. Beve un caffè _con_ i colleghi _alle_ .

9. Risponde _al_ telefono _alle_ .

10. Mangia una pizza _in_ pizzeria «Bella Italia» _alle_ .

11. Esce _della_ pizzeria _al_ .

C. Tutti lavorano. Completa con la forma corretta della preposizione semplice o articolata.

1. In anni recenti gli uomini hanno cominciato _a_ lavorare _in/a_ casa.
2. Il ruolo _della_ donna è fondamentale _per_ l'economia del paese.
3. Per avere una vita dignitosa, la famiglia italiana deve contare _su_ almeno due stipendi.
4. _Alla_ fine degli anni '70 la famiglia tipica italiana era formata _di_ genitori e _di_ due figli.
5. _In Nel_ futuro aumenterà il numero _delle_ persone che lavora part-time.
6. Una ragazza madre deve dividersi _tra_ le responsabilità _della_ famiglia e quelle _de_ lavoro.
7. Spesso i genitori _all'_ antica non accettano le idee _dei_ loro figli.
8. _Nella_ società moderna uomini e donne hanno le stesse opportunità _di_ lavoro.
9. Le leggi _della_ famiglia hanno permesso numerosi miglioramenti _con_ la vita _delle_ donne.
10. Il lavoro _con di_ un ragazzo padre comincia _alle_ 6,00 _di_ mattino e non finisce prima _di_ mezzanotte.

D. Pochi figli. Completa il seguente brano del _Corriere della Sera_ con la forma semplice o articolata delle preposizioni.

Meglio i figli o la carriera? Le donne _____ un figlio piccolo lavorano _____ 47% _____ casi. Ma le differenze _____ Nord e Sud sono enormi: _____ regioni settentrionali le mamme che vanno _____ ufficio sono il 63%, _____ Mezzogiorno la percentuale si dimezza. _____ le donne che ricoprono incarichi _____ dirigenti, rivela l'Eurispes* quasi il 30% ha però rinunciato _____ figli _____ avanzare _____ lavoro. Così gli asili si svuotano: il numero _____ figli _____ donna è sceso _____ 2,42 del 1970 _____ 1,19 di oggi.

* Istituto di Studi Politici, Economici e Sociali

E. Bambini in cucina. A coppie, descrivete il disegno che vedete qui accanto. Dove sono i bambini? Cosa dicono alla madre? Cosa fa la madre? Cosa dice la madre ai bambini? Create quante frasi possibili per descrivere la scena usando preposizioni semplici e articolate.

III Altre preposizioni

Other common prepositions and prepositional phrases include the following.

davanti a *in front of*	intorno a *around*	salvo *except*
di fronte a *in front of*	invece di *rather than;*	sopra (di) *above*
durante *during*	*instead of*	sotto (di) *under*
eccetto *except*	lontano da *far from*	tranne *except*
fino a *until*	lungo *along*	verso *toward*
insieme con / a	presso *for; at*	vicino a *close to*
together with	prima di *before*	

Maria ha trovato un nuovo lavoro **presso** un avvocato.

Maria found a new job (working) for a lawyer.

Ci sono molti negozi **lungo** l'Arno.

There are many shops along the Arno River.

～～～～ PRATICA ～～～～

Un nuovo lavoro. Completa con la preposizione adatta. Usa ogni preposizione una volta sola.

vicino	fino a	invece di	lontano
di fronte	insieme con / a	lungo	durante
tranne	intorno	presso	

Monica ha finalmente trovato lavoro __presso__ un avvocato. Per un anno non ha trovato niente ma __durante__ questo periodo lei è rimasta ottimista. __Invece di__ deprimersi (*get discouraged*), ha continuato la sua ricerca __fino a__ quando ha telefonato all'avvocato con cui lavora. Adesso Monica lavora __insieme con__ lui e ad altre due avvocatesse. Il loro ufficio non è __lontano__ dal tribunale ed è __vicino__ a un bar famoso dove prende un buon aperitivo dopo il lavoro. __Di fronte__ all'ufficio c'è anche il teatro municipale dove fanno concerti quasi tutta l'estate __tranne__ il mese

[handwritten notes:]
avvocatesse – woman lawyer.
a drink before dinner

d'agosto. Il teatro si trova ___lungo___ l'Arno e lì _____ ci sono tanti bei negozi. Insomma, Monica ha aspettato tanto per trovare un buon lavoro ma ne è valsa la pena.

Ⅳ Il trapassato prossimo

The **trapassato prossimo** expresses an action or state in the past that preceded another named past action or state. The English equivalent uses *had + past participle.*

Quando sono arrivati alla conferenza, la scrittrice **aveva già presentato** il suo nuovo libro.	*When they arrived at the conference, the writer had already presented her new book.*
Non siamo andati al congresso perché **eravamo andati** l'anno prima.	*We didn't go to the conference because we had gone the year before.*

A Formazione del trapassato prossimo

The **trapassato prossimo** is formed with the imperfect of the auxiliary verb **essere** or **avere** and the past participle. When the auxiliary verb is **essere,** the past participle agrees in gender and number with the subject.

B Usi del trapassato prossimo

1] The **trapassato** is often introduced with such expressions as **dopo che, appena, perché, poiché,** and **già,** and used in conjunction with the **passato prossimo** and / or **imperfetto.**

Lei è arrivata **dopo che** gli ospiti **erano già andati** via.	*She arrived after the guests had already left.*
Aveva appena vinto la partita quando i tifosi hanno cominciato a circondarla.	*She had just won the game when the fans began to surround her.*
Gli avvocati erano stanchi **poiché erano appena tornati** dal tribunale.	*The lawyers were tired since they had just returned from court.*

2] The **trapassato** can also be used in an independent clause when the later action is implied but not stated.

—Era la prima volta che andavate in Italia?	*Was it the first time you went to Italy?*
—No, l'**avevamo** già **visitata** un anno prima.	*No, we had already visited it a year earlier.*

～～～～ PRATICA ～～～～

A. Prima dell'università. Un amico / un'amica ti chiede quello che avevi già fatto e quello che non avevi ancora fatto prima di frequentare l'università. Formate domande usando i verbi suggeriti al trapassato prossimo e rispondete alle domande.

> **ESEMPIO:** imparare a guidare
>> ST. 1: Avevi già imparato a guidare?
>> ST. 2: Sì, avevo già imparato a guidare.
>>> *o* No, non avevo ancora imparato a guidare.

1. studiare giornalismo
2. pubblicare articoli sul giornale
3. scrivere un racconto breve
4. leggere un romanzo di Antonio Tabucchi
5. andare a San Francisco
6. innamorarsi
7. lasciare il cuore a San Francisco
8. volare su un Concorde
9. decidere cosa studiare all'università
10. sposarsi

B. Ieri sposi! Ieri Antonella e Francesco si sono sposati ma prima della cerimonia avevano dovuto fare moltissime cose. Con le informazioni fornite, forma almeno sei frasi con il trapassato descrivendo quello che hanno fatto o non hanno fatto secondo il modello dell'esempio.

> **ESEMPIO:** (Loro) ordinare / i fiori / 1 luglio
>> Avevano già ordinato i fiori il 1 luglio.
>> *o* Non avevano ancora ordinato i fiori.

1. (Loro) scegliere i biglietti d'invito / 6 giugno
2. (Lui) andare all'addio al celibato / 2 luglio
3. (Loro) sposarsi in comune / 30 giugno
4. (Lei) provare il vestito da sposa / 4 luglio
5. (Loro) decidere il posto per il viaggio di nozze / 13 giugno
6. (Loro) comprare gli anelli / 15 giugno
7. (Lei) trovare la chiesa / 20 febbraio
8. (Lui) affittare una discoteca per festeggiare / 7 giugno

C. Prima di te. Adesso racconta ad un tuo compagno / una tua compagna di classe cinque avvenimenti d'importanza mondiale che erano già successi prima della tua nascita.

> **ESEMPIO:** L'uomo era già arrivato sulla luna.

prenotare –
to make
reservations

scatarle –
to click
the camera
(take a picture)

D. Un incontro disastroso. Completa la seguente storia di Giuseppe inserendo la forma corretta del verbo tra parentesi al passato prossimo, all'imperfetto o al trapassato prossimo secondo il caso.

Ieri a mezzogiorno io _sono andato_ (andare) in centro per incontrare una vecchia amica, Sofia, che _avevo conosciuto_ (conoscere) otto anni fa. Oggi è un'attrice famosa e non è più molto facile incontrarsi con lei. Quindi io _ho prenotato_ (prenotare) un tavolo nel migliore ristorante della città. Io _ero arrivato_ (arrivare) prima di lei e _ho seduto_ (sedersi) al bar del ristorante. Siccome lei non _arrivava_ (arrivare / ancora), ho deciso di prendere un aperitivo. Mentre _bevevo_ (bere) un Martini, _ho sentito_ (sentire) un rumore fortissimo venire da fuori. Quando _sono uscito_ (uscire), _ho visto_ (vedere) Sofia con intorno almeno 10 o 12 paparazzi che _cercavano_ (cercare) di scattarle delle fotografie. Lei _____ (salutare) continuamente i paparazzi. Quando finalmente io _sono riuscito_ (riuscire) a portarla dentro il ristorante i paparazzi ci _hanno seguito_ (seguire). Io _ero_ (essere) stanco di questa situazione e le _____ (chiedere) se _voleva_ (volere) pranzare in un luogo più tranquillo e lei _ha detto_ (dire) sì.

Quando noi _siamo tornati_ (tornare) alla mia macchina, non _riuscivamo_ (riuscire) più a trovarla. Per la fretta _avevamo parcheggiato_ (parcheggiare) in divieto di sosta e un signore mi _ha informato_ (informare) che un carro attrezzi (*tow truck*) _aveva portato_ (portare) via la mia macchina pochi minuti prima. A quel punto lei mi _ha guardato_ (guardare) dicendo che _aveva_ (avere) un appuntamento con un famoso produttore. Mi _ha lasciato_ (lasciare) in mezzo alla strada solo come un cane. Una giornata davvero sfortunata!!

BIBLIOTECA 2000

Distinguishing the Main Idea from Supporting Details

In a well-written expository paragraph, the first or topic sentence orients the reader and establishes the main idea. The rest of the paragraph elaborates on and supports the main idea with relevant detail and extensions of the central premise. When you read in Italian, distinguishing the main idea from the supporting details will help your comprehension.

In narrative writing, however, as in the case of the story you are about to read, **"L'Agnese va a morire,"** the subject, setting, and characters are revealed less directly in the course of telling a story.

~~~~~~~~~~ **PRE-LETTURA** ~~~~~~~

A. Nel racconto che stai per leggere, Agnese partecipa alla Resistenza ai fascisti durante la Seconda guerra mondiale. Fino al 1943 la partecipazione alla guerra era insolita per una donna. Visto che questo racconto descrive un momento storico, il passato remoto è usato al posto del passato prossimo. Ricorda che la forma è differente da quella del passato prossimo ma il significato è lo stesso.

Scorri la lettura e cerca di determinare l'idea principale in ogni paragrafo. Scegli la frase che rappresenta meglio l'idea principale.

1. [Agnese] stava appoggiata[1] al muro, e aveva paura. Da un pezzo lavorava per i partigiani[2], ma il Comandante non lo conosceva. Sapeva che lo chiamavano «l'avvocato», che era uno istruito, un uomo della città che aveva sempre odiato i fascisti, e per questo era stato in prigione, e poi in Russia e in Ispagna. E adesso aveva una grande paura di lui, della sua voce quasi dolce, delle parole che avrebbe pronunciato. Certo doveva sgridarla[3] per il suo gesto pazzo che distruggeva uno stato di quiete e di sicurezza. Lei aspettava il rimprovero[4] da quando era entrata, e il ritardo aumentava il suo orgasmo[5]. [...] Poi il Comandante parlò ed a lei parve di ascoltarlo in sogno. «Clinto, la mamma Agnese viene con noi.»

---

1. leaning against   2. partisans   3. to scold her   4. reprimand   5. agitation

   a. _____ il Comandante che odiava i fascisti
   b. _____ i pensieri dell'Agnese partigiana

2. In una delle tre barche, seduta tra Clinto, il Comandante e altri due partigiani, l'Agnese a un tratto ebbe voglia di parlare. Ma tutti stavano zitti, e lei strinse sotto il mento[1] il nodo del fazzoletto[2], e fissò l'acqua torbida, piena di erbe marce[3]. Un brivido d'aria corse sulle terre basse: il cielo si faceva bianco, era l'alba fredda della valle. Il rematore[4] spinse forte il paradello[5] contro il fondo, la barca andò veloce. Erano ormai lontani dall'argine[6], nascosti nei canneti[7]; la casa non si vedeva più.

---

1. chin   2. handkerchief   3. rotten   4. oarsman   5. oar   6. embankment   7. reed thicket

   a. _____ un viaggio in barca
   b. _____ una conversazione tra partigiani

3. Si udirono allora rombi e scoppi[1] distanti: «Si svegliano,» disse Clinto. «Siamo venuti via in tempo.» L'Agnese sussurrò: «Mi dispiace.» «Vi dispiace di aver ammazzato il tedesco?» disse Clinto, e il Comandante si mise a ridere. L'Agnese li osservò con timidezza: «Mi dispiace che si

sia dovuto lasciare il posto.» Arrossì un poco, la voce si fece più ferma: «Ma del tedesco non mi importa, e neppure che mi abbiano bruciata la casa, e di non avere che un vestito addosso. Volevo ammazzarli quando vennero a portare via mio marito, perché lo sapevo che l'avrebbero fatto morire, ma non fui buona di muovermi. Invece ieri sera è venuto il momento.»

---

1. **rombi...** explosions

    a. _____ la decisione di Agnese

    b. _____ uno scontro tra partigiani e tedeschi

B. Donne soldato. Anche se, fin dai tempi di Giovanna D'Arco (*Joan of Arc*), esistono delle donne che hanno provato il loro valore in combattimento, fino a pochi anni fa le donne italiane non potevano arruolarsi (*enlist*) nell'esercito o seguire la carriera militare. Infatti, ancora oggi in molti paesi è proibito. Prima di leggere il seguente brano, rispondi in classe alle seguenti domande.

1. Perché tradizionalmente, secondo voi, alle donne non è stato permesso entrare nell'esercito?
2. Secondo voi, è giusto che le donne facciano le soldatesse? È giusto che gli uomini facciano i soldati? Perché?
3. Per le ragazze in classe: vi arruolereste nell'esercito?
4. La guerra rende la gente capace di fare cose che non potrebbe fare in tempi di pace? Perché?

L'Agnese va a morire

Renata Viganò

Renata Viganò (Bologna, 1900–1976) partecipa alla Resistenza con il figlio ed il marito. Il ricordo della guerra partigiana ritornerà in tutti i suoi scritti più conosciuti tra cui *Matrimonio in brigata* (1976) e il bestseller *L'Agnese va a morire*, vincitore del Premio Viareggio (1949), tradotto in 13 paesi e da cui è stato tratto l'omonimo film di Giuliano Montaldo con Ingrid Thulin.

In questo breve passo de L'Agnese va a morire, *troviamo la protagonista che deve incontrarsi per la prima volta con il Comandante del gruppo partigiano con cui si era impegnata e che qui decide di farla aggregare a loro. Agnese, dopo aver ucciso un tedesco, aveva dovuto lasciare la sua casa che in precedenza era servita ai partigiani come rifugio sicuro ma che ora non lo sarebbe più stato. Per questo Agnese si sente in colpa.*

«Sono stata io. Ho ammazzato[1] un tedesco.» [...]

Stava appoggiata[2] al muro, e aveva paura. Da un pezzo lavorava per i partigiani[3], ma il Comandante non lo conosceva. Sapeva che lo chiamavano «l'avvocato»,

---

1. killed   2. leaning against   3. partisans

che era uno istruito, un uomo della città che aveva sempre odiato i fascisti, e per questo era stato in prigione, e poi in Russia e in Ispagna. E adesso aveva una grande paura di lui, della sua voce quasi dolce, delle parole che avrebbe pronunciato. Certo doveva sgridarla[4] per il suo gesto pazzo che distruggeva uno stato di quiete e di sicurezza. Lei aspettava il rimprovero[5] da quando era entrata, e il ritardo aumentava il suo orgasmo[6]. Nella stanza sembrò che non ci fosse più nessuno. Poi il Comandante parlò, ed a lei parve di ascoltarlo in sogno. Disse proprio così: «Clinto, la mamma Agnese viene con noi.»

[...] In una delle tre barche, seduta tra Clinto, il Comandante e altri due partigiani, l'Agnese a un tratto ebbe voglia di parlare. Ma tutti stavano zitti, e lei strinse sotto il mento[7] il nodo del fazzoletto[8], e fissò l'acqua torbida, piena di erbe marce[9]. Un brivido d'aria corse sulle terre basse: il cielo si faceva bianco, era l'alba fredda della valle. Il rematore[10] spinse forte il paradello[11] contro il fondo, la barca andò veloce. Erano ormai lontani dall'argine[12], nascosti nei canneti[13]; la casa non si vedeva più.

Si udirono allora rombi e scoppi[14] distanti: «Si svegliano,» disse Clinto. «Siamo venuti via in tempo.» L'Agnese sussurrò: «Mi dispiace.» «Vi dispiace di aver ammazzato il tedesco?» disse Clinto, e il Comandante si mise a ridere. L'Agnese li osservò con timidezza: «Mi dispiace che si sia dovuto lasciare il posto.» Arrossì un poco, la voce si fece più ferma: «Ma del tedesco non mi importa, e neppure che mi abbiano bruciata la casa, e di non avere che un vestito addosso. Volevo ammazzarli quando vennero a portare via mio marito, perché lo sapevo che l'avrebbero fatto morire, ma non fui buona di muovermi. Invece ieri sera è venuto il momento.»

Gruppo di partigiani ascolta gli ordini del comandante. Le donne ricoprirono un ruolo importantissimo nella Resistenza italiana contro i nazi-fascisti.

Rivide finalmente nella memoria la sua cucina scura, il soldato grasso appoggiato alla tavola, risentì nel cervello, nelle braccia quell'onda di forza e di odio che l'aveva buttata nell'azione. Non si pentiva più. Le sembrò di essere calma, quasi contenta.

Il partigiano del paradello si piegò avanti, remando[15]. Disse: «Ma come hai fatto, compagna? Gli hai sparato[16]?» L'Agnese afferrò per la canna[17] il mitra[18] che Clinto teneva fra le ginocchia, lo sollevò, rispose: «Io non so sparare. Gli ho dato un colpo così.» Fece l'atto, poi rimise piano piano il mitra sul sedile. La sua vecchia faccia era immobile, contro il chiaro dell'alba. Tutti, nella barca, guardavano quelle grandi mani distese[19].

---

4. to scold her 5. reprimand 6. agitation 7. chin 8. handkerchief 9. rotten 10. oarsman 11. oar
12. embankment 13. reed thicket 14. **rombi…** explosions 15. rowing 16. **hai…** you shot 17. gun barrel
18. machine gun 19. stretched out

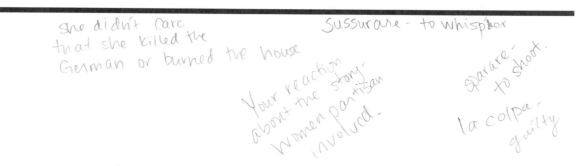

~~~~~~ ～ **COMPRENSIONE** ～ ~~~~~~

A.   Qual è la reazione di Agnese davanti al Comandante? Trova esempi nel testo per motivare le tue osservazioni.

B.   Parla del carattere di Agnese rispetto a quello che ha fatto. Come si sente dopo aver raccontato l'episodio al Comandante? Il suo comportamento rispecchia il suo carattere?

C.   Sei d'accordo con le azioni di Agnese? Se fossi stato/a al posto di Agnese, cosa avresti fatto?

D.   La descrizione fisica di Agnese viene data nell'ultimo paragrafo del brano. Come l'avevi immaginata prima di leggere la descrizione?

E. Seguire la coscienza.   Durante il corso della vita, ognuno (come Agnese) ha bisogno di seguire la propria coscienza nonostante quello che fanno e dicono gli altri. Dove e quando hai dovuto prendere una posizione o difendere una tua convinzione? Secondo te, è difficile qualche volta difendere la propria posizione se non è proprio quella condivisa dai più? Racconta ad un tuo compagno / una tua compagna di classe un episodio in cui tu ti sei ritrovato/a in una situazione simile.

DI PROPRIA MANO

Writing a Reaction Paper

A reaction paper reports your thoughts about and emotional responses to an article or story you've read, a play or film you've seen, or an event you've attended. The paper details your responses, and in doing so describes and assesses the work in question. A reaction paper calls for (1) attentiveness to the piece in question when you first encounter it, (2) a careful account of your initial reactions supported by specific references to the piece, and (3) a more considered final assessment.

Using Transition Words

When writing any description of a sequence, transition words are useful to organize your account and make it flow gracefully. The following transition words may be useful.

all'inizio *in the beginning*	in seguito *following that*
prima *first*	ad un tratto *all of a sudden*
prima di + infinito *before -ing*	per questo *for this (reason)*
secondo *second*	quindi *therefore, then*
poi *then, next*	siccome *since*
dopo *after*	così *like this, this way; thus*
dopo + infinito passato *after -ing*	infine *finally*
dopo di che *after that*	alla fine *in the end*

～～～ PRE-SCRITTURA ～～～

Rifletti su quello che avete letto in «L'Agnese va a morire» e scrivi le tue reazioni alle seguenti domande.

1. Che cosa ti ha colpito di più della lettura? Cita un esempio dalla lettura che lo dimostra.
2. Che tipo di sentimenti ti ha provocato questa lettura?
3. Ti piacerebbe leggere tutto il libro? Perché sì o no?

～～～ SCRITTURA ～～～

Usando le informazioni raccolte e le tue opinioni, scrivi le tue reazioni alla lettura del passo, tenendo presente la seguente organizzazione ed utilizzando le parole di transizione per rendere il tuo testo scorrevole. Organizzati in questo modo:

1. una breve introduzione che introduca l'argomento principale della lettura e le reazioni che essa ti ha provocato
2. la descrizione di uno o più passi che più ti hanno colpito e il motivo per cui hai scelto quel passo / quei passi
3. una conclusione che esprime il tuo giudizio finale sulla lettura in questione

final judgement.

BLOCK NOTES

In questo capitolo hai scoperto altre possibili differenze e somiglianze importanti tra il tuo paese e l'Italia. Continua a scrivere le tue osservazioni sui costumi italiani. Alcuni punti da considerare:

1. Pensi che le donne e gli uomini italiani abbiano gli stessi doveri e diritti delle donne e degli uomini nel tuo paese?
2. Che cosa dovrebbe ancora cambiare in Italia per arrivare ad una vera e propria parità? E nel tuo paese?
3. Solo a partire dal 2001 l'Italia ha aperto le porte dell'esercito alle donne. Qual è la tua posizione e quella del tuo paese rispetto a questo argomento?
4. La vita di uomini e donne in Italia è cambiata notevolmente in questi ultimi anni per quanto riguarda la famiglia e il lavoro. Quale pensi che stato il cambiamento più importante?

Communicative Objectives

- Make requests and suggestions
- Give commands
- Talk about music and musicians

O sole mio?

 Internet Café

Indirizzo: http://italian.college.hmco.com/students

Attività: Rock... italianissimo

In classe: Porta in classe una foto del cantante o gruppo che hai scelto. Mostrala alla classe e spiega perché ti ha colpito in modo particolare. Oppure porta il titolo e il testo di una canzone e spiega, secondo te, qual è il messaggio.

Luciano Ligabue, il re del rock italiano.

O sole mio?

La musica italiana che spesso arriva fuori dai confini° del paese non rappresenta affatto i veri gusti musicali degli italiani e soprattutto dei giovani. Canzoni storiche come «Volare» e «O sole mio» fanno parte del patrimonio musicale italiano, ma sono lontanissime da quello che negli ultimi trent'anni è stato prodotto, cantato e ballato dai giovani di quelle generazioni. Nonostante la presenza continua delle vecchie canzoni nelle pubblicità e nei film, il panorama italiano è molto più complesso.

borders (of a country)

Dopo le influenze inglesi e americane negli anni '60 con l'arrivo della musica rock, si assiste° alla nascita di numerosi gruppi e solisti, imitatori di quella nuova tendenza e di quel nuovo look. Il primo passo per uscire dalla stereotipica musica italiana o dall'emulazione di artisti stranieri viene fatto dai cantautori°, artisti che affrontano nei loro testi le problematiche della vita e della società italiane per un pubblico non solo fatto di giovani. Da Guccini a Dalla, da Venditti a De Gregori insieme a tantissimi altri, comincia così l'era della canzone d'autore italiana che continua ancora ai nostri giorni a portare nelle piazze e negli stadi migliaia di vecchi e nuovi ammiratori.

si... one witnesses

singer-songwriters

Passato il periodo d'apprendistato°, i cantautori stessi, nel giro degli ultimi vent'anni, hanno cominciato a curare con maggiore attenzione la parte musicale delle loro canzoni. Accanto alla canzone d'autore, quasi tutti i generi musicali sono rappresentati: dal jazz di Paolo Conte al rhythm & blues di Zucchero, dal rap di Jovanotti all'hip hop dei 99 Posse, dallo swing di Paolo Belli al rock di Gianna Nannini, Ligabue, Vasco Rossi e tanti altri.

periodo... period of apprenticeship

Possiamo affermare che oggi si ascolta ancora molta musica anglo-americana, ma allo stesso tempo i giovani italiani possono apprezzare un prodotto «made in Italy» che va incontro ai° loro gusti.

va... agrees with

Andrea Bocelli e Zucchero in concerto. Una strana miscela di musica lirica e Blues.

～～～～～～ **DOMANDE** ～～～～～

1. Cosa pensa l'autore di canzoni quali «O sole mio» e «Volare»? Conosci i titoli di altre canzoni italiane?
2. Che cos'è un cantautore? Esistono cantautori anche nel tuo paese? Ricordi alcuni nomi?
3. Quali sono i tipi di musica che è possibile ascoltare in Italia? Che tipo di musica ascolti? Ascolti musica straniera?
4. Basandoti su quanto hai potuto vedere nello svolgere l'attività Web, qual è la tua impressione sulla musica italiana?

LESSICO.EDU

La canzone

il CD *CD*
comporre *to compose*
il disco *record*

il ritmo *rhythm*
il ritornello *refrain*
lo spartito *score*

il suono *sound*
il testo *lyrics*

In concerto

l'amplificatore (*m.*) *amplifier*
applaudire *to applaud*
il buttafuori *bouncer*
il camerino *dressing room*
il / la cantante *singer*
il cantautore *singer-songwriter*

le casse *speakers*
il / la corista *singer in a chorus*
essere in tournée *to be on tour*
fischiare *to boo* (literally, *to whistle*)

il microfono *microphone*
il / la musicista *musician*
il palcoscenico *stage*
lo stadio *stadium*

Gli strumenti

il basso *bass guitar*
la batteria *drums*
la chitarra *guitar*
la fisarmonica *accordion*

il flauto *flute*
il pianoforte *piano*
il sassofono *saxophone*
la tastiera *keyboard*

la tromba *trumpet*
il violino *violin*
il violoncello *cello*

Altre parole ed espressioni

abbassare il volume *to turn down the sound*
accordare *to tune*
alzare il volume *to turn up the sound*
avere orecchio *to have an ear for music*

ballare una canzone *to dance to a song*
il discografico *person in the record industry*
la discoteca *disco*
essere intonato/a *to have good pitch*

essere stonato/a *to be tone-deaf*
melodico *melodic*
musicale (*adj.*) *musical*
le prove *rehearsal*

~~~~~ PRATICA ~~~~~

A. Il super fan di Jovanotti. Completa il racconto con le seguenti parole.

testi	CD	look	concerto	musicale
melodici	cantante	stadio	ballare	

Ieri sera io e Luca siamo andati a un _____ di Jovanotti.
Siamo usciti di casa alle 5,00 e siamo arrivati allo _____
Olimpico di Roma poco prima delle 6,00. C'erano già tantissimi
ammiratori dell'unico vero _____ rap italiano. Forse
esagero, ma amo troppo Jovanotti! Nella mia collezione a casa ho
tutti i suoi _____. I _____ delle sue canzoni
sono la cosa più importante: i giovani come me possono riconoscersi
nelle sue parole, cantarle con lui e sentirle proprie. Ma anche la
parte _____ mi fa impazzire. Non posso evitare di
_____ ogni volta che lo sento cantare «Ciao Mamma» o
«Ragazzo fortunato». Lui ha davvero molto talento. L'anno scorso mio
padre mi aveva portato a vedere Andrea Bocelli ma è stata una cosa
molto diversa. Prima di tutto era in un teatro e poi non mi piacciono gli
artisti troppo _____. E poi che noia: tutti erano vestiti allo
stesso modo. Qui, invece, tutti hanno un _____ diverso ma so
che sono tutti come me. Tutti con un cuore che batte per lui, l'unico, Jovanotti!

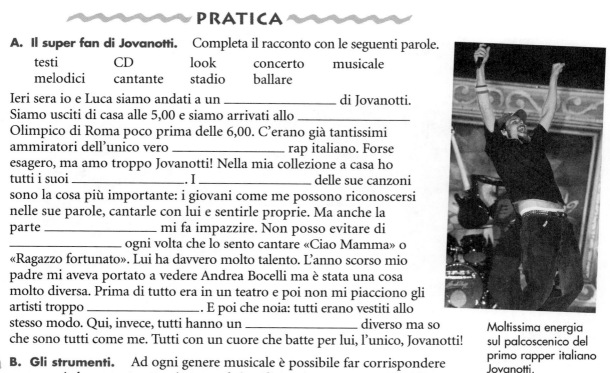

Moltissima energia
sul palcoscenico del
primo rapper italiano
Jovanotti.

B. Gli strumenti. Ad ogni genere musicale è possibile far corrispondere
strumenti che sono necessari per quel tipo di musica. In gruppi di tre pensate
di formare un vostro complesso. Dopo aver elencato gli strumenti necessari
ad un complesso rock, ad un complesso country ed ad un complesso jazz,
scegliete gli strumenti per il vostro complesso. Presentatevi alla classe indicando gli strumenti usati da ognuno di voi, il nome del vostro gruppo e il
titolo della vostra canzone più popolare.

gruppo rock	gruppo country	gruppo jazz	il vostro gruppo

C. Alla scoperta di nuovi talenti. Intervistate un compagno / una compagna per scoprire le sue capacità ed i suoi interessi musicali. Aiutatevi con
gli spunti offerti qui sotto senza però limitarvi ad essi.

1. se ha orecchio e se è intonato/a
2. se suona uno strumento (quale, da quanto tempo, che tipo di musica, ecc.)
3. se non sa suonare uno strumento, se gli / le piacerebbe imparare, quale e
   perché

STUDIO REALIA

BUON COMPLEANNO ELVIS,
LIGABUE

«Certe notti»
«Hai un momento Dio?»
«Quella che non sei»
«Un figlio di nome Elvis»

TERRA E LIBERTÀ,
MODENA CITY RAMBLERS

«Cent'anni di solitudine»
«Qualche splendido giorno»
«Danza infernale»
«Cuore blindato»

OVERDOSE D'AMORE,
ZUCCHERO

«Overdose d'amore»
«Donne»
«Con le mani»
«Rispetto»

PRATICA

A. Copertine. Ecco tre copertine di cantanti e gruppi italiani e alcuni titoli delle loro canzoni. In gruppi di tre o quattro, pensate quale copertina si colleghi meglio al titolo dell'album e perché. Poi cercate di immaginare, con l'aiuto delle copertine, dei titoli degli album e delle canzoni, quale tipo di musica questi artisti suonino.

B. Lavorare nel mondo della musica senza saper suonare e / o cantare.
Ora con lo stesso gruppo immaginate di dover disegnare la copertina per il prossimo CD del vostro gruppo favorito. Valutate, per esempio, le seguenti cose.

1. l'argomento del CD (amore, politica, giovani, società, ecc.)
2. i colori della copertina
3. la grafica della copertina
4. alcuni titoli delle canzoni

Di seguito, esprimete le vostre idee su come farla usando espressioni quali **Facciamo...**, **Disegniamo...**, **Mettiamo...**, ecc. A casa, mettete in atto le vostre idee e disegnatela. Portatela in classe e lasciate giudicare agli studenti la copertina migliore.

C. «Libera l'anima».   Il seguente testo di Jovanotti è un invito a gustare la musica e attraverso essa liberarsi dai problemi che ci circondano. La musica diventa così l'unica «droga» di cui i giovani avrebbero bisogno. Leggete il testo con un compagno / una compagna e sottolineate tutti gli imperativi che trovate.

Libera l'anima[1]

[...] segui questo ritmo che sale
lasciati andare [...]
non ti devi impressionare[2] se cominci a sudare[3]
farai meglio ad ascoltare e continuare a ballare [...]
l'energia si propaga con le onde sonore[4]
ti colpisce[5] le orecchie poi ti passa nel cuore [...]
LIBERA L'ANIMA [...]

1. spirit, soul   2. **non...** don't worry   3. sweat   4. **onde...** sound waves   5. hits

Dopo aver letto il testo, fate una lista di sei cose suggerite dal cantautore che possono aiutare a liberare l'anima.

D. Siamo tutti cantautori!   Ora in gruppi di tre, pensate a tre canzoni che vorreste scrivere (una d'amore, una sociale e una politica) e per ognuna scrivete almeno quattro imperativi che usereste per lanciare il vostro messaggio. Poi, presentate le vostre canzoni alla classe spiegando le ragioni per cui avete scelto quegli imperativi.

canzone d'amore	canzone sociale	canzone politica
1.	1.	1.
2.	2.	2.
3.	3.	3.
4.	4.	4.

GRAMMATICA & CO.

I   I pronomi personali oggetto

There are two kinds of object pronouns: direct-object pronouns and indirect-object pronouns.

A   Pronomi oggetto diretto

pronomi oggetto diretto			
singolare		**plurale**	
mi	*me*	ci	*we*
ti	*you*	vi	*you*
La	*you (formal)*	Li (*m.*), Le (*f.*)	*you (formal)*
lo	*him, it (m.)*	li	*them (m.)*
la	*her, it (f.)*	le	*them (f.)*

1]   A direct-object pronoun replaces a direct object. A direct object is the person, animal, thing, or concept that directly receives the action of a verb, answering the question "what?" or "whom?" Only transitive verbs have direct objects.

Da piccolo Pino suonava **la chitarra** ma ora non **la** suona più.

Pino played the guitar as a child but now he doesn't play it anymore.

Ho visto **Pino Daniele** a Milano. Anche tu **l'**hai visto?

I saw Pino Daniele in Milan. Did you see him too?

—Quando farà **il suo prossimo concerto?**

When will he give his next concert?

—**Lo** farà tra qualche settimana.

He'll do it in a few weeks.

2] A direct-object pronoun precedes a conjugated verb or may attach to an infinitive. When a direct-object pronoun attaches to an infinitive, the infinitive's final -e is dropped.

Dottor Santini, **La** posso aiutare?

Dottor Santini, posso aiutar**La?**

Dr. Santini, can I help you?

3] Direct-object pronouns also attach to **ecco.**

—Ha un volantino con le informazioni?

Do you have a flyer with the information?

—Ecco**lo.** Prendine uno!

There it is. Take one!

4] When a direct-object pronoun precedes a verb containing a past participle, the past participle agrees in gender and number with the third person pronouns **lo, la, La, li, Li, le,** and **Le.** Agreement is optional with **mi, ti, ci,** and **vi.**

—Avete sentito la nuova canzone di Zucchero?

Have you heard Zucchero's new song?

—Sì, l'abbiamo senti**ta.** È bellissima.

Yes, we heard it. It's beautiful.

—Abbiamo visto i nuovi cantanti al concerto. Tu **li** hai vis**ti?**

We saw the new singers at the concert. Did you see them?

—Sì, anch'io **li** ho visti al concerto!

Yes, I also saw them at the concert!

—E **ci** hai visto / visti?

And did you see us?

—Io **vi** ho visto / visti ma non ho potuto salutar**vi** da lontano!

I saw you, but I couldn't say hi from so far away!

When **lo** and **la** are used before a form of **avere,** they are elided. **Li** and **le** are never elided. **Mi, ti, ci,** and **vi** are sometimes elided, especially in common speech.

Vi ho chiamati ma non **m'**avete vista!

I called you but you didn't see me!

5] The following common verbs take a direct object, whereas their English equivalents are followed by a preposition.

ascoltare *to listen to*   cercare *to look for; to try to*   guardare *to look at*
aspettare *to wait for*   chiedere *to ask for*   pagare *to pay (for)*

Ho **ascoltato** il CD a casa di Gianni e poi **l'**ho **cercato** subito in tutti i negozi.

I listened to the CD at Gianni's house and then I looked for it immediately in all of the stores.

Tre ragazze scelgono CD dei loro cantanti preferiti.

B Il pronome neutro

The pronoun **lo** meaning *it* or the demonstrative *that* can replace an entire concept.

—Quello spartito è una grande opera.

That score is a great work.

—Sì, **lo** è.

Yes, it is.

—Sapevi che è uscito il nuovo album di Adriano Celentano?

Did you know that Adriano Celentano's new album came out?

—No. Non **lo** sapevo.

No. I didn't know that.

C Pronomi oggetto indiretto

pronomi oggetto indiretto			
singolare		**plurale**	
mi	*to me*	ci	*to us*
ti	*to you*	vi	*to you*
Le	*to you (formal)*	Loro	*to you (formal)*
gli	*to him*	loro	*to them*
le	*to her*	gli	*to them*

1] An indirect-object pronoun replaces an indirect object. An indirect object is a person *for whom* or *to whom* an action is performed. Only transitive verbs have indirect objects. An indirect-object noun is always preceded by the preposition **a** or **per.**

—Hai telefonato **a Salvatore?**   *Did you call Salvatore?*

—Sì, **gli** ho telefonato a casa ma   *Yes, I called him at home but he's*
non è ancora tornato.   *not back yet.*

2] Like direct-object pronouns, indirect-object pronouns precede a conjugated verb or may attach to an infinitive. The final **-e** of the infinitive is dropped.

Non sono riuscita a comprar**gli**   *I wasn't able to buy a ticket for him.*
un biglietto.

3] The indirect-object pronoun **loro** always follows the verb. However, spoken Italian usually substitutes **gli** for **loro.** When the indirect-object pronoun **Loro** (formal) is used, it cannot be replaced with **gli.**

Ho scritto **loro** che il concerto era
stato rinviato.   *I wrote them that the concert had*
   been rescheduled.
Gli ho scritto che il concerto era
stato rinviato.

4] Past participles do not agree with indirect-object pronouns.

Le ho spedit**o** i prezzi dei nuovi   *I sent her the prices for the new*
CD per email.   *CDs by email.*

D I pronomi combinati

1] When indirect- and direct-object pronouns are combined, the indirect object precedes the direct object.

pronomi combinati			
me lo	me la	me li	me le
te lo	te la	te li	te le
glielo	gliela	glieli	gliele
ce lo	ce la	ce li	ce le
ve lo	ve la	ve li	ve le
glielo	gliela	glieli	gliele
(lo... loro)	(la... loro)	(li... loro)	(le... loro)

2] **Mi, ti, ci,** and **vi** change to **me, te, ce,** and **ve,** respectively. **Le** and **gli** become **glie** + *direct-object pronoun.* **Loro** follows the verb; however, spoken Italian usually substitutes **glie** + *direct-object pronoun* for **loro.**

Edoardo Bennato ha dedicato **la sua recente raccolta** alle sue **sorelle.**	*Edoardo Bennato dedicated his most recent collection to his sisters.*
Gliel'ha dedica**ta** al suo ultimo concerto.	
o **L'**ha dedica**ta loro** al suo ultimo concerto.	*He dedicated it to them at his last concert.*
—**Mi** presterai **il libretto** all'interno del CD?	*Will you lend me the booklet inside the CD?*
—Certamente. **Te lo** porterò domani.	*Certainly. I'll bring it to you tomorrow.*

E Pronomi riflessivi e oggetto diretto

Reflexive pronouns combined with direct-object pronouns follow the same rules of placement as combined indirect- and direct-object pronouns.

pronomi riflessivi e pronomi oggetto diretto			
me lo	me la	me li	me le
te lo	te la	te li	te le
se lo	se la	se li	se le
ce lo	ce la	ce li	ce le
ve lo	ve la	ve li	ve le
se lo	se la	se li	se le

—**Ti** metterai **i jeans** per andare in discoteca?	*Are you going to wear your jeans to go to the discotheque?*
—Sì, **me li** metterò.	*Yes, I'm going to wear them.*

When using reflexives with direct-object pronouns, the past participle agrees in gender and number with the direct object.

—**Si** è tolto **la giacca** prima di cominciare a ballare?	*Did he take off his jacket before dancing?*
—Sì. **Se la** è tol**ta** e gli ho ricordato di non dimenticar**sela.**	*Yes. He took it off and I reminded him not to forget it.*

Musica house, techno, hip hop, rock: i giovani italiani scelgono spesso la loro discoteca in base alle loro preferenze musicali.

—Al concerto **mi** sono dimenticato **le parole delle canzoni.**

At the concert I forgot the words to the songs.

—Anche tu? Anch'io **me le** sono dimenticat**e** completamente.

You, too? I completely forgot them, too.

～ PRATICA ～

A. Indovinate la domanda. A coppie, cercate di formare una domanda in base alla risposta data. Questo vocabolario vi potrà essere utile.

il buttafuori	il flauto	«Libera l'anima»
il ritornello	Dixie Chicks	vi

1. Sì, le abbiamo viste in tournée.
2. No, purtroppo, non l'ha cantata.
3. L'ha suonato una volta sola.
4. Tutti l'hanno cantato.
5. Sì, è sceso dal palcoscenico per parlarci.
6. Gliel'ho chiesto e ci ha fatto entrare.

B. Le operette. Rispondi usando al posto degli oggetti diretti e / o indiretti i pronomi corrispondenti e fai tutti i cambiamenti necessari.

1. Hai chiesto ad Isabella di comporre lo spartito per la nuova operetta?
2. Ti ha detto che potevi consegnare i testi a me entro un mese?
3. Lei inviterà Luigi e Renzo a collaborare?
4. Avete ricevuto tutti i fondi necessari per produrre questo spettacolo?
5. Dirà a Massimo domani la cifra esatta?
6. In generale, tutti comprano i biglietti prima dell'apertura?
7. Hai mai sentito le operette di Isabella?
8. Sai la data della prossima operetta?

Il cantautore Antonello
Venditti in tournée.

C. Antonello Venditti. Durante la sua ultima tournée Antonello Venditti, cantautore romano, ha girato per tutta l'Europa. Ha chiesto aiuto ai suoi assistenti parecchie volte. Rispondi alle domande di Venditti usando i pronomi oggetto diretto.

1. Avete preso i microfoni dal camion?
2. Chi può trovare gli amplificatori per me?
3. Dovrei cantare canzoni dal mio penultimo CD?
4. Avete affittato i camion per spostarci domani sera?
5. Chi ha scelto i ristoranti dove fermarci durante il viaggio?
6. Il chitarrista ha accordato la chitarra?
7. Possiamo visitare le città dove suoneremo?
8. Dove finiremo la tournée?

D. Due fan. Completa la conversazione con la forma corretta dei pronomi oggetto diretto e / o del pronome neutro.

Due ragazzi parlano di Zucchero, un cantante molto popolare nel mondo della musica italiana.

Fan 1: Conosci Zucchero, vero?

Fan 2: Sì, _____ conosco. Perché?

Fan 1: Ho sentito dire che sarà qui in concerto il mese prossimo.

Fan 2: E chi te _____ ha detto?

Fan 1: Un'amica. Chissà se ha ragione?

Fan 2: Questo non te _____ so dire. Mi pare un po' strano.

Fan 1: Perché?

Fan 2: Perché recentemente cancella tutti i concerti all'ultimo momento.

Fan 1: È vero. _____ cancella tutti. Hai proprio ragione. Possiamo telefonare in biglietteria per informarci.

Fan 2: Perfetto. _____ fai tu? Mi piacerebbe proprio veder_____.

Fan 1: Certo! _____ faccio subito!

 **E. A chi le possiamo dare?** A coppie, formate domande e risposte dalla seguente lista e decidete a chi dare queste cose nella vostra classe.

> **Esempio:** il CD di Vasco Rossi
> St. 1: A chi possiamo dare il CD di Vasco Rossi?
> St. 2: Possiamo darlo a Roberto.
> St. 1: Buon'idea. Glielo possiamo dare domani.

1. i dischi di Frank Sinatra
2. la chitarra di Jimi Hendrix
3. uno spartito di Maria Callas
4. il vecchio stereo del professore
5. i CD di musica rap
6. la radio della professoressa
7. le cassette dei Beatles
8. la musica dell'inno nazionale

II L'imperativo

The imperative mood is used for commands, instructions, directions, and strong suggestions. Subject pronouns are not ordinarily used with the imperative, except for emphasis. When subject pronouns are used, the pronoun follows the imperative form.

Questa volta io non lo faccio. **Fallo** tu!

This time I'm not going to do it. You do it!

A Le forme di *tu, noi* e *voi*

The **tu** and **voi** forms of the imperative are used to address friends and family. Commands with **noi** are equivalent to *let's + verb*. Regular imperative forms are identical to the present indicative except for the **tu** form of -**are** verbs, which ends in -**a**.

Ascolta... il ritmo del tuo cuore

	-are	-ere	-ire
tu	abbass**a**	discut**i**	sent**i**, restitu**isci**
noi	abbass**iamo**	discut**iamo**	sent**iamo**, restitu**iamo**
voi	abbass**ate**	discut**ete**	sent**ite**, restitu**ite**

Giampaolo, **abbassa** il volume!

Giampaolo, turn down the volume!

Corriamo! Il concerto sta per incominciare.

Let's run! The concert's about to begin.

B Le forme di *Lei* e *Loro*

1] The formal imperative with **Lei** and **Loro** is used when addressing professionals, older people, strangers, and people you don't know well. The forms of the formal imperative are the same as those of the present subjunctive (reviewed in **Capitoli 8** and **9**).

	-are	-ere	-ire
Lei	inviti	legga	senta, finisca
Loro	invitino	leggano	sentano, finiscano

Signore, **firmi** qui, per favore!	*Sir, please sign here!*
Professori, **ci lascino** ascoltare la musica jazz in classe!	*Professors, let us listen to jazz in class!*

2] In spoken Italian, the **voi** form of the imperative is usually substituted for the **Loro** form.

C Forme imperative irregolari

Essere and **avere** have irregular imperative forms.

	tu	Lei	noi	voi	Loro
essere	sii	sia	siamo	siate	siano
avere	abbi	abbia	abbiamo	abbiate	abbiano

These common verbs are also irregular in the imperative.

	tu	Lei	noi	voi	Loro
andare	va'	vada	andiamo	andate	vadano
dare	da'	dia	diamo	date	diano
dire	di'	dica	diciamo	dite	dicano
fare	fa'	faccia	facciamo	fate	facciano
sapere	sappi	sappia	sappiamo	sapete	sappiano
stare	sta'	stia	stiamo	state	stiano
tenere	tieni	tenga	teniamo	tenete	tengano
uscire	esci	esca	usciamo	uscite	escano
venire	vieni	venga	veniamo	venite	vengano

D L'imperativo negativo

Non precedes the verb in negative commands. The negative form of the second person singular, **tu,** is **non** + *infinitive.* All other imperative forms simply insert **non** before the affirmative form.

(tu)	**Non credere** a tutto quel che senti dire!	*Don't believe everything you hear!*
(Lei)	**Non creda** che quella musica sia originale!	*Don't believe that that music is original!*

E Pronomi oggetto e l'imperativo

1] Object pronouns attach to the **tu, noi,** and **voi** forms of the imperative. With the formal imperative, **Lei** and **Loro,** pronouns precede the verb (except for the indirect-object pronoun **loro,** which always follows the verb).

—Non ho ancora aperto la bottiglia di champagne.	*I haven't opened the bottle of champagne yet.*
—Apri**la!** Festeggiamo!	*Open it! Let's celebrate!*
—Devo comprare il vino per gli ospiti?	*Should I buy wine for the guests?*
—Certamente, **lo** compri **loro.**	*Certainly, buy it for them.*

2] In negative commands with **tu,** the pronoun can precede the infinitive or attach to it.

Non ascoltare **quel disco!**	*Don't listen to that record!*
Non **lo** ascoltare! *o* Non ascoltar**lo!**	*Don't listen to it!*

3] When the imperative form is a single syllable, the initial consonant of the pronoun that attaches to it is doubled. The only exception is the pronoun **gli.**

Dammi il testo, per favore!	*Give me the lyrics, please!*
Facci sapere quando arrivi!	*Let us know when you're arriving!*
BUT . . .	
Digli l'ora delle prove!	*Tell him what time the rehearsal is.*

4] The same rules that govern the use of object pronouns with the imperative apply to reflexive pronouns as well.

Mette**tevi** quegli stivali per ballare! / Mette**teveli!**	*Put on those boots to dance! / Put them on!*
Signore, **si affretti,** per favore!	*Sir, please hurry!*
Si vestano bene per questa sera!	*Dress well for this evening!*

F Altre espressioni dell'imperativo

The imperative may also be expressed with the modal verb **dovere** + *infinitive*.

Devi comporre la colonna sonora!   *You have to compose the soundtrack!*

 PRATICA

A. Una giovanissima al concerto. Elena ha 13 anni e va per la prima volta al concerto del suo cantante preferito. Naturalmente sua madre le dà molti consigli prima di uscire. Elena chiede permesso alla madre di fare alcune cose. A coppie, uno / una fa la parte della madre e l'altro / l'altra risponde alle domande della ragazza usando l'imperativo informale e i pronomi.

> **ESEMPIO:** Posso tingermi i capelli → Certamente! Tingiteli!
> per il concerto?   *o* Non tingerteli!

1. Posso mettermi la minigonna rossa?
2. Posso invitare la mia migliore amica?
3. Posso comprare la giacca del tour?
4. Posso chiedere un autografo al cantante?
5. Posso farmi un tatuaggio (*tattoo*)?
6. Posso ascoltare il suo disco quando torniamo a casa?

B. Il discografo. Sei un / una cantante di un gruppo rock e un'importante casa discografica vuole registrare il vostro primo disco. Prima di farlo però vi chiede di fare alcuni cambiamenti. Forma delle frasi con i suggerimenti qui sotto usando l'imperativo informale e i pronomi.

> **ESEMPIO:** provare un nuovo look
> Provate un nuovo look. → Provatelo!

1. tingervi i capelli di verde
2. usare più effetti speciali durante i concerti
3. cambiare il chitarrista
4. mettervi un orecchino al naso
5. cantare quella canzone in inglese
6. smettere di portare gli occhiali in concerto
7. dare messaggi sociali con le canzoni
8. finire il lavoro prima di mezzanotte

C. Un compagno di stanza terribile. Il tuo compagno di stanza / la tua compagna di stanza è un / una musicista e fa spesso cose che ti creano problemi. Chiedigli / chiedile di cambiare il suo atteggiamento usando l'imperativo e i pronomi oggetto diretto e indiretto.

> **ESEMPIO:** Suona la chitarra di notte. → Non suonarla di notte!

1. Organizza una festa ogni settimana.
2. Ascolta la musica ad alto volume.
3. Non ti chiede di usare i tuoi CD.
4. Mette poster di cantanti per tutta la casa.

5. Spende i soldi dell'affitto per comprare CD.
6. Non ti restituisce le cose che gli hai prestato.
7. Invita i membri del suo gruppo a dormire a casa vostra.
8. Non rispetta le regole per una buona convivenza.

D. La festa da ballo.   Hai organizzato una festa per alcuni tuoi amici e
per i loro genitori. Parlando con loro, gli chiedi di fare alcune cose per la festa
usando, a seconda dei casi, l'imperativo formale o informale.

> **ESEMPIO:** ad un amico: alzare il volume → Alza il volume!
> alla madre di un tuo amico → Per favore, alzi il volume!

1. ad un amico: portare i CD di Lucio Battisti
2. al padre di un tuo amico: non fumare in salotto
3. a due amici: scegliere la musica da ballare
4. al fidanzato / alla fidanzata: ballare con te
5. ai genitori di una tua amica: aprire lo champagne
6. ad un amico: abbassare le luci
7. ad un'amica: dire al suo ragazzo di non bere troppo
8. a te stesso e ai tuoi amici: cantare questa canzone insieme
9. ai genitori di un tuo amico: tagliare la torta
10. alla madre di una tua amica: accomodarsi in poltrona

E. Il coro di Montesagro.   Il maestro del coro di Montesagro invita un
gruppo di ragazzi della provincia ad un loro concerto. Prima del concerto
gli parla della musica di montagna e poi gli spiega le regole fondamentali
di comportamento ad un concerto del genere. Scrivi almeno cinque regole
suggerite dal maestro per i ragazzi usando alcuni dei seguenti verbi.

pronunciare	correre	cantare	fare
discutere	mettersi	tornare	venire
ascoltare	scappare	giocare	
stare	toccare	prendere	

F. Un direttore terribile!   Il nuovo direttore d'orchestra è molto pignolo
e vuole tutto fatto alla perfezione. Non gli va mai bene niente. Riscrivi le
seguenti frasi all'imperativo informale (**tu / voi**) usando i pronomi oggetto
diretto quando necessario.

> **ESEMPIO:** Il proprietario del teatro ammette *gli ospiti* in teatro. →
> Non ammetterli!

1. Il bassista e il sassofonista non rispettano *il ritmo*.
2. I flautisti non seguono *lo spartito*.
3. Un violoncellista non si è messo *la camicia bianca*.
4. Le due soprano cantano *una bell'aria*.
5. I due tenori non pronunciano bene *le parole delle canzoni*.
6. I sassofonisti non aspettano *il momento giusto* per cominciare.
7. Una persona indossa *un vestito viola* sul palcoscenico.
8. I tecnici non hanno messo *le luci appropriate*.

BIBLIOTECA 2000

Reading Colloquial Speech

In Italian as in English, colloquial speech is characterized by informal constructions, idioms, and verbal habits not found in written language. You will notice pause fillers (**eh...**) and crutch words like **cioè, allora, quindi, hai capito,** or **voglio dire.** Sometimes words or phrases are repeated. In the interview you are about to read, you may notice colloquial constructions like using **tu** to mean *one* or *I* («**... il fatto che tu vuoi raccontare delle storie...**»). Some of these usages have close equivalents in English, such as overusing *like, what I mean is,* and *really,* and using *you* to mean *one* or even *I*.

~~~~~ PRE-LETTURA ~~~~~

A. State per leggere un'intervista ai Bisca 99 Posse, un complesso hip-hop italiano. In gruppi di tre, scrivete delle domande che volete fare ai musicisti per alcune delle categorie qui sotto.

vita personale
vita professionale
rapporto con il pubblico
rapporto con la società
stile di musica
originalità della musica
progetti per il futuro

B. Nella seguente intervista, i musicisti intervistati parlano molto dei vari aspetti della lingua e del linguaggio che usano nei testi delle loro canzoni. Alcuni elementi che sottolineano sono:

- il suono / la musica

- la rima

- il ritornello

In classe tornate al testo «Libera l'anima» per identificare la rima ed il ritornello. Come contribuiscono alla canzone?

Intervista ai Bisca 99 Posse

SANDRO VERONESI

Chiunque voglia attraversare il ricco paesaggio musicale italiano degli ultimi vent'anni si trova a poter scegliere tra più strade[1]. Quella della lingua ci è parsa[2] una delle più interessanti e utili a rendere conto di tanta varietà e a focalizzarne[3], di filone in filone[4], di autore in autore, le principali caratteristiche. Per avvicinarci ai problemi più strettamente pratici della composizione d'un testo[5] abbiamo dato la parola a chi, in modo del tutto diverso dal nostro, si trova quotidianamente a fare i conti con la lingua delle canzoni: gli autori.

Quello che segue è il testo di una conversazione con i Bisca 99 Posse, uno dei gruppi più significativi della scena hip-hop italiana. Ringraziamo calorosamente Luca «Zulù», Sergio «Serio» e tutto il gruppo per averci dato la loro testimonianza e per averci permesso di pubblicarla.

Secondo voi, quali sono gli aspetti innovativi del linguaggio delle posse?

SERGIO: Il merito delle posse è stato di tirare fuori l'Italia dall'apatia nella quale era stata finora: prima (noi nasciamo negli anni Ottanta) c'era o l'uso dell'inglese o lo scimmiottamento[6] di certi *slang*. L'italiano non ha mai avuto una lingua bassa, a differenza dell'inglese; il rock inglese, infatti, si è sempre servito di un linguaggio di strada...

In che modo risolvete questo problema?

SERGIO: In Italia non c'era altra scelta che avvicinarsi al dialetto: non a un dialetto puro come si poteva intendere nell'Ottocento, ma a un dialetto bastardo come quello che usiamo noi. La lingua che si parla tutti i giorni è una lingua molto bastarda, che ha degli elementi del dialetto ma anche dell'italiano televisivo...

LUCA: Fondamentalmente parliamo una lingua strana; parliamo italiano, però parliamo in napoletano, per cui alla fine la lingua che ci troviamo a mettere in musica più costantemente è questo napoletano un po' italianizzato, un po' edulcorato[7], ... un napoletano comunque più accessibile alle masse. Per me questa non è un'operazione culturale: è proprio la lingua che io parlo...

Tatuaggi e piercing nel look dei 99 Posse.

---

1. **poter...** can choose between a variety of options   2. seemed, appeared   3. to focus on an issue   4. **di...** thread by thread   5. lyrics   6. apish imitation   7. sweetened

E come ve la cavate[8] *fuori di Napoli?*

LUCA: Noi in realtà ci rivolgiamo[9] più al resto d'Italia che a Napoli, perché capita così. A Roma e a Milano suoniamo più spesso che a Napoli.

Cerchiamo di portare la nostra cultura fuori, non per imporla[10], ma per cercare di farla convivere con le altre...

E giochi di parole, di suono? Le sfruttate[11] *queste tecniche?*

LUCA: Moltissimo. Le sfruttiamo già abbastanza, e nella mia testa c'è sempre più spazio per queste cose; nel futuro mi piace molto l'idea di fare uscire delle sensazioni con un discorso ben preciso, proprio delle emozioni che tu comunichi con dei suoni e basta. La nostra cultura di suoni di questo genere ne ha veramente tanti...

Sentite una maggior libertà nella composizione di un testo, almeno rispetto ad altri generi musicali, obbligati a rispettare uno schema preciso?

LUCA: Sì, è vero; ma adesso abbiamo molte più melodie, per cui questa dimensione non la sento più molto. C'è stato un progredire[12] della cosa: all'inizio era tutto molto più parlato, più recitato; al limite, era un problema di stare nel tempo, più che di raggiungere una tonalità o di cantare una melodia. Col tempo uno impara, si allena[13], cresce, suona con altra gente, e quindi sono cominciate a venire pure altre cose.

Il fatto di aprirvi alla melodia vi porta qualche problema in più, magari di metrica...

LUCA: Problemi a mettere d'accordo musica e testo non ce li ho, perché si sono praticamente dimezzati i testi. Il problema piuttosto è quello di scrivere, perché sono sempre stato abituato ad avere a disposizione centoventi battute[14] e a riempirle di parole: il fatto di avere scoperto la possibilità di fare delle melodie cozza[15] un po' con questa mia abitudine.

Rime, metrica...

LUCA: Io di solito faccio la rima baciata[16], cioè, proprio quinta elementare[17], taratà taratà taratatà, taratà taratà taratatà, quella è l'idea. Poi, rispetto a questa cosa, azzardo a volte un AB AB, un AB BA, ma è raro, di solito preferisco la cantilena[18]. Ora che ci stiamo aprendo un po' più alla melodia, la rima rimane baciata, ma la melodia è più lunga, dura più battute.

E il refrain?

LUCA: Il *refrain* per me è importante perché concentra in poco spazio quello che ho da dire; quando hai scelto un'angolazione[19] da cui acchiappare[20] l'argomento, affronti da quel punto di vista la cosa. Il *refrain* è l'argomento attorno a cui far crescere la canzone. Per questo per me è importante, perché significa che ho chiaro cosa voglio dire, su cosa puntare l'obiettivo...

Ci sono differenze tra voi nello scrivere un testo?

SERGIO: In questo siamo diversi: Luca è più immediato, più semplice; mi piace molto perché riesce immediatamente a ricostruire un'atmosfera, una storia...

Per me invece è diverso, ci posso mettere anche due mesi a scrivere... ho delle idee, le trasferisco sulla pagina, ma poi mi ritornano in testa... perché do molto peso alla singola parola. E questo molte volte entra in conflitto con il fatto che tu vuoi raccontare delle storie, oppure esprimerti in modo un po' più largo rispetto alla sintesi di una parola. Io in questo conflitto ci metto un mare di tempo.

Vi sentite orientati verso un particolare genere musicale: rap, reggae, funky, raggamuffin...

SERGIO: Non abbiamo un buon rapporto con le definizioni di stile, perché trattiamo molto liberamente i generi musicali. A noi non interessa definire uno stile, vogliamo produrre delle canzoni.

---

8. **ve...** do you get along 9. **ci...** we address 10. impose it 11. Do you take advantage of 12. progression 13. **si...** one practices 14. beats 15. contrasts 16. **rima...** rhyming couplets 17. **quinta...** fifth grade 18. the rhythm, sing-song 19. angle 20. to capture, catch

~~~~~~~~~~ **COMPRENSIONE** ~~~~~~~~~~

A.   Dopo aver letto l'intervista, dividetevi in gruppi di tre. Cercate di trovare tre o quattro parole chiave o idee centrali che riassumano le risposte dei musicisti per ogni domanda proposta.

ESEMPIO: Secondo voi, quali sono gli aspetti innovativi del linguaggio delle posse?   *apathy*

1. tirare fuori l'Italia dall'apatia
2. cambiare l'uso dell'inglese
3. cambiare l'uso dello scimmiottamento dello slang

Dopo aver trovato le idee centrali per tutte le risposte, riassumetele con parole vostre.

B.   In quest'intervista si parla di (1) dialetto puro e dialetto bastardo, (2) concetti culturali e (3) aspetti in comune e alcune differenze fra i musicisti.

A coppie, sfogliando l'articolo, trovate cosa dicono i musicisti di ogni elemento. Poi paragonate le vostre idee alle idee degli altri studenti.

C.   In gruppi di tre, provate a creare un ritornello vostro. Prima dovete decidere l'argomento. Sarà l'amore, la perdita di un amore, la pace, la politica? Può essere qualsiasi argomento che vi ispiri. Poi cercate di scrivere almeno un esempio per ogni elemento.

ESEMPIO: **argomento:** l'amore perduto
il suono / la musica: blues
la rima: manca / stanca, amore / dolore
il ritornello: Almeno nel mio sogno, abbracciami!

Formate quattro versi usando quattro parole in rima e poi aggiungete il ritornello.

ESEMPIO: Da due giorni davvero mi manca
Solo a pensarci mi stanca
ho perduto davvero l'amore
e io sento un forte dolore
Almeno in sogno, abbracciami!
Almeno in sogno, abbracciami!

DI PROPRIA MANO

Writing an Informal Letter

Letters to friends and family in English and Italian differ slightly in format.

A. Format In Italian it is customary to note the name of the city where you are writing the letter, and the date (day, month, year) in the upper right-hand corner: Chicago, 3 gennaio 2003.

B. Salutations The usual salutation when writing to family and friends is **caro,** which changes according to gender and number. The superlative **carissimo** is also common and conveys a more familiar or intimate relationship. A comma follows the salutation.

C. Body of Letter The first line below the salutation is indented and begins with a lowercase letter. The first paragraph typically indicates the purpose of the letter. Each new topic begins a separate paragraph.

D. Conclusion The concluding phrase usually expresses affection. Some examples:

    con affetto   tante care cose   un abbraccio   un bacione

E. Envelope The envelope generally includes the professional title of the recipient: **Dottore (Dott.), Professoressa (Prof.ssa), Signorina (Sig.na), Signora (Sig.ra), Signore (Sig.),** for example. **Famiglia (Fam.)** plus the family's last name would be used when addressing an entire family. **Gentilissimo/a** might precede any of the words above. The street number follows the street name. The zip code or **CAP (Codice d'Avviamento Postale)** always precedes the name of the city.

Sig. na Anna Simonetti
SS Ponente 17
53100 Siena, Italia

~~~~~SCRITTURA~~~~~

Recentemente sei andato/a per la prima volta ad un concerto rock. (Se non sei andato/a ad un concerto, puoi parlare di un concerto che hai visto alla televisione.) Hai visto un gruppo o un / una cantante molto popolare. Scrivi una lettera ad un tuo amico / ad una tua amica raccontandogli/le tutti i dettagli del concerto. Dividi la lettera in tre parti seguendo il modello.

Parte 1: Introduzione

1. Racconta con chi, dove e quando hai visto il concerto.
2. Descrivi l'ambiente.
3. Descrivi le tue impressioni quando hai sentito la prima canzone.

Parte 2: Le lezioni imparate

Spiega a quest'amico/a che a questo concerto rock hai imparato cosa si deve fare ad un concerto rock, cosa non si deve fare e perché. Usa l'imperativo quando è possibile.

ESEMPIO: **Prendi i trasporti pubblici!** Trovare un parcheggio è un problema e gli ingorghi (*traffic jams*) sono impossibili. Meglio prendere l'autobus!!

Parte 3: Conclusione

In conclusione esprimi un parere generale sulla musica: se ti è piaciuta, cosa ti è piaciuto di più e poi se è valsa la pena andarci. Proponi poi di andare con lui / lei ad un altro concerto.

BLOCK NOTES

In questo capitolo hai avuto la possibilità di scoprire alcune caratteristiche del mondo musicale italiano. Tenendo in considerazione le letture fatte, l'esercizio Web e la discussione in classe, rifletti sui seguenti aspetti.

1. Parla delle caratteristiche della musica italiana che più ti hanno colpito.

2. Il panorama musicale dell'Italia può essere definito internazionale con un particolare interesse verso la musica britannica e statunitense. Paragona il panorama musicale italiano con quello del tuo paese.

3. In Italia anche l'opera e la musica classica sono seguite da giovani e meno giovani. Parla dei generi musicali seguiti dai giovani del tuo paese al di là della musica rock e pop.

Communicative Objectives

- Talk about modern Italian cuisine
- Express likes and dislikes
- Refer to locations and quantities

Pizza, pasta e cappuccino?

Internet Café

Indirizzo: http://italian.college.hmco.com/students

Attività: È ora di... buttare la pasta

In classe: Tra le tante ricette offerte dal sito, trascrivi quella del piatto di pasta che vorresti usare per una cenetta romantica.

Olio e formaggi tra i gioielli della cucina italiana.

Pizza, pasta e cappuccino?

In ogni angolo del mondo è ormai possibile trovare ristoranti italiani, trattorie° e pizzerie che tentano° di esportare il piacere per la buona tavola. Ma se questa caratteristica accomuna° la penisola italiana dalle Alpi alla Sicilia, lo stesso non si può dire di una vera e propria cucina italiana. In Italia esistono differenze enormi tra la cucina tradizionale del nord, del sud e del centro. Parlare di cucina italiana è parlare di un insieme estremamente complesso non rappresentabile da un singolo ristorante, città o regione. Naturalmente pasta e pizza nei ristoranti e nelle pizzerie, così come il cappuccino o l'espresso da gustarsi° seduti al tavolino dei bar, appartengono alla realtà italiana, ma non sono che la punta di un iceberg.

Troppo semplicistico sarebbe fermarsi alle solite distinzioni tra burro, riso e polenta al nord da contrapporsi ad° olio, pasta e pomodoro al sud. Infatti, anche tra città vicinissime le differenze si fanno fortemente sentire: si pensi solo ai tradizionali ravioli in brodo della tradizione natalizia emiliana che a Parma, Reggio Emilia, Modena e Bologna non solo hanno nomi e forme leggermente diverse, ma anche ripieni con caratteristiche proprie.

Anche i flussi migratori° interni, iniziati nei primi anni '50, hanno contribuito a rendere assai più eterogeneo il panorama culinario italiano. Per questo non sorprende trovare un piatto di spaghetti alla carbonara in un ristorante di Milano o un piatto di risotto in uno a Roma. Negli ultimi anni si è anche assistito all'incremento di ristoranti etnici anche se solo le grandi città sono in grado di offrire una scelta varia e completa.

Sembra in declino il tradizionale pasto di mezzogiorno infrasettimanale° che ha lasciato lo spazio a spuntini° veloci in bar, paninoteche° e tavole calde:

trattorie° family-style restaurants / *tentano°* try / *accomuna°* unites

da... gustarsi° to savor

da... contrapporsi ad° to contrast with

flussi... waves of migrants

infrasettimanale° midweek
spuntini° snacks / *paninoteche°* sandwich shops

Cibo e sole nell'estate fiorentina.

95

l'era del pisolino° pomeridiano sembra scomparire anche se è ancora possibile,   nap
soprattutto nei piccoli centri, trovare i negozi regolarmente chiusi nelle prime
ore pomeridiane.

La tradizione che resta intatta è dunque quella del gusto per la buona
cucina. Tradizione che si cerca di proteggere sia opponendosi ai cibi modificati
geneticamente sia facendo riconoscere a livello di Comunità Europea i prodotti tipici in modo da evitare la scomparsa dei sapori° più veri della tradi-   flavors
zione italiana.

～～～ DOMANDE ～～～

1. Quali sono i piatti italiani che conosci? A quale area geografica italiana pensi che
   appartengano?
2. Come viene presentata l'Italia nei ristoranti italiani del tuo paese?
3. Nel tuo paese esistono tradizioni culinarie che appartengono solo ad aree specifiche? Quali?
4. La scomparsa del pasto completo a mezzogiorno ha reso la cena il pasto principale.
   Come sono suddivisi per importanza i vari pasti all'interno della tua famiglia? Pensi
   che siano un momento conviviale importante oppure no?
5. In molti paesi sono permessi sia l'uso di ormoni per accelerare la crescita degli animali
   sia lo sfruttamento della tecnologia genetica, mentre in Italia sono vietati. Qual è la tua
   posizione di fronte a questa situazione?
6. Nell'attività Web hai potuto informarti su uno dei prodotti di cui l'Italia è orgogliosa. Quali
   sono i prodotti della tua cucina che sono o che dovrebbero essere esportati in tutto il mondo?

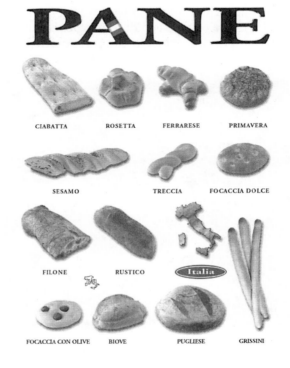

CIABATTA ROSETTA FERRARESE PRIMAVERA

SESAMO TRECCIA FOCACCIA DOLCE

FILONE RUSTICO Italia

FOCACCIA CON OLIVE BIOVE PUGLIESE GRISSINI

LESSICO.EDU

Le bevande

l'acqua del rubinetto *tap water*
l'acqua minerale gasata
  sparkling mineral water

l'acqua minerale naturale
  mineral water

l'aperitivo *aperitif*

In tavola

gli antipasti *appetizers*
apparecchiare (la tavola) *to set*
  (*the table*)
cenare *to eat dinner / supper*
il contorno *side dish*
il dolce *dessert*

essere pieno/a, essere sazio/a
  to be full
la formaggiera *bowl for grated
  cheese*
le posate *silverware*
il primo (piatto) *first course*

il secondo (piatto) *second
  course*
sparecchiare (la tavola) *to clear*
  (*the table*)
lo spuntino *snack*

In cucina

l'agnello *lamb*
al forno *baked*
alla griglia *grilled*
l'arrosto *roast*
arrosto *roasted*
assaggiare *to taste*
bollito/a *boiled* (*added to
  boiling water*)
il chilo *kilo*

il condimento *dressing*
fritto/a *fried*
i frutti di mare *seafood*
lessato/a *boiled* (*added to cold
  water and brought to a boil*)
la macedonia *fruit salad*
il maiale *pork*
il manzo *beef*

ripieno/a *stuffed*
il ripieno *stuffing*
i salumi *cold cuts*
la salsa *sauce*
lo spiedino *food cooked on a
  skewer*
il sugo *sauce* (*for pasta*)
il vitello *veal*

Luoghi

l'enoteca *wine shop*

l'osteria *inn, tavern*

la paninoteca *sandwich shop*

La salute

gli additivi *additives*
biologico/a *organic*
i coloranti *food dyes*
i conservanti *preservatives*

dimagrire *to lose weight*
il dolcificante *sugar substitute,
  sweetener*
essere a dieta *to be on a diet*

ingrassare *to gain weight*
il / la vegetaliano/a, vegano/a
  vegan
il / la vegetariano/a *vegetarian*

Anche una pizza può trasformarsi in una cenetta romantica.

~~~~ PRATICA ~~~~

A. Una cena d'anniversario. Completa il seguente brano con le seguenti parole. Leggilo prima per capire il contesto.

ripieni	secondo	gasata	aperitivi
salumi	alla griglia	trattoria	piena
dolce	antipasto	primi	

Ieri sera Amanda e Giulio sono andati alla _____ «Da Filippo» per festeggiare il loro terzo anniversario di matrimonio. Quando sono arrivati, il cameriere li ha fatti sedere ad un piccolo tavolo dove hanno trovato due _____ pronti per loro che hanno bevuto subito. Poco dopo il cameriere è ritornato e hanno ordinato una bottiglia di acqua minerale _____ ed una bottiglia di vino rosso. Poi come _____ hanno diviso un piatto di _____ tipici toscani, olive e pomodori _____ .

    Poi Giulio ha ordinato tra i _____ un piatto di lasagne mentre Amanda ha preferito assaggiare gli spaghetti ai frutti di mare. Dopo aver finito Amanda era _____ e non ha voluto ordinare il _____ ma Giulio ha voluto ordinare un po' di carne _____ , la specialità della trattoria. Per finire hanno ordinato il _____ : un po' di tiramisù per Amanda e una fetta di torta di mele per Giulio.

B. Celebrare insieme. Le feste sono spesso celebrate con un pasto speciale che deriva da una tradizione della famiglia, della città o del paese in cui si vive. Con un tuo compagno / una tua compagna, intervistatevi a vicenda e scoprite quali sono per voi le feste più importanti e quali piatti ne accompagnano la celebrazione. Poi cercate di organizzare un pranzo che accomuni le due tradizioni e presentatelo alla classe spiegando per quale celebrazione vorreste utilizzare il nuovo menu.

	io	il mio compagno / la mia compagna	il nostro pasto insieme
festa	Natale	Natale	
antipasti	il prosciutto e melone	insalata mista	
primi piatti	gnocchi al pesto	risotto	
secondi piatti	il manzo	il vitello	
contorni	insalata mista	la macedonia	
dolci	tiramisu	gelato	
altro	il caffè	grappa	

STUDIO REALIA

I CONSIGLI DI UN ESPERTO PER SCEGLIERE I CIBI GIUSTI

Qual è la dieta sana? Ecco cosa ne pensa Gianni Cavinato, alimentarista e difensore dei consumatori.

promossi

■ **IL PANE, MEGLIO SE INTEGRALE**
Preferite le pagnotte grandi (500–1.000 grammi) che si conservano più a lungo, con mollica[1] soffice e crosta dorata. Ottimo il pane integrale con farina biologica.

■ **CARNE, SÌ A QUELLA DOC[4]**
Il prodotto fresco è da preferire sempre a quello surgelato. Da preferire i punti vendita che indicano la provenienza geografica e la sede del macello.

bocciati

■ **DIFFIDATE[2] DEL PANE CARRÉ[3]**
Per mantenerlo così fresco e morbido a lungo è riempito di additivi, per esempio quelli contro i microbi. Sconsigliato soprattutto ai bambini.

■ **NO ALLA FETTINA DI VITELLO**
I vitelli sono macellati a sei mesi di vita dopo aver mangiato solo latte in polvere e integratori. La carne può contenere residui di antibiotici.

1. soft part of bread   2. do not trust   3. **pane...** sandwich bread   4. **Denominazione di Origine Controllata**

promossi	bocciati
■ OLIO, SOLO EXTRAVERGINE Ricavato dalla spremitura[5] meccanica delle olive, non subisce trattamenti chimici. Se ha l'etichetta «spremuto a freddo», è di qualità ancora migliore.	**■ AL BANDO[6] I SEMI VARI** Oli di semi e margarine sono prodotti a basso costo, spesso all'estero, contengono additivi: da evitare. Sconsigliate le confezioni[7] di plastica.
■ FRUTTA E VERDURA DI STAGIONE I prodotti italiani (soprattutto quelli biologici) contengono meno pesticidi; in stagione costano meno e non vengono conservati artificialmente.	**■ NON IN SCATOLA** Se non si consuma fresca, meglio scegliere le confezioni di vetro. La confezione di latta può rilasciare resine e residui di metalli pesanti.
■ FORMAGGI, SCEGLIETE I TIPICI Il sale è l'unico additivo permesso in Italia. Perciò i prodotti tradizionali offrono più garanzie. Ora hanno il bollino DOP: denominazione di origine protetta.	**■ OCCHIO AI FORMAGGINI** I formaggi che fondono[8] e i formaggini sono a rischio perché possono essere fatti con scarti di lavorazione[9]. Contengono additivi: da non dare ai bambini.
■ UOVA, DI CATEGORIA EXTRA Da preferire le confezioni che hanno la fascia rossa e indicano la classe «extra»: garantiscono che il prodotto ha al massimo 7 giorni.	**■ ALLA LARGA[10] DA QUELLE SPORCHE** Se presentano tracce di sterco[11], c'è il rischio salmonella. Evitare quelle sfuse[12] quando se ne ignora la provenienza; potrebbero non essere fresche.
■ PASTA: OTTIMA QUELLA DI SEMOLA «Pasta di semola» o «semolato di grano duro»: a queste denominazioni corrispondono sempre prodotti di grande qualità.	**■ ATTENZIONE A QUELLA FRESCA** Il prodotto fresco è ottimo. Ma se viene preparato in condizioni igieniche scarse o con ingredienti di bassa qualità, perde quasi tutto il suo valore.
■ VINO, SEMPRE TAPPO DI SUGHERO[13] Sono da preferire le bottiglie DOC, con tappo di sughero originale. Attenzione: in etichetta non è obbligatorio indicare eventuali additivi utilizzati.	**■ MAI PRODOTTI SFUSI** Dietro le vendite porta a porta si nascondono le peggiori truffe merceologiche. In generale, diffidare dei prodotti anonimi e privi di etichetta.
■ DOLCI: SCEGLIETELI ALLA FRUTTA Per fare felice un bambino senza rovinargli la salute, privilegiate dolci o caramelle a base di miele e frutta. Sono ottime le spremute.	**■ NIENTE COLORANTI** Da evitare tutti i prodotti che contengono additivi, aromatizzanti e coloranti. Da ridurre al massimo dolciumi con alto contenuto di zucchero.
■ SALUMI: CERCATE IL MARCHIO DOP Gli insaccati[14] a denominazione di origine protetta garantiscono una buona qualità. Gli additivi, ridotti al massimo, sono sempre indicati in etichetta.	**■ SOLO STAGIONATI** No agli insaccati non stagionati perché ricchi di additivi. Controllare in etichetta anche che non contengano carne congelata e latte in polvere.

5. squeezing   6. **al...** ban   7. packages   8. melt   9. **scarti...** byproducts   10. **alla...** keep away (from)   11. dung
12. loose   13. cork   14. cured ground meat in a casing (e.g., sausages, salami, etc.)

A. Mangiare con un occhio alla salute.   Ogni tipo di ristorante ha prodotti migliori di altri dal punto di vista della salute. In gruppi di tre o quattro, guardate al tipo di locali elencati qui sotto e per ognuno indicate cosa credete che vada bene mangiare e cosa no, basandovi anche sulla lettura fatta. Poi discutete con la classe delle scelte che avete fatto.

tipo di ristorante	cosa mangiare	cosa non mangiare
italiano		
cinese		la carne fritta in olio d'arachidi
giapponese		
messicano	le tortillas vegetariane	
McDonald's		

B. Prossima apertura!   Dopo aver letto l'articolo insieme ad un compagno / una compagna dovete decidere il menu per il vostro nuovo ristorante italiano «Salute e sapori». Tutta la vostra pubblicità si basa sulla promozione di cibi che offrono garanzie per la salute. Volete dunque che i prodotti siano di prima qualità. Preparate una lista di domande che vi dovreste fare prima di acquistare i vari prodotti e rispondete alle stesse seguendo il modello.

    ESEMPIO: pasta
        —Che tipo di pasta dovremmo usare?
        —Ci piacerebbe usare la pasta di semola.

carne   frutta e verdura   uova   vino
olio   formaggi   pane   salumi

C. Una cena a «Salute e sapori».   Lavorando in coppia, uno di voi sarà il cliente e l'altro il proprietario. Il proprietario risponde alle domande del cliente sui prodotti che usa e sui modi di cucinare cercando di rassicurarlo sulla qualità dei prodotti. Per formulare le domande il cliente può usare i seguenti suggerimenti.

1. piatto consigliato di carne
2. olio usato nei condimenti e in cucina
3. presenza o meno di additivi in vini e insaccati
4. tipo di frutta nella macedonia
5. significato della sigla DOP su insaccati e formaggi
6. specialità della casa
7. una vostra domanda personale

GRAMMATICA & CO.

I Le particelle *ci* e *ne*

A *Ci*

You are already familiar with **ci** used as a reflexive and reciprocal pronoun, and as a direct- and indirect-object pronoun. **Ci** can also be used in a number of other ways, with different meanings.

1] As an adverb, **ci** refers to a previously mentioned location. It replaces a prepositional phrase consisting of **a, in,** or **su** + *location*. Examples of such phrases are:

al bar *at the bar*   al ristorante *at the restaurant*
a Roma *in Rome*   sul tavolo *on the table*
in quel luogo *in that place*   in trattoria *in the restaurant*

—Hai mai mangiato in quel   *Have you ever eaten in that*
ristorante?   *restaurant?*

—No, non **ci** ho mai mangiato.   *No, I have never eaten there.*

2] When referring to location, **ci** is often used with verbs like **rimanere, andare, stare, essere,** and **venire.**

Siamo andati al bar e **ci** siamo   *We went to the bar and we stayed*
rimasti tutta la mattina a   *there talking all morning.*
chiacchierare.

3] **Ci** may also substitute for a prepositional phrase, introduced by **a, in,** or **su,** that refers to a complete idea.

—Vuoi iscriverti a quel corso   *Do you want to enroll in that*
di cucina con me?   *cooking class with me?*

—**Ci** penserò. (Penserò a quella   *I'll think about it.*
cosa.)

Venite stasera a cena? **Ci** conto.   *Are you coming to dinner tonight?*
(Conto su ciò.)   *I'm counting on it.*

4] **Ci** can take the place of a phrase introduced by **a** + *infinitive* after verbs like **riuscire, pensare, credere, provare,** and **rinunciare.**

—Riesci a fare la pasta a mano?   *Are you able to make homemade pasta?*

—No, non **ci** riesco e poi   *No, I can't do it and anyway*
preferisco comprarla.   *I prefer to buy it.*

—Hai mai provato a fare i ravioli?   *Have you ever tried to make ravioli?*

—No, non **ci** ho mai provato.   *No, I've never tried it.*

5] **Ci** has an idiomatic function with a number of verbs. **Vederci** and **sentirci** mean *to be able to see* and *to be able to hear.*

Senza occhiali non **ci vedo.** Mi puoi leggere il menu?	*Without glasses I can't see. Can you read me the menu?*
Gli parlo sempre ad alta voce perché non **ci sente** da un orecchio!	*I always speak loudly to him because he can't hear in one ear.*

6] The verbs **volerci** and **metterci** both mean *to take time* but they are used differently. **Volerci** is impersonal and is used only in the third person singular and plural. **Metterci** is conjugated in all forms to agree with the subject.

Ci vogliono tre ore per preparare quel sugo.	*It takes three hours to make that sauce.*
Quanto tempo **ci hai messo** per preparare l'arrosto?	*How long did it take you to make the roast?*

7] Other verbs that are used idiomatically with **ci** are:

avercela (con) *to have it in for (someone)*	farcela *to be able to do something*
cascarci *to fall for (be tricked)*	tenerci *to attach importance to*

Vieni alla festa con noi? **Ci tengo.**	*Are you coming to the party with us? It's important to me.*
Non credevo di **farcela** ma ci sono riuscita.	*I didn't think I'd be able to do it but I did.*
Quando gli ho detto che non gli avevo fatto una torta per il suo compleanno, **ci è cascato.**	*When I told him that I hadn't made a cake for his birthday, he fell for it.*
Giampaolo **ce l'ha con** me perché sono arrivata in ritardo per la cena e tutti mi hanno dovuto aspettare.	*Giampaolo is mad at me because I arrived late for dinner and everyone had to wait for me.*

8] Like a direct-object pronoun, **ci** can precede a conjugated verb or attach to an infinitive. When **ci** is attached to the infinitive, the infinitive's final **-e** is dropped. **Ci** precedes the formal forms of the imperative, but attaches to the **tu, noi,** and **voi** forms.

—Non ho mai provato a fare la pasta fresca.	*I've never tried to make fresh pasta.*
—Prova**ci!** Non è difficile.	*Try it! It's not hard.*

~~~~~~~~~~ **PRATICA** ~~~~~~~~~~

A. Quanto ci vuole?   A coppie, formate delle frasi complete con la forma corretta di **volerci** o **metterci** secondo il modello dell'esempio.

> **ESEMPIO:** 2 ore / preparare una cena perfetta
>> ST. 1: Ci vogliono due ore per preparare una cena perfetta. Tu quanto ci metti?
>> ST. 2: Io ci metto un'ora.

1. 7 minuti / bollire un uovo
2. 5 minuti / mangiare un buon piatto di pasta
3. 45 minuti / preparare la griglia
4. 1 ora / andare al ristorante italiano più vicino
5. 10 minuti / sparecchiare
6. 6 ore / cuocere un grande tacchino
7. 2 settimane / imparare a memoria 100 ricette di cucina italiana

B. Quanto c'è voluto?   Ora volgete al passato le frasi in esercizio A secondo il modello nell'esempio.

> **ESEMPIO:** 2 ore / preparare una cena perfetta
>> ST. 1: Ci sono volute due ore per cucinare una cena perfetta. Tu quanto ci hai messo?
>> ST. 2: Ci ho messo un'ora.

C. Modi di dire diversi.   Riscrivi le frasi usando i seguenti verbi al posto delle parole in corsivo.

andarci   avercela   cascarci   farcela   sentirci   tenerci   vederci   volerci

1. Due camerieri hanno litigato in sala ed ora il direttore *è arrabbiato* con loro.
2. *Sono necessarie* due ore per andare a quel buon ristorante ad Orvieto.
3. Accendi la luce. Non *posso vedere niente!*
4. C'è troppa pasta. Pensi che la tua mamma si offenderà se non *riesco* a finirla?
5. Quel ristorante non ha un buon cuoco. Non voglio *andare* a mangiare *lì*.
6. *È molto importante per me* che Lei assaggi almeno un po' di dolci.
7. Non *posso sentire* bene. Puoi ripetere ad alta voce?
8. È troppo intelligente e non *ha creduto alle tue bugie.*

D. Domande personali.   Rispondi alle seguenti domande usando **ci.**

1. Credi sempre a quello che ti dicono i camerieri?
2. Riesci a cucinare tutti i giorni?
3. Sei riuscito/a a capire la differenza tra la cucina del nord e quella del sud Italia?
4. Hai mai pensato di seguire un corso di cucina?
5. Da bambino/a andavi spesso al ristorante con i tuoi amici?
6. Dopo aver cenato, sei stato/a al cinema ieri sera?
7. Mangi spesso alla mensa dell'università?
8. Quando esci con i tuoi amici, vai spesso in pizzeria?

Il mondo di oggi nelle città, nei palazzi e nelle strade di ieri

Le secolari bellezze naturali, artistiche ed architettoniche italiane si scontrano giorno dopo giorno con la vita moderna che ha ritmi diversi e che richiede il suo spazio. Quindi, in molti casi, l'antico cede il passo al nuovo senza perdere però il fascino che da sempre lo contraddistingue. Anzi, proprio grazie a questo, semplicemente passeggiare o riposare nelle vie di una città, affittare una camera in un albergo o cenare in un ristorante può, il più delle volte, diventare un'esperienza culturale inaspettata. Non si contano più, infatti, le ville ed i castelli che sono stati convertiti in alberghi o le grotte naturali trasformate in ristoranti. Di volta in volta gli antichi spazi diventano musei, teatri, luoghi per sfilate di moda e oasi di riposo per turisti affaticati. A volte nemmeno i registi stranieri resistono alla tentazione e usano questi spazi come set per i loro film: pensate, solo per ricordarne alcuni, ad *Hannibal* (Firenze e gli Uffizi) e *The Italian Job* (Venezia).

DOMANDE

1. Tra queste foto, quale pensi che sia quella che meglio sottolinea la fusione di antico e moderno e perché?

2. Di questi incontri tra vecchio e nuovo, quale vorresti sperimentare e perché?

3. Quali film hai visto che sono stati ambientati in Italia? Perché pensi che sia stata scelta proprio l'Italia per girare questi film?

Un castello trasformato in ristorante sulla costiera amalfitana.

Le antiche Mura di Lucca sono diventate un paradiso per gli amanti del jogging e delle passeggiate.

Piazza del Popolo a Roma: anche quando si cerca un po' di riposo è possibile farlo senza allontanarsi dalle bellezze architettoniche della capitale.

Anche le più belle ville possono diventare hotel, come qui a Santa Margherita in Liguria.

Il *Giulio Cesare* prende vita sullo sfondo del Colosseo.

La mole Antoneliana di Torino ospita oggi il Museo Nazionale del Cinema, dove è possibile ammirare anche il «Moloc» di *Cabiria*, uno dei capolavori del cinema italiano datato 1910.

Ogni anno a Roma si svolge, sulla famosa scalinata di Piazza di Spagna, la sfilata di moda «Donne sotto le stelle».

Venezia diventa il set cinematografico ideale per *The Italian Job* di Gary Gray.

B *Ne*

Like **ci, ne** has a number of uses. As an adverb it replaces a prepositional phrase; as a pronoun it substitutes for a noun preceded by the preposition **di** and for a partitive. It can also replace a noun with a partitive meaning.

1] As an adverb, **ne** refers to a location. It can substitute for **da** + *place.*

da lì *from there*   da qui *from here*

Siamo arrivati al ristorante alle   *We got to the restaurant at 7:00*
7,00 e ce **ne** siamo andati a   *and left there at midnight.*
mezzanotte.

2] **Ne** can replace a noun or stressed pronoun preceded by the preposition **di.**

di lui *of / about him*   di questo *of / about this*
di lei *of / about her*   di quello *of / about that*
di loro *of / about them*

Il cameriere ti può suggerire   *The waiter can suggest a special*
un piatto particolare; me **ne** ha   *dish; he recommended a delicious*
suggerito uno squisito l'ultima   *one* (of those dishes) *to me last*
volta.   *time.*

Il nostro risotto è buonissimo.   *Our risotto is very good. I will*
Ve **ne** porto un assaggio (di quel   *bring you a taste of it.*
risotto).

3] **Ne** can replace a partitive or an expression of approximate quantity.

a. The partitive expresses an indefinite quantity using **di** + *definite article,*
alcune/i, un po' di, or other expressions of quantity.

Ho ordinato dei biscotti. **Ne**   *I ordered some cookies. Do you*
vuoi alcuni?   *want a few?*

—Hai un po' di zucchero da   *Do you have a little sugar that*
prestarmi?   *you can lend me?*

—Sì, **ne** ho tanto.   *Yes, I have a lot.*

b. **Ne** can also replace nouns modified by adjectives such as **molto,**
troppo, and **poco** that express indefinite quantities.

Farò molte foto per la nuova   *I will take many photos for the*
rivista di cucina.   *new cooking magazine.*

Ne farò molte per la nuova   *I will take many of them for the*
rivista di cucina.   *new cooking magazine.*

c. **Ne** can also replace nouns whose quantity is expressed with a number.

—Comprerai tre chili di pasta
per la cena?

*Will you buy three kilos of pasta
for the dinner?*

—No. **Ne** comprerò quattro.

No. I am going to buy four.

4] In compound tenses, the past participle agrees with **ne**. That is, it agrees with the noun that **ne** replaces.

—Quante ricette hai copiato dal
giornale?

*How many recipes did you copy
from the newspaper?*

—**Ne** ho copiate **tre**.

I copied three of them.

5] Sometimes **ne** is used redundantly.

Che **ne** dici di questo sugo?

What do you think of this sauce?

6] **Ne** follows the same rules of placement as other pronouns. When combined with another pronoun, **ne** appears last. When used with **ci, ci** becomes **ce: ce ne.**

—Hai comprato tante verdure
per me?

*Did you buy a lot of vegetables
for me?*

—**Te ne** ho comprate **tante**
(di verdure).

I bought a lot of them for you.

C'era molta gente alla cena
sabato sera.

*There were a lot of people at the
dinner Saturday evening.*

Ce n'era molta sabato sera.

*There were a lot (of people)
Saturday evening.*

Per fare la pasta, mi ha chiesto
delle uova e gli**ene** ho dat**e tre.**

*To make the pasta, he asked me for
some eggs and I gave him three
(of them).*

7] **Ne** is used idiomatically to ask the date: **Quanti ne abbiamo?**

8] The following verbs used with the pronoun **ne** have idiomatic meanings.

accorgersene *to become aware of*
andarsene *to go away; to leave*
importarsene *to care about
something*

non poterne più *not to be able to
put up with*
valerne la pena *to be worth it*

Non **ne posso più** di quel
ristorante. È troppo affollato!

*I can't take that restaurant anymore.
It's too crowded!*

Qualsiasi età è giusta per
un buon pasto in trattoria.

~~~~ PRATICA ~~~~

A. Un proprietario stressato. È la sera dell'apertura di un nuovo
ristorante e tu e il tuo socio (*business partner*) siete nervosi. Completa il
seguente dialogo rispondendo alle domande e cercando di usare **ci, ne** o
entrambi, facendo tutti i cambiamenti necessari.

TU: Speriamo che arrivi un po' di gente. Quanti inviti abbiamo
    mandato?

IL SOCIO: _Ne_ abbiamo mandat_i_ duecento. Se verranno tutti, non
    sapremo dove metterli. Piuttosto, quanta carne di manzo abbiamo
    ordinato per stasera?

TU: _Ne_ abbiamo ordinat_a_ circa 10 chili. Poi c'è un sacco d'altra
    carne e di pesce. Vedrai, non ci saranno problemi.

IL SOCIO: Ma, speriamo. Sono nervosissimo. Cameriere! Quante forchette
    hai messo vicino ai piatti?

CAMERIERE: _Ne_ ho mess_e_ due. Perché?

IL SOCIO: Come perché? _Ne_ vogliono tre, una per il primo, una per il
    secondo e una per il dolce!!! Presto, aggiungi_ne_ una! Non
    _ne_ posso più!

TU: Rilassati! Non vorrai farti vedere così dai clienti?

IL SOCIO: Hai ragione, ma non _ci_ riesco. E poi... Ecco, lo sapevo... il
    vino bianco... ho dimenticato di ordinarlo! C'è un'enoteca qui
    vicino?

TU: Sì, _c'_ è una in via Farnese. Ma voglio andar_ci_ io. Tu sei
    troppo stressato. Va bene preoccuparsi della salute dei clienti ma
    dobbiamo pensare anche alla nostra. Se dobbiamo morire per
    questo ristorante non _ne_ vale la pena!

B. Festa a sorpresa. A coppie, completate il seguente dialogo coniugando il verbo e usando **ci** e **ne** dove appropriato.

ALESSANDRO: Hai pensato di fare una festa a sorpresa per Federica?

FABIO: Sì, *ci ho pensato* (pensare) ma non so se *ci riuscirò* (riuscire).

ALESSANDRO: Certamente *ci possiamo* (potere / noi) riuscire! Bisogna pensare però a dove fare la festa.

FABIO: Pensavo di farla «Da Mario».

ALESSANDRO: Sì, ma lì è carissimo. Perché non chiediamo a Massimo? Cosa *Ne dici* (dire)?

FABIO: Già. Ma il suo ristorante è troppo piccolo. Quante persone possiamo invitare?

ALESSANDRO: *Ne possiamo* (potere) invitare una ventina. Hai ragione: è piccolo ma la cucina è ottima!

FABIO: È vero. Lo chef è straordinario e possiamo chiedergli di preparare delle lasagne.

ALESSANDRO: E dopo la cena potremo fare due salti.

FABIO: C'è posto per ballare?

ALESSANDRO: *ce ne è* (essere) un sacco!

FABIO: Perfetto. Mangiare, bere e ballare. Che serata divertente!

C. Una ricetta per te! Leggi gli ingredienti per fare i ravioli agli spinaci e poi rispondi alle domande usando la particella **ci**.

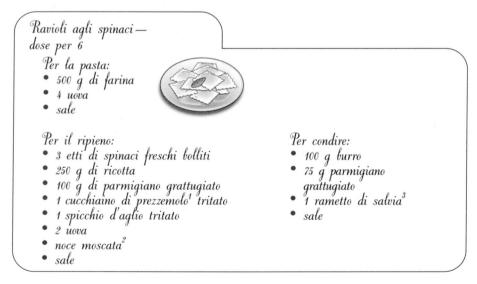

Ravioli agli spinaci —
dose per 6

Per la pasta:
- *500 g di farina*
- *4 uova*
- *sale*

Per il ripieno:
- *3 etti di spinaci freschi bolliti*
- *250 g di ricotta*
- *100 g di parmigiano grattugiato*
- *1 cucchiaino di prezzemolo[1] tritato*
- *1 spicchio d'aglio tritato*
- *2 uova*
- *noce moscata[2]*
- *sale*

Per condire:
- *100 g burro*
- *75 g parmigiano grattugiato*
- *1 rametto di salvia[3]*
- *sale*

1. parsley   2. nutmeg   3. sage

1. Hai mai provato a fare i ravioli?
2. Vorresti provare a prepararli?
3. Quali ingredienti metti nel ripieno?
4. Quale condimento metti sui ravioli?
5. Quanta ricotta ci vuole?
6. Quanti spinaci ci vogliono?
7. Quanti spicchi d'aglio ci vogliono?
8. Secondo te, quanto tempo ci vuole tra preparazione e cottura?

Adesso leggi le istruzioni per la preparazione dei ravioli e poi rispondi alle domande usando la particella **ne.**

Preparazione

1. Unite gli spinaci cotti e insaporiti nel burro soffritto e l'aglio tritato alla ricotta. Poi aggiungete il parmigiano, le uova, un po' di noce moscata grattugiata e un pizzico di sale.
2. Versate la farina sulla spianatoia[1], al centro rompetevi le uova, aggiungete un pizzico di sale e impastate[2]. Lavorate la pasta, dividetela a metà e conservatene una metà avvolta in una tovaglietta.
3. Stendete[3] la pasta, ricavatene dei[4] rettangoli e distribuite su una metà di ogni rettangolo un po' di ripieno. Coprite con l'altra metà e formate i ravioli.
4. Ripetete no. 3 con la pasta conservata a parte.
5. Cuocete i ravioli in 4 litri d'acqua salata.

1. counter   2. blend   3. roll out   4. cut it into

1. Hai mai mangiato dei ravioli fatti in casa?
2. Speri di fare dei ravioli fatti in casa?
3. Quanti spicchi d'aglio aggiungi agli spinaci?
4. Quanto sale deve essere aggiunto alle uova?
5. Quanto ripieno stendi su ogni rettangolo?
6. Quanti litri d'acqua occorrono per cuocere i ravioli?

II Il verbo *piacere* ed altri verbi simili

A *Piacere,* to like (literally, to be pleasing)

1] **Piacere** is ordinarily used in the third person singular or plural. The subject of the sentence is the person or thing liked, while the person who likes is the indirect object.

Ci **piace** il ragù.	*We like ragù.*
Ci **piacciono** le farfalle.	*We like bowtie pasta.*
La salsiccia **piace** a mio padre.	*My father likes sausage.*
I ravioli **piacciono** a mia sorella.	*My sister likes ravioli.*

When followed by an infinitive, **piacere** is conjugated in the third person singular.

Gli **piace preparare** gli gnocchi.   *He likes to prepare gnocchi.*

2] The most common grammatical constructions using **piacere** are

oggetto indiretto (o pronome oggetto indiretto)	verbo	soggetto
Ai giovani (gli)	piacciono	i prodotti biologici.

or

soggetto	verbo	oggetto indiretto
I prodotti biologici	piacciono	ai giovani.

Both sentences mean *Young people like organic products.*

3] **Piacere** can also be conjugated in the first and second persons to express the concept of affection between individuals. The present tense forms are

piacere	
piaccio	piacciamo
piaci	piacete
piace	piacciono

Tu mi **piaci** perché sei una persona avventurosa.	*I like you because you are an adventurous person.*
Voi **piacete** al cuoco perché vi **piace** mangiare!	*The cook likes you because you like to eat!*

4] **Piacere** is conjugated with **essere** in compound tenses and agrees with the subject in number and gender.

Gli **è** piaciu**ta** quella ricetta.   *He / They liked that recipe.*

Gli **sono** piaciu**te** quelle ricette.   *He / They liked those recipes.*

B Altri verbi simili

1] A number of common verbs are similar to **piacere** in formation and usage.

bastare *to suffice, to be enough*
dispiacere *to be sorry; to mind*
mancare *to miss; to be lacking*
occorrere *to need; to take* (time)

restare *to remain, to be left* (*over*)
servire *to be useful; to need*
succedere *to happen*

—Le **dispiace** che abbiano chiuso quel ristorante?

Are you sorry that they closed that restaurant?

—Sì, ma non mi **dispiacerebbe** andare a quell'altro.

Yes, but I wouldn't mind going to that other one.

—Gli **bastano** i bicchieri da vino?

Does he have enough wine glasses?

—Sì, ma gli **mancano** tre piatti per apparecchiare.

Yes, but he needs three more plates to set the table.

Vi **serve** un altro cucchiaio di servizio?

Do you need another serving spoon?

2] Like **piacere,** these verbs are conjugated with **essere** in compound tenses.

Perché non sei venuto? Cosa ti **è successo?**

Why didn't you come? What happened to you?

Gli **sono occorsi** vent'anni di lavoro per diventare capo cuoco.

It took him twenty years of work to become head chef.

Pasta od opera d'arte?

～～～～～ PRATICA ～～～～～

A. Per conoscersi un po' di più.　Scambiatevi le seguenti domande.

1. Ti dispiace non poter mangiare tutti i giorni la cucina di casa tua?
   Perché?
2. Cosa ti manca di più della cucina di casa?
3. Che cosa ti occorre non mangiare per seguire una dieta vegetaliana?
4. Quali ingredienti ti servono per preparare la tua specialità?
5. Che cosa ti occorre per mangiare bene?
6. Che cosa ti piace della tua cucina?
7. Che cosa ti manca nel frigorifero per preparare una buona macedonia?
8. Quante volte al giorno ti basta mangiare?

B. Meglio ieri di oggi?　Con un compagno / una compagna pensate a
come le cose andavano sei mesi fa rispetto ad oggi.

> **Esempio:** occorrere: studiare molto
> St. 1: Ti occorreva studiare molto?
> St. 2: Sì, mi occorreva studiare molto.
> > o No, non mi occorreva studiare molto, ma mi occorreva...
> St. 1: E oggi ti occorre studiare molto?
> St. 2: Sì, mi occorre studiare molto.
> > o No, non mi occorre studiare molto, ma mi occorre...

1. piacere: i corsi
2. piacere: mangiare in mensa
3. occorrere: un lavoro
4. occorrere: conoscere posti dove mangiare bene
5. bastare: i soldi
6. bastare: le ore di sonno
7. mancare: gli amici a casa
8. mancare: la cucina della mamma

C. Un ottimo ristorante, un pessimo ristorante?　A coppie, parlate di
un'esperienza che avete avuto recentemente al ristorante. Parlate della qualità
del cibo, del servizio e dell'ambiente. Usate i verbi **bastare, mancare, occorrere, restare, succedere, servire** e **piacere.** Create almeno sei frasi e presentate
l'esperienza del compagno / della compagna alla classe.

> **Esempio:** Mi sono piaciute le lasagne ma non mi sono bastate. Dopo
> aver mangiato avevo ancora fame.
> Ero triste a casa e questa cena mi è servita per sentirmi meglio.

Ci <u>bastano</u> le forchette per lo tavolo?

Mi manca Italia.

Mi Sono occorsi diece ore per completare il compito.

Che cosa è <u>successo</u> quando non <u>sei venuto</u> ieri sera?

Ci serve un'otra mela.

Mi è piaciuto la pasta che mia Nonna ha fatto.

BIBLIOTECA 2000

Recognizing Word Families

A word family is a group of words, related in meaning, that share a common root. For example, **produrre, prodotto,** and **produttore / produttrice** belong to the same word family. **Cuocere, cotto,** and **cuoco** also form a word family. Recognizing word families can help you guess the meanings of unfamiliar words.

PRE-LETTURA

A. Il seguente articolo ha vari esempi di famiglie di parole. Guarda l'articolo e trova tutte le parole possibili per completare le seguenti famiglie. Per alcune parole, non ci sarà tutta la famiglia. Poi, cerca di fornire le forme mancanti. Qualche volta ci può essere più di una forma nominale.

infinito	aggettivo	nome
alimentare		
derivare		
estrarre		
produrre		
consumare		
leggere		
conservare		

B. In gruppi di tre o quattro, discutete i vantaggi e gli svantaggi di seguire una dieta vegetariana. Parlate dei cibi che potete mangiare o che non dovete mangiare per mantenere una buona forma fisica e per mantenervi sani.

vantaggi	svantaggi

cibi sì	cibi no

Commenti
Lettere

GIOVEDÌ 22 LUGLIO 1999

Barbara Palombelli è nata e vive a Roma con il marito e due figli. Ha scritto per l'*Europeo, Panorama* ed il *Corriere della Sera* e ha lavorato per la radio e per la televisione italiana (RAI). Attualmente cura la rubrica della posta sul settimanale «Io donna» del *Corriere della Sera*.

Non sono chiare le etichette[1] alimentari

Cara signora Palombelli, sono una studentessa milanese di 26 anni e, da quasi 5 anni, sono vegetariana. Ciò significa che ho eliminato dalla mia alimentazione la carne ed il pesce, ma non ho rinunciato ad alcuni prodotti di origine animale, cioè a quelli che non provocano la morte dell'animale (ma purtroppo a causa dell'ottusità[2] umana, continuano a provocare sofferenza). Il motivo della mia protesta è un ingrediente del formaggio: il caglio[3].

Attivisti di associazioni animaliste e antivivisezioniste[4] che ho contattato via Internet (e che pubblicamente devo ringraziare per la loro gentilezza, sollecitudine[5] nel rispondermi e totale mancanza di ideologismo, di cui peraltro[6] spessissimo li si accusa), mi hanno spiegato che il caglio può essere di tre tipi: di derivazione animale (estratto dallo stomaco dell'agnello e del vitello), vegetale e chimico (cioè sintetizzato in laboratorio). Il problema è che non c'è verso[7] di far scri-

vere sulle etichette dei prodotti che tipo di caglio è stato utilizzato. Basterebbe aggiungere alla parola «caglio» uno dei tre maledetti aggettivi suddetti[8]. Queste persone mi hanno anche spiegato che chiunque, privatamente, avesse chiesto alle industrie produttrici quest'informazione, si sarebbe scontrato con[9] una sorta di «muro di gomma». Come se non fosse un diritto del consumatore sapere esattamente cosa ingoia[10].

Non tutti si possono permettere di fare la spesa nei supermercati biologici. Quindi un atteggiamento di questo tipo da parte dei produttori e la totale indifferenza dei consumatori, mi indigna, mi manda in bestia[11]! E non riguarda solo il caglio. Ci sono prodotti con ingredienti scritti solo in una lingua (non inglese o francese, ma magari giapponese) ed etichette che riportano la dicitura[12] «conservanti» o «coloranti» senza elencare dettagliatamente quali coloranti e conservanti sono stati usati. E anche in queste due categorie vengono usati prodotti animali.

Dove sono coloro che si riempiono la bocca di «trasparenza» e «tutela dei consumatori»? Per me questo è un grosso problema, perché io ho scelto un modo di vivere e pretendo che nessuno mi impedisca di vivere come desidero. Devo avere tutte le informazioni, e ciò non mi è consentito. Per non parlare poi delle industrie cosmetiche che sperimentano i loro prodotti sugli animali e che si guardano bene dal comunicarlo sulle etichette.

Alessandra Dragoni

---

1. labels   2. slowness   3. rennet (*used to curdle milk*)   4. opponents of medical research on animals   5. attention, concern   6. moreover   7. **non...** there is no way   8. above-mentioned   9. **si...** would run up against   10. swallows   11. **mi manda...** I fly into a rage   12. wording

I VEGETARIANI sono tantissimi sempre di più. Per questo, la battaglia di Alessandra mi sembra sacrosanta[13]. Il problema dell'etichettatura degli alimenti sarà—ne sono certa—una delle grandi battaglie del prossimo secolo. Fra cibi biologici, transgenici[14], con o senza conservanti... il diritto di scelta che noi consumatori dobbiamo pretendere di poter esercitare[15] diventerà un diritto centrale, pro-prio come furono centrali i diritti civili in quello che è quasi il secolo scorso. Chiederemo sempre di più etichette chiare, leggibili, comprensibili, ci batteremo per sapere cosa mangiamo... E le aziende che per prime forniranno ragguagli[16] sul contenuto dei cibi e delle bevande verranno senz'altro premiate dai cittadini.

---

13. sacred, indisputable   14. genetically altered   15. to exercise, to exert   16. details, information

COMPRENSIONE

1. Descrivi il problema della ragazza che ha scritto la lettera a Barbara Palombelli.
2. Qual è la sua posizione sulle etichette?
3. Che cosa contesta?
4. Cosa vuol dire la studentessa quando scrive: si sarebbe scontrato con una sorta di «muro di gomma»?
5. Molti negozi oggi vendono prodotti biologici e prodotti di origine animale e assicurano che gli animali siano stati trattati bene. Questi prodotti sono spesso molto cari. Cosa pensi di questo tipo di negozio?
6. C'è una differenza significativa tra questi prodotti e gli altri?
7. Tu leggi le etichette sui prodotti che compri? Se sì, le leggi prima o dopo aver comprato i prodotti?
8. Quali sono le informazioni sulle etichette che ritieni importanti?

DI PROPRIA MANO

Writing a Formal Letter

Both spoken and written language vary with the situation. There are several basic differences between an informal letter and a formal one. When writing a formal letter, the polite third person form (**Lei**) is used. The salutation and closing are also more formal than in an informal letter.

SALUTATIONS

Egregio/a
Distinto/a } + title of the person addressed + colon
Gentile

Distinti saluti
Cordiali saluti

The format of a formal letter is the same as that of a casual letter. The city and date are written in the upper right corner of the first page, and the first sentence begins with a lower-case letter.

SCRITTURA

Scrivi una lettera formale a Barbara Palombelli in cui chiedi consiglio su qualsiasi argomento legato al mangiare: ad esempio, può essere lo spreco di cibo nel mondo, la qualità del cibo alla mensa, i pesticidi sulle verdure e sulla frutta, il costo del cibo biologico o le differenze tra il cibo biologico e quello venduto nei supermercati.

Prima di scrivere la lettera, fa' una lista delle idee più importanti che vuoi includere. Poi scegli quelle più convincenti. Concludi la lettera con un riassunto dell'argomento e con una domanda per Barbara Palombelli. Prima di mandare la lettera, controllala per il formato, la punteggiatura e l'ortografia.

BLOCK NOTES

In questo capitolo hai avuto la possibilità di scoprire nuove particolarità relative alla cucina italiana. In base alle letture fatte, all'attività Web e alla discussione in classe, scrivi le tue osservazioni su uno dei seguenti punti.

1. Paragona la cucina italiana che hai scoperto in queste pagine a quella che conoscevi o che ti era stata presentata nel tuo paese.

2. Quali sono le tue scelte in fatto di cibo? Scegli spesso di acquistare prodotti biologici o guardi prima il prezzo? Spiegane le ragioni.

3. Descrivi le tue abitudini alimentari settimanali e poi spiega se si tratta di una dieta sana oppure no.

CAPITOLO 6

Tarantella, malocchio e... ?

Communicative Objectives

- Talk about Italian traditions, festivals, and holidays
- Discuss superstitions
- Refer to events in the distant past
- Talk about fairy tales and fables

Internet Café

Indirizzo: http://italian.college.hmco.com/students

Attività: Ritorno al... passato

In classe: Stampa lo stemma della tua contrada, portala in classe e mostrala ai compagni mentre spieghi le caratteristiche che la contraddistinguono.

Il battesimo del cavallo di una contrada prima del Palio a Siena.

117

Tarantella, malocchio e... ?

Il grande attaccamento che lega gli italiani alle proprie città ha contribuito enormemente a mantenere intatte le radici storiche e folkloriche che caratterizzano l'intera penisola. Alcune ricorrenze° sono comuni a tutta la penisola, ma molte altre appartengono° solo a singoli paesi o città. Le feste nazionali si limitano a quelle dettate° dal calendario cattolico (Natale e Pasqua le più importanti) o a quelle in ricordo di grandi avvenimenti storici e civili (la fine della II guerra mondiale, l'istituzione della Repubblica, la festa dei lavoratori, ecc.).

Altre feste molto importanti sono poi quelle patronali°: ogni città, ogni paesino, infatti, ha un santo protettore (patrono) per il quale si organizzano processioni, sagre° e manifestazioni folkloriche. Sempre su questo piano saranno da vedere le numerose feste di rievocazione storica° di cui il Palio di Siena è l'esempio più famoso.

Al mondo folklorico si legano° altri due importanti aspetti di ogni cultura: quello favolistico° e quello della superstizione. Ogni regione ha un proprio patrimonio favolistico e proverbiale che si tramanda° oralmente di generazione in generazione e che si lega strettamente alla cultura linguistica, storica e ambientale in cui la favola è nata. Italo Calvino, uno dei più importanti scrittori italiani, ha pubblicato una raccolta di favole italiane, ripulite dalle influenze dialettali e diventate così patrimonio comune di tutta la penisola.

Per quanto riguarda le superstizioni, nella maggior parte dei casi, appartengono a tutta la cultura occidentale e non alla sola penisola italiana: i gatti neri, gli specchi rotti, il rovesciare° il sale, il passare sotto una scala «portano sfortuna», infatti, non solo in Italia. Quello che caratterizza gli italiani sono forse i fantasiosi metodi per tenere lontana la sfortuna: incrociare° le dita, fare le corna°, portare con sé un cornetto° e naturalmente l'aglio che, oltre a proteggere dai vampiri, tiene lontano il malocchio°.

festivities

belong

dictated

pertaining to a patron saint

festivals

rievocazione... *historical reenactment*

si... *are linked*

pertaining to fables or fairy tales / **si...** *is handed down*

spilling

to cross

fare... *an Italian gesture that has the same significance as "knock on wood" / little horn / evil eye*

Un gruppo di danza tradizionale viene applaudito dopo aver ballato una tarantella.

~DOMANDE~

Handwritten notes in margin:
1. *il quattro di luglio*
2. *Halloween*
3. *Memori. Il giorno di memoriale.*
4. *Thanksgiving*

1. Quali sono le feste nazionali nel tuo paese? Quali celebrano avvenimenti storici e quali altri avvenimenti? Quali si celebrano anche in Italia?
2. Quali sono le tradizioni folkloriche della tua città o della tua regione? Sono originarie della tua cultura o sono state assimilate da altri paesi e altre tradizioni?
3. Quali sono le favole che ricordi con più piacere? Ti raccontavano favole quando eri bambino/a? Ci sono favole che hai sentito solamente in casa tua?
4. Pensi che esistano cose che portano sfortuna? Quali sono i gesti scaramantici o gli amuleti che usi per tenere lontana la sfortuna?
5. Nell'attività Web hai potuto vedere che in Italia ci sono alcune tradizioni popolari antiche che vengono mantenute ancora oggi. Puoi pensare a qualcosa di simile nella tua città o in una città che hai visitato?

LESSICO.EDU

Le feste

la Befana *a benevolent witch who brings toys to good children and coal to bad ones on January 6 (Epiphany)*
il Capodanno *New Year's Day*
la colomba *traditional Easter cake in the shape of a dove*
il discorso *speech*

i fuochi artificiali *fireworks*
il Natale *Christmas*
il pandoro *traditional Christmas cake*
il panettone *traditional Christmas cake*
la Pasqua *Easter*
il patrono *patron*

la Quaresima *Lent*
la sfilata *parade*
il torrone *traditional Christmas nougat*
le uova di Pasqua *chocolate Easter eggs*

La superstizione

l'amuleto *amulet*
il / la chiromante *fortune-teller*
fare le corna* *to knock on wood*
In bocca al lupo! / Crepi il lupo! *Good luck! / Thank you!***
il malocchio *evil eye*
portare fortuna *to bring luck*

portare sfortuna *to bring bad luck*
scaramantico/a *superstitious*
la scaramanzia, lo scongiuro *superstitious practice*
scongiurare *to ward off bad luck*

il soprannaturale *supernatural*
il talismano *talisman*
toccare ferro *to knock on wood (literally, to touch iron)*
tramandare *to pass down, to transmit*

Altre parole ed espressioni utili

la cultura contadina *peasant culture*
la favola, la fiaba *fairy tale, fable*

il folklore *folklore*
il gesto *gesture*
stagionale *seasonal*

l'usanza, gli usi, i costumi *customs*

---

* **Fare le corna** has a number of meanings. In this context it refers to an Italian gesture that has the same meaning as knocking on wood.

** Literally, *In the mouth of the wolf! / May the wolf die!*

La sfilata dei carri al carnevale di Viareggio in Toscana.

～～ PRATICA ～～

A. La tradizione delle feste. Completa la descrizione delle feste con le parole appropriate.

usanze	torrone	fortuna	Pasqua
tramandano	ricorrenze	uova di Pasqua	Natale
panettone	stagionali	Capodanno	colomba
patronali			

Molto spesso alle _____ religiose più importanti corrispondono tradizioni che si _____ da moltissimo tempo. La tradizione si conserva soprattutto per l'aspetto della cucina e ad ogni festa troviamo diversi piatti che possono definirsi _____. In dicembre il _____ viene festeggiato con grandi pranzi in tutta Italia con tradizioni che differiscono di città in città: ma il _____, il pandoro e il _____ sono riusciti a superare la dimensione cittadina per diventare un patrimonio comune dell'Italia. Il 31 dicembre, per il cenone di _____, si mangiano le lenticchie che si dice portino _____. Dopo il Carnevale in febbraio o marzo, inizia la Quaresima che termina con la _____: anche qui la tradizione della cucina varia di luogo in luogo ma due dolci, le _____ al cioccolato e la _____, sono consumati in tutta Italia. Per le feste _____ ogni città ha le proprie _____ e durante le sagre vengono preparati menu speciali per festeggiare il Santo protettore della città o del paese.

«E c'è qualcuno che pensa che porti sfortuna!»

B. Paese che vai, usanza che trovi. (*When in Rome, do as the Romans do.*) Davanti alle cose che portano sfortuna esistono diversi sistemi per difendersi. Con un compagno / una compagna, guardate le due liste qui sotto. Combinate ogni fatto con il sistema per neutralizzarlo.

> **ESEMPIO:** malocchio / usare l'aglio
> Per difendersi dal malocchio si può usare l'aglio.

1. gatto nero che attraversa la strada
2. specchi rotti
3. passare sotto le scale
4. rovesciare il sale

a. rimetterne insieme i pezzi
b. fermarsi e lasciare passare un'altra persona
c. raccoglierne un po' e buttarlo dietro le spalle
d. tornare indietro e passarci di lato

E ora pensate ad almeno altre due cose che portano sfortuna e offrite alla classe la vostra soluzione per potersi difendere.

C. La mia festa preferita. Con un compagno / una compagna, pensate alle due feste nazionali storiche o civili che per voi sono più importanti. Descrivete come si celebrano questi avvenimenti in casa e nell'intera nazione e presentatelo alla classe.

D. Perché non festeggiamo anche questo? Ora, con un compagno / una compagna, pensate ad un aspetto della vita sociale e/o civile che vorreste festeggiare e che non è contemplato tra le feste nazionali. Spiegate le vostre ragioni e descrivete come lo festeggereste.

STUDIO REALIA

A. I gatti neri? Portano davvero male... ma soltanto a chi soffre di allergia! In questo articolo (pagina 122) vengono spiegate le possibili ragioni scientifiche per cui fin dai tempi antichi il gatto nero veniva associato ad eventi sfortunati. Leggi e scopri quali sono queste ragioni.

RICERCA USA: IL LORO PELO PROVOCA PIÙ FACILMENTE TOSSE E STARNUTI

SAN DIEGO (California) — Non era una leggenda, dunque, e non è solo superstizione: i gatti neri portano davvero male. Ma solo a chi soffre di allergia: il loro pelo (o meglio una proteina contenuta nella saliva, che i felini usano come «detersivo» per il pelo) avrebbe infatti degli effetti molto più forti sugli allergici; farebbe starnutire[1] e lacrimare[2] di più, rispetto a quello dei soriani[3] o di qualsiasi altro felino di colore chiaro. Questo, almeno, hanno rivelato due ricerche scientifiche presentate al congresso annuale dell'Accademia americana di allergia a San Diego in California. La spiegazione precisa non è stata ancora trovata, anche se i ricercatori ipotizzano che il pelo nero trattenga[4] molti più fattori allergogeni[5] rispetto a quello chiaro. Ma sulla realtà del fenomeno, la statistica lascia pochi dubbi: su 60 proprietari di felini intervistati dagli studiosi, 29 rivelano sintomi moderati di allergia, riconducibili al[6] gatto domestico, mentre 31 hanno sintomi molto deboli o stanno benissimo; e se poi si restringe[7] lo studio ai più sofferenti, trovare nelle loro case un felino color della pece[8] è sei volte più probabile che trovarne uno chiaro. [...]

1. to sneeze   2. to water (*one's eyes*)   3. European tabby cats   4. retains   5. that cause allergies   6. **riconducibili...** traceable to   7. **si...** is narrowed   8. pitch

Come esiste una spiegazione per la cattiva fama del gatto nero è possibile che sia così anche per le altre superstizioni che abbiamo visto. In gruppi di tre o quattro, provate a pensare a una o più ragioni possibili per la nascita delle superstizioni sul passare sotto una scala, sul rovesciare il sale e sul rompere uno specchio.

Al centro un uomo, dopo aver espresso un desiderio, getta una moneta dietro le sue spalle nella Fontana di Trevi per vederlo esaudito.

B. Scaramanzie personali. Ci sono persone che pensano di avere indumenti fortunati per gli appuntamenti, altre hanno penne fortunate per gli esami, gli sportivi poi hanno tantissime superstizioni. Leggete le scaramanzie di alcuni studenti universitari di Parma per affrontare gli esami e poi, in gruppi di quattro, pensate a qualcosa che voi usate o fate per evitare la sfortuna o per attirare la fortuna. Se non siete superstiziosi pensate a qualcuno che conoscete. Scrivete almeno un esempio ciascuno e poi presentate i due più originali alla classe.

SUPERSTIZIONI UNIVERSITARIE

Alessandra — Io continuo a vestirmi con la stessa maglietta; se è estate la indosso sopra, se invece è inverno la porto sotto un maglione o un altro capo d'abbigliamento. Perché? Semplice: l'ho indossata per la prima volta all'esame di maturità e mi ha sempre portato bene finora...

Annamaria — Beh, non c'è niente di meglio che i buoni vecchi affidabili santini[1], no? Ne porto sempre uno con me nel portafoglio, e in particolare mi affido a S. Antonio: che me la mandi buona! Però non sempre il rito dà risultati: evidentemente talvolta sono così impreparata che neanche una pazienza da santo è in grado di aiutarmi!

Massimo — Io indosso sempre i calzini rossi, come i neozelandesi... no, sto scherzando! Non ho assolutamente alcun rituale scaramantico prima di un esame, anzi, mi diverto a «sfidare»[2] la sorte andando un po' controcorrente[3], magari passando sotto le scale, forzando i gatti neri ad attraversare la strada, aprendo ombrelli in luogo chiuso, ecc. Non rompo gli specchi perché ci si può tagliare[4] e perché poi chi li paga?

1. **affidabili...** trustworthy holy pictures   2. challenge   3. **andando...** going a little against the mainstream   4. **ci...** you can cut yourself

C. Superstizioni per tutti. Qui sotto trovate elencate alcune situazioni che vengono considerate come portatrici di sfortuna da alcune persone in Italia. Girate per la classe e trovate due compagni/e un po' superstiziosi/e che credono al pericolo di trovarsi in una delle situazioni riportate o in una non presente nella tabella. Chiedete loro quale azione scaramantica usino per allontanare la sfortuna.

superstizioni	nome	scaramanzia / amuleto
rompere uno specchio in casa		
dovere fare una cosa importante di venerdì 17 (o venerdì 13)		
rovesciare del sale		
passare sotto una scala		
l'oroscopo quotidiano sfavorevole		

GRAMMATICA & CO.

I Il passato remoto

The **passato remoto,** often referred to in English as the *historical past,* is most commonly used in literature when referring to the distant past.

A Formazione del passato remoto

1] The regular forms of the **passato remoto** are as follows.

ballare	possedere	guarire
ballai	possedei (possedetti)	guarii
ballasti	possedesti	guaristi
ballò	possedè (possedette)	guarì
ballammo	possedemmo	guarimmo
ballaste	possedeste	guariste
ballarono	possederono (possedettero)	guarirono

Note that second-conjugation (**-ere**) verbs have alternative first person singular and third person forms.

2] **Essere** and **avere** are irregular in the **passato remoto.**

essere		avere	
fui	fummo	ebbi	avemmo
fosti	foste	avesti	aveste
fu	furono	ebbe	ebbero

3] The only irregular first-conjugation (**-are**) verbs are **stare, fare,** and **dare.**

stare		fare		dare	
stetti	stemmo	feci	facemmo	diedi (detti)	demmo
stesti	steste	facesti	faceste	desti	deste
stette	stettero	fece	fecero	diede (dette)	diedero (dettero)

4] Most verbs that are irregular in the **passato remoto** are second-conjugation (**-ere**) verbs. Their irregularities generally occur in the first person singular and third person singular and plural. The third person forms follow the pattern of the first person.

Palio di Siena
LORO LO CORSERO,
VOI LO RIVIVRETE
videocassette a
partire da 15 euro

accorgersi	
mi **accorsi**	ci accorgemmo
ti accorgesti	vi accorgeste
si **accorse**	si **accorsero**

Verbs that follow this pattern include the following.

accendere (*to light, to turn on*)	**accesi**	piacere	**piacqui**
cadere	**caddi**	piangere (*to cry*)	**piansi**
chiedere	**chiesi**	prendere	**presi**
chiudere	**chiusi**	rimanere	**rimasi**
conoscere	**conobbi**	rispondere	**risposi**
correre	**corsi**	sapere	**seppi**
crescere (*to grow*)	**crebbi**	scegliere (*to choose*)	**scelsi**
decidere	**decisi**	scendere	**scesi**
dipingere (*to paint*)	**dipinsi**	scrivere	**scrissi**
evolvere (*to evolve*)	**evolsi**	spegnere (*to turn off*)	**spensi**
giungere (*to arrive, to join*)	**giunsi**	spendere (*to spend*)	**spesi**
leggere	**lessi**	spingere (*to push*)	**spinsi**
mettere	**misi**	succedere (*to happen*)	**successi**
mordere (*to bite*)	**morsi**	tenere	**tenni**
nascere	**nacqui**	vedere	**vidi**
parere (*to appear*)	**parvi**	vivere	**vissi**

5] **Bere, dire,** and **venire** are also irregular.

bere		**dire**		**venire**	
bevvi	bevemmo	dissi	dicemmo	venni	venimmo
bevesti	beveste	dicesti	diceste	venisti	veniste
bevve	bevvero	disse	dissero	venne	vennero

6] **Produrre** and related verbs follow this pattern in the **passato remoto.**

produrre	
produssi	producemmo
producesti	produceste
produsse	produssero

Other verbs like **produrre** include: **condurre** (condussi), **dedurre** (dedussi), **ridurre** (ridussi), and **tradurre** (tradussi).

B Usi del passato remoto

1] The **passato remoto,** like the **passato prossimo,** expresses a completed past action. It is usually used to refer to events in the distant past.

| Mio nonno mi **lesse** tutte le favole di Calvino quando ero giovane. | *My grandfather read all of Calvino's fables to me when I was young.* |
| Calvino **nacque** nel 1923 a Cuba e **morì** nel 1985 a Siena. | *Calvino was born in 1923 in Cuba and died in 1985 in Siena.* |

2] The **passato remoto** is less common in speech than in writing. But because it is routinely used in literature and to refer to historical events, it is important to recognize its forms.

| Oltre alle sue opere letterarie, Calvino **scrisse** articoli per vari settimanali tra i quali *L'unità.* | *Besides his literary works, Calvino wrote articles for a number of newspapers, including* L'unità. |

3] In spoken Italian, the **passato prossimo** is often used in place of the **passato remoto.** Use of the **passato remoto** varies by region: it is more common in Tuscany and in southern Italy, where it is sometimes used to refer to the recent past.

| Ieri **preparai** le frittelle di riso per la festa di San Giuseppe. | *Yesterday I made rice fritters for Saint Joseph's feast day.* |

4] In narrations, the **passato remoto** is used like the **passato prossimo:** it relates completed actions, whereas the **imperfetto** is used for description and ongoing and habitual actions.

| Intanto **incominciò** a farsi notte, e Pinocchio, ricordandosi che non aveva mangiato nulla, **sentì** un'uggiolina allo stomaco, che somigliava moltissimo all'appetito. | *Meanwhile it started to get late and Pinocchio, remembering that he hadn't eaten, felt a pang in his stomach that was very similar to hunger.* |

Note that the **passato remoto** and **passato prossimo** are not used together.

~~~~~ PRATICA ~~~~~

A. La ragazza mela.   Leggi il seguente brano e sottolinea le forme del passato remoto. Poi scrivi gli infiniti.

In faccia a questo Re ce ne stava un altro, e quest'altro Re, un giorno che stava affacciato alla finestra, <u>vide</u> sul terrazzo del Re di fronte una bella ragazza bianca e rossa come una mela che si lavava e pettinava al sole. Lui <u>rimase</u> a guardare a bocca aperta, perché non aveva mai visto una ragazza così bella. Ma la ragazza appena s'<u>accorse</u> di essere guardata, <u>corse</u> al vassoio, <u>entrò</u> nella mela e <u>sparì</u>.

gli infiniti

1. <u>vedere</u>   4. <u>correre</u>

2. <u>rimanere</u>   5. <u>entrare</u>

3. <u>accorgersi</u>   6. <u>sparere</u>

B. Pinocchio.   A coppie, coniugate i verbi al passato remoto.

Maestro Ciliegia _____ (trovare) un pezzo di legno. Lui _____ (regalare) il pezzo di legno all'amico Geppetto. Geppetto _____ (prendere) il legno e _____ (decidere) di fabbricarsi un burattino meraviglioso. Geppetto _____ (cominciare) subito a lavorare. Quando Geppetto _____ (finire) il burattino gli _____ (dare) il nome Pinocchio. Poco dopo Pinocchio _____ (conoscere) il Grillo parlante. Il Grillo parlante _____ (spiegargli) la differenza tra ragazzi cattivi e quelli buoni. Pinocchio _____ (ascoltarlo) ma poi _____ (fare) il contrario.

C. Scacciare il demone con la tarantella.   Completa con la forma corretta del passato remoto.

La storia della tarantella _____ (avere) inizio nell'Italia del sud con la cultura contadina e _____ (venire) spesso collegata alle favole e ai riti della terra e degli astri. La tarantella _____ (nascere) come pratica di guarigione (*healing*). Nella leggenda un ragno (*spider*) nero _____ (mordere) una persona che a causa del morso _____ (cominciare) a tremare come se ballasse. La leggenda dice che ballando _____ (riuscire) a scacciare il demone che lo possedeva. Più tardi, la gente _____ (suonare) anche gli strumenti e le percussioni per animare il ballo con la musica. Tramandandosi oralmente di generazione in generazione, la tarantella _____ (evolversi) in un ballo collettivo con molte funzioni, usata in feste rituali e in serenate per gli innamorati.

Riproduzioni del burattino più famoso del mondo sono vendute nei mercati di tutta Italia.

D. Una casa fantasma.   Completa il seguente racconto con il passato remoto o l'imperfetto del verbo.

In una casa fantasma non lontano da Chicago i vicini di casa _____ (udire) dei rumori molto forti. I colpi _____ (raggiungere) tutti. Erano tanto continui e fastidiosi che i vicini _____ (volere) demolire l'abitazione che era rimasta vuota. Sei mesi prima la casa _____ (essere) occupata da una famiglia di quattro persone che improvvisamente la _____ (abbandonare). Un giorno quella famiglia _____ (fare) trasloco e nessuno la _____ (vedere) più. I vicini _____ (pensare) che i rumori sarebbero terminati con l'andar via della famiglia ma invece _____ (ripetersi) tutte le notti. _____ (dovere / Loro) assolutamente fare qualcosa. Ma cosa? La demolizione _____ (essere) proposta ma non tutti _____ (accettare) perché _____ (esserci) alcuni che _____ (credere) che la casa fosse abitata dallo spirito di una signora anziana che _____ (conoscere) la magia nera e ne _____ (avere) paura.

E. Il ventesimo secolo.   In gruppi di tre, fate una lista delle dieci cose più significative avvenute nel ventesimo secolo. Poi presentate i risultati alla classe. Formate frasi complete usando il passato remoto.

> **ESEMPIO:**   L'uomo mise piede sulla luna.

F. In famiglia.   Porta in classe una vecchia foto di famiglia. Racconta ad un tuo compagno / una tua compagna la storia dietro la foto.

Ⅱ Il trapassato remoto

The **trapassato remoto** expresses a completed past action that occurred before another completed past action.

A Formazione del trapassato remoto

The **trapassato remoto** is formed with the **passato remoto** of **avere** or **essere** and the past participle.

proporre	rimanere
ebbi proposto	fui rimasto/a
avesti proposto	fosti rimasto/a
ebbe proposto	fu rimasto/a
avemmo proposto	fummo rimasti/e
aveste proposto	foste rimasti/e
ebbero proposto	furono rimasti/e

B Usi del trapassato remoto

1] The **trapassato remoto** is used only in subordinate clauses, introduced by **quando, dopo che,** or **(non) appena (che),** when the verb in the main clause is in the **passato remoto.**

Dopo che la bella addormentata **ebbe mangiato** la mela, si addormentò.	*After Sleeping Beauty had eaten the apple, she fell asleep.*
Non appena fui uscita, vidi un gatto nero.	*As soon as I went out, I saw a black cat.*
Quando avemmo spento la luce, il rumore ritornò.	*When we had turned off the light, the noise came back.*

2] Note that with **dopo che** + *trapassato remoto* the subject of the two clauses is usually different. When the subject is the same, **dopo** + *past infinitive* is preferred.

Dopo essere andati a letto, **spensero** le luci.	*After they had gone to bed, they turned off the lights.*

～～～～～～ **PRATICA** ～～～～～～

A. Biancaneve e i sette nani. Abbina le frasi in colonna A a quelle in colonna B in modo logico.

colonna A	colonna B
1. Dopo che la regina ebbe ordinato al servo di uccidere la principessa, il servo...	a. vide il principe
2. Appena fu fuggita nel bosco...	b. Biancaneve cominciò a piangere
3. Appena ebbe sentito le parole dello specchio magico, la regina...	c. si svegliò
4. Dopo che il principe l'ebbe baciata...	d. ci rimase male perché non lo voleva fare
5. Quando ebbe aperto gli occhi...	e. capì tutto

B. La lettera misteriosa. Completa il seguente brano con il passato remoto, il trapassato remoto o l'imperfetto.

Dopo aver messo la chiave nella serratura, io _____ (aprire) lentamente la porta. _____ (entrare) pian piano e _____ (posare) la busta sulla tavola. Non _____ (conoscere) il contenuto della lettera ed _____ (essere) curioso. _____ (guardarsi) intorno. Non _____ (vedere) nessuno. Tutti _____ (dormire). Non appena _____ (decidere) di aprire la busta, _____ (ricordarsi) le parole dell'autore della lettera. Io non _____ (sapere) se era uno scherzo o una minaccia ma _____ (essere) meglio non rischiare. E allora _____ (andarsene).

C. La festa di San Giovanni. Completa il brano con il passato remoto, il trapassato prossimo o remoto o l'imperfetto.

Molti anni fa quando io _____ (venire) a Firenze per la prima volta, _____ (festeggiare) la Festa di San Giovanni il 24 giugno con i miei amici fiorentini. Dopo che _____ (sistemarsi / io) in albergo, noi _____ (andare) a vedere la partita di calcio dove _____ (avere) posti a sedere, perché l'anno prima i nostri amici li _____ (prenotare). I fiorentini _____ (arrivare) molto presto per vedere la partita. Allora non _____ (esserci) i maxingorghi (*huge traffic jams*) sui viali come ci sono oggi perché tutti _____ (andare) a piedi. Dopo aver visto la partita, noi _____ (dirigersi) verso i ponti per vedere i fuochi d'artificio. Quell'anno i fuochi _____ (durare) 30 minuti. Erano bellissimi e io _____ (divertirsi) tantissimo.

D. Che cosa successe dopo che... Completa le seguenti frasi, inventando la seconda azione e mettendola nella forma corretta del passato remoto.

1. Dopo che ebbe conosciuto Marta, ...
2. Non appena ebbero sentito il rumore, ...
3. Quando si fu svegliato, ...
4. Dopo che foste entrati nell'aula, ...
5. Appena si furono sposati, ...
6. Dopo che ci ebbe letto l'oroscopo, ...
7. Quando ebbero terminato di parlare, ...
8. Dopo che Marco ebbe finito di raccontare la favola, ...

III Aggettivi e pronomi indefiniti

Indefinite adjectives and pronouns indicate people and things without specifying their number or identity. Some indefinites are used only as adjectives, some only as pronouns, but many can be used as both adjectives and pronouns. An indefinite adjective modifies a noun. An indefinite pronoun stands alone and replaces a noun.

INDEFINITE ADJECTIVE

Molte persone credono ancora alle scaramanzie.

Many people still believe in superstitious practices.

INDEFINITE PRONOUN

Molti credono ancora alle scaramanzie.

Many still believe in superstitious practices.

This chart lists the most common indefinite adjectives and pronouns.

aggettivi	pronomi
ogni *every*	ognuno/a *everyone, each*
qualche *some*	qualcuno/a *someone, some*
qualunque *any*	qualcosa *something*
qualsiasi *any*	chiunque *anyone*
	nulla, niente *nothing*

A ogni Santo, la sua festa.

A Aggettivi indefiniti

Ogni, qualche, qualunque, and **qualsiasi** are the most common indefinite adjectives. Each of these adjectives is invariable and takes a singular noun, even though the concept it expresses is often plural.

Qualche giovane non crede più al malocchio.	*Some young people don't believe in the evil eye anymore.*
Ogni paese ha i propri gesti per portare fortuna e per scongiurare la sfortuna.	*Every country has its own gestures to invoke good luck and ward off bad luck.*
Qualunque amuleto lei si metta, le porta fortuna.	*Whatever charm she wears brings her good luck.*
Qualsiasi persona è benvenuta alla sagra.	*Anyone is welcome at the festival.*

B Pronomi indefiniti

1] **Ognuno, qualcuno, qualcosa, chiunque, nulla,** and **niente** are used only in the singular form.

Era sconsigliato fare il malocchio a **qualcuno.**	*It was ill-advised to cast the evil eye on someone.*
Venerdì 17: ad **ognuno** la propria scaramanzia.	*Friday the 17th: to each person his/her own superstition.*
Chiunque ci creda è troppo superstizioso.	*Whoever believes that is too superstitious.*

2] **Qualcosa** is considered masculine for purposes of agreement.

Qualcosa è sbagliato.	*Something is wrong.*

3] When **qualcosa** is followed by an adjective, the adjective is preceded by the preposition **di.**

Vide **qualcosa di strano.**   *He saw something strange.*

When **qualcosa** is followed by an infinitive, the infinitive is preceded by the preposition **da.**

La strega buona offrì **qualcosa da mangiare** ai bambini.   *The good witch offered the children something to eat.*

4] **Niente** and **nulla** are also followed by **di** + *adjective* or **da** + *infinitive.*

Non scoprirono **niente di interessante.**   *They didn't discover anything interesting.*

Non c'era **nulla da fare.**   *There was nothing to be done.*

C Aggettivi e pronomi indefiniti

The following indefinites are used as both adjectives and pronouns.

aggettivi indefiniti	pronomi indefiniti
alcuni/e *some, a few* **Alcune** favole finiscono bene. *Some fairy tales have happy endings.*	**alcuni/e** *some* **Alcune** finiscono male. *Some have sad endings.*
altro/a/i/e *other/another* Pinocchio ebbe un'**altra** avventura il giorno dopo. *Pinocchio had another adventure the next day.*	**altro/a/i/e** *something/anything else/more* Dopo essersi innamorato della principessa, non desiderò altro. *After having fallen in love with the princess, he didn't want anything more.* **altri/e** *others* Non ne scrisse **altri.** *He didn't write others.*
certo/a/i/e *certain* **Certe** persone non credono alle superstizioni. *Certain people do not believe in superstitions.*	**certi/e** *certain people/things* **Certi** hanno poca fiducia nella medicina moderna. *Certain people have little faith in modern medicine.*
ciascuno/a *each, each one* (As an adjective it follows the same form as the indefinite article: **ciascuna strega; ciascuno specchio.**) **Ciascun** paese ha un proprio santo patrono. *Each town has its own patron saint.*	**ciascuno/a** *each one* **Ciascuno** lo festeggia in giorni diversi. *Each one celebrates it on a different day.*

aggettivi indefiniti	pronomi indefiniti
diverso/a/i/e *various, different* Molti paesi hanno modi **diversi** per fare gli scongiuri. *Many countries have different ways to avert bad luck.*	**diversi/e** *various ones* Infatti, ne imparai **diversi**. *In fact, I learned various ones.*
molto/a/i/e *many, much* Studiammo **molte** tradizioni folkloriche. *We studied many folk traditions.*	**molto/a/i/e** *many, much* Ma **molte** non sono studiate. *But many are not studied.*
nessuno/a *no* (As an adjective it follows the same form as the indefinite article.) Non ho **nessuna** paura dei fantasmi. *I'm not at all afraid of ghosts.*	**nessuno/a** *no one, none* Non abbiamo visto **nessuno** alla necropoli. *We didn't see anyone at the necropolis.*
parecchio/a/i/e *some, several, quite a few* C'era **parecchia** gente alla festa. *There were quite a few people at the party.*	**parecchio/a/i/e** *some, several, quite a few* Anch'io ne ho vista **parecchia**. *I saw quite a few too.*
poco/a/i/e *few, little* Mancano **pochi** giorni al festival. *It's only a few days until the festival.*	**poco/a/i/e** *few, little* Vero. Proprio **pochi**. *True. Not many at all.*
tanto/a/i/e *so much, so many* Invitarono **tanti** amici. *They invited so many friends.*	**tanto/a/i/e** *so much, so many, many* Ma **tanti** non vennero. *But not that many came.*
troppo/a/i/e *too much, too many* Mangiai **troppo** panettone. *I ate too much Christmas cake.*	**troppo/a/i/e** *too much, too many* Anch'io ne mangiai **troppo**. *I also ate too much.*
tutto/a/i/e *all, whole, every* Festeggiava **tutte** le feste quando era piccola. *She used to celebrate every holiday when she was little.*	**tutti/e** *everyone, everybody* Non a **tutti** piace festeggiare. *Not everyone likes to celebrate.* **tutto** *everything* Non hanno bevuto **tutto**. *They didn't drink everything.*
vario/a/i/e *various, different* Ci sono **varie** edizioni di Pinocchio. *There are various editions of Pinocchio.*	**vario/a/i/e** *various ones, different ones* Ne ho lette **varie**. *I have read various ones.*

~~~~~~~ **PRATICA** ~~~~~~~

A. Le cure delle nonne. Completa il seguente dialogo con l'aggettivo o il pronome indefinito adatto e poi leggi ad alta voce.

alcune   ciascuno   molte   nessuna   ogni   qualche   tutte   tutti

PAOLA: Mia nonna aveva una cura particolare per _____ le malattie.

GIORGIO: Che tipi di cura?

PAOLA: Ad esempio, quando mi pungeva una zanzara, preparava una pomata con prezzemolo tritato e me la metteva dove ero stata punta.

GIORGIO: Ma sono credenze popolari.

PAOLA: Beh, possono sembrare strane ma _____ volta funzionano.

GIORGIO: Devo dire che anche mia nonna _____ tanto preparava un impacco con la polenta per i muscoli che mi facevano male.

PAOLA: Per _____ persone, queste cure non hanno _____ validità. Secondo me, la gente può credere quello che vuole, ma le cure delle nonne sono migliori di _____ medicine che vendono in farmacia.

GIORGIO: Sei un po' esagerata, Paola. _____ sanno che la medicina moderna supera le tradizioni.

PAOLA: A _____ la propria superstizione!

B. Il ciondolo (*The pendant*). Completa il brano con i seguenti aggettivi e pronomi indefiniti.

altri   niente   ogni   qualche   chiunque   qualcuno   nessun'   tutti

Nascosi il ciondolo da _____ parte perché non volevo che gli _____ lo trovassero. Ma poi non lo trovai più neanch'io. Dovevo trovarlo a _____ i costi. _____ volta che cercavo di ricordarmi dove l'avevo messo, non mi veniva assolutamente _____ idea. Non c'era _____ da fare. Era perduto. _____ lo avesse trovato, avrebbe posseduto la mia fortuna. Dubitavo che _____ me lo avrebbe restituito.

C. I proverbi. Sostituisci gli aggettivi indefiniti con pronomi indefiniti e viceversa, facendo attenzione anche ai verbi.

ESEMPIO: A casa sua *ognuno* è re. → A casa sua ogni persona è re.

1. A *ogni santo* la sua festa.
2. Aiuta i tuoi e *gli altri* se puoi.
3. Con le mani d'un *altro* è facile toccare il fuoco.
4. Chi ascolta *troppa gente* conclude poco o niente.
5. Con le buone maniere si ottiene *tutto*.
6. L'uomo crede vero *tutto quello* che desidera.
7. Quando *tutto* è di *tutti*, i tempi sono brutti.
8. Con un po' di coraggio si finisce *ogni viaggio*.

D. Credenze popolari. A coppie, parlate delle credenze popolari nella vostra società. Avete anche voi delle cure non tradizionali che sono cure alternative? I vostri nonni o genitori credevano in certe scaramanzie e scongiuri? Parlate delle credenze popolari con cui voi siete cresciuti. Usate quanti aggettivi e pronomi indefiniti possibili.

Possibili inizi

1. Dove io sono cresciuto/a, molti credevano che l'olio d'oliva curasse tutto e tutti...
2. Mia madre aveva paura ogni volta che vedeva un gatto nero e anch'io ne ho avuto paura per parecchi anni, ma adesso...
3. Mio nonno credeva che la cura di ogni malattia fosse un po' di whiskey, miele e limone in acqua calda...
4. Mia sorella crede che una dieta a base di tofu e soia tenga lontano le malattie...

BIBLIOTECA 2000

Recognizing Metaphors and Similes

In literature, including fiction, poetry, fables, and song lyrics, metaphors and similes are frequently used to heighten the impact of a concept or description.

A simile (**similitudine**) is a comparison that is expressed with the words *like* or *as* in English, and **come** in Italian.

La principessa è **come** una santa.　　*The princess is like a saint.*

A metaphor (**metafora**) equates two things without using *like* or *as*.

La principessa è una santa.　　*The princess is a saint.*

Metaphors are sometimes implied rather than stated. For example, a description of a room as cool, dark, and stuffy compares it metaphorically with a cave even if the word *cave* isn't used.

~ PRE-LETTURA ~

A. A coppie, determinate se le seguenti frasi sono metafore o similitudini.

1. La principessa era bella come un fiore.
2. La matrigna era una vipera.
3. Il re era furbo come un volpe.
4. La regina cattiva era una bestia.
5. Amelia mentiva come Pinocchio.

B. Scorri i primi tre paragrafi della favola e determina quali sono le similitudini.

C. A coppie, pensate ad una favola che potete ricordare bene. Segnate tra i seguenti elementi quelli che esistono nella favola da voi scelta. Di seguito, confrontate le vostre osservazioni con quelle dei compagni di classe.

____ la favola inizia con «C'era una volta»	____ foresta o bosco
____ personaggi buoni	____ castello
____ personaggi cattivi	____ missione da compiere
____ nobili	____ ingiustizia
____ contadini	____ streghe, fate, giganti
____ animali personificati	____ nani, gnomi
____ il numero 3	____ conclusione giusta
____ la magia	____ morale
____ finisce con «vissero per sempre felici e contenti»	

La ragazza mela

ITALO CALVINO

Italo Calvino (1923 Santiago de Las Vegas, Cuba – 1985 Siena) è stato uno dei più importanti scrittori del XX secolo. Nel 1947 pubblica il suo primo romanzo *Il sentiero dei nidi di ragno,* a cui fa seguito nel 1952 *Il visconte dimezzato,* primo romanzo della cosiddetta «trilogia degli antenati», che comprende anche *Il barone rampante* (1957) e *Il cavaliere inesistente* (1959). A questi si dovranno aggiungere *La giornata di uno scrutatore* (1963), *Le città invisibili* (1972), *Il castello dei destini incrociati* (1973), *Se una notte d'inverno un viag-* giatore (1979) e *Palomar* (1983). Interessanti anche le sue traduzioni, gli interventi critici e i saggi. La favola presentata in questo capitolo fa parte di *Fiabe italiane* (1962), una raccolta di favole italiane trascritte dal dialetto originale in italiano dallo stesso Calvino. Questa favola appartiene alla tradizione favolistica di Firenze.

C'era una volta un Re e una Regina, disperati perché non avevano figlioli. E la Regina diceva: —Perché non posso fare figli, così come il melo[1] fa le mele?

Ora successe che alla Regina invece di nascerle un figlio le nacque una mela. Era una mela così bella e colorata come non se n'erano mai viste. E il Re la mise in un vassoio[2] d'oro sul suo terrazzo.

In faccia a questo Re se ne stava un altro, e quest'altro Re, un giorno che stava affacciato[3] alla finestra, vide sul terrazzo del Re di fronte una bella ragazza bianca e rossa come una mela che si lavava e pettinava al sole. Lui rimase a guardare a bocca aperta, perché mai aveva visto una ragazza così bella. Ma la ragazza appena s'accorse d'esser guardata, corse al vassoio, entrò nella mela e sparì. Il Re ne era rimasto innamorato.

1. apple tree   2. tray   3. looking out of

Pensa e ripensa, va a bussare al palazzo di fronte, e chiede della Regina: —Maestà, —le dice, —avrei da chiederle un favore.

—Volentieri, Maestà; tra vicini se si può essere utili... —dice la Regina.

—Vorrei quella bella mela che avete sul terrazzo.

—Ma che dite, Maestà? Ma non sapete che io sono la madre di quella mela, e che ho sospirato[4] tanto perché mi nascesse?

Ma il Re tanto disse tanto insistette, che non gli si poté dir di no per mantenere l'amicizia tra vicini. Così lui si portò la mela in camera sua. Le preparava tutto per lavarsi e pettinarsi, e la ragazza ogni mattino usciva, e si lavava e pettinava e lui la stava a guardare. Altro non faceva, la ragazza: non mangiava, non parlava. Solo si lavava e pettinava e poi tornava nella mela.

Quel Re abitava con una matrigna, la quale, a vederlo sempre chiuso in camera, cominciò a insospettirsi[5]: —Pagherei a sapere perché mio figlio se ne sta sempre nascosto!

Venne l'ordine di guerra e il Re dovette partire. Gli piangeva il cuore, di lasciare la sua mela! Chiamò il suo servitore più fedele e gli disse: —Ti lascio la chiave di camera mia. Bada[6] che non entri nessuno. Prepara tutti i giorni l'acqua e il pettine alla ragazza della mela, e fa' che non le manchi niente. Guarda che poi lei mi racconta tutto—. (Non era vero, la ragazza non diceva una parola, ma lui al servitore disse così.) —Sta' attento che se le fosse torto[7] un capello durante la mia assenza, ne va della tua testa.

—Non dubiti, Maestà, farò del mio meglio.

Appena il Re fu partito, la Regina matrigna si diede da fare per entrare nella sua stanza. Fece mettere dell'oppio[8] nel vino del servitore e quando s'addormentò gli rubò la chiave. Apre, fruga[9] tutta la stanza, e più frugava meno trovava. C'era solo quella bella mela in una fruttiera d'oro. —Non può essere altro che questa mela la sua fissazione!

Si sa che le Regine alla cintola[10] portano sempre uno stiletto.[11] Prese lo stiletto, e si mise a trafiggere[12] la mela. Da ogni trafittura usciva un rivolo[13] di sangue. La Regina matrigna si mise paura, scappò, e rimise la chiave in tasca al servitore addormentato.

Quando il servitore si svegliò, non si raccapezzava[14] di cosa gli era successo. Corse nella camera del Re e la trova allagata[15] di sangue. —Povero me! Cosa devo fare? —e scappò.

Andò da sua zia, che era una Fata e aveva tutte le polverine[16] magiche. La zia gli diede una polverina magica che andava bene per le mele incantate[17] e un'altra che andava bene per le ragazze stregate[18] e le mescolò insieme.

Il servitore tornò dalla mela e la posò un po' di polverina su tutte le trafitture. La mela si spaccò[19] e ne uscì fuori la ragazza tutta bendata[20] e incerottata.[21]

Tornò il Re e la ragazza per la prima volta parlò e disse: —Senti, la tua matrigna m'ha preso a stilettate, ma il tuo servitore mi ha curata. Ho diciotto anni e sono uscita dall'incantesimo. Se mi vuoi sarò tua sposa.

E il Re: —Perbacco[22] se ti voglio!

Fu fatta la festa con gran gioia dei due palazzi vicini. Mancava solo la matrigna che scappò e nessuno ne seppe più niente.

E lì se ne stiedero, e se ne godiedero,[23]
E a me nulla mi diedero.
No, mi diedero un centesimino[24]
E lo misi in un buchino.[25]

---

4. **ho...** I sighed   5. to become suspicious   6. Pay attention   7. bent, crooked   8. opium   9. rummages through   10. belt, girdle   11. stiletto (small knife)   12. to pierce   13. trickle, rivulet   14. **non...** he didn't figure out   15. flooded, inundated   16. powders   17. put under a spell   18. bewitched   19. **si...** broke open   20. bandaged   21. covered with bandages   22. Good heavens   23. they enjoyed   24. a cent   25. little hole

~~~~~~~ **COMPRENSIONE** ~~~~~~~

A. Tornando indietro alla tabella nella pre-lettura, rifletti sulla favola letta. Quali degli elementi elencati caratterizzano la favola? Quando possibile, fornisci ulteriori dettagli.

> **ESEMPIO:** La favola inizia con «C'era una volta».
> Sì. La favola inizia con «C'era una volta un Re e una Regina...»

B. Ricreate un possibile dialogo tra il re e la ragazza mela una volta liberata dall'incantesimo. Il re le fa molte domande facendole raccontare quello che era successo quando lui era lontano. Anche lei è molto curiosa di sapere cosa aveva fatto durante la sua assenza.

DI PROPRIA MANO

Writing Fairy Tales

Fairy tales are usually short and simple narratives, told by an unidentified narrator. Fairy tales typically share a number of characteristic elements, though not every fairy tale exhibits all of these features.

- good and evil characters
- a practical message or moral
- a conflict and obstacles to overcome
- symbolism: objects, animals, colors
- repeated refrains
- a happy ending

In Italian, fairy tales are narrated in the **passato remoto.** Italian fairy tales begin with **C'era una volta** and usually end with **vissero per sempre felici e contenti.**

~~~~~ **PRE-SCRITTURA** ~~~~~

A. A coppie, cercate di ricordare le seguenti favole. Per ogni favola (dove possibile), scrivete i seguenti elementi.

	animali	personaggi buoni	personaggi cattivi	colori simbolici	oggetti significativi
Cenerentola					
Pinocchio					
Biancaneve e i sette nani					
La bella addormentata					
La bella e la bestia					
Cappuccetto Rosso					
Ricciolidoro e i tre orsetti					
Il brutto anatroccolo					

B. Adesso da solo/a, preparati a scrivere una tua favola moderna. Determina i seguenti elementi.

1. i personaggi buoni e cattivi
2. conflitto e ostacoli da superare
3. il simbolismo: oggetti, animali, colori

4. la risoluzione del conflitto e la conclusione della favola
5. la morale della favola

~~~~~ **SCRITTURA** ~~~~~

Ora, con le informazioni dalla lista precedente, scrivi una favola moderna.

ESEMPIO: **Cenerentola nel ventunesimo secolo.** C'era una volta una ragazza che si chiamava Cenerentola che lavorava come lavapiatti in un ristorante. Il proprietario del ristorante era molto severo e aveva due figli antipaticissimi. Un giorno Cenerentola lesse sul giornale del concorso di Miss Universo e decise di parteciparvi. Allora, chiese al suo capo un permesso ma lui non glielo concesse. I figli ridevano e dicevano che Cenerentola era brutta e non avrebbe mai potuto vincere...

BLOCK NOTES

Rifletti sulle caratteristiche della tradizione italiana e sugli stereotipi che hai potuto osservare su Web, in classe e nelle letture del capitolo e commenta su uno dei seguenti punti.

1. Quali sono le feste più importanti per gli italiani?
2. Quali superstizioni sono simili a quelle del tuo paese?
3. Quali tradizioni della tua cultura sono andate perse con il passare degli anni?

Communicative Objectives

- Discuss future events
- Make polite requests
- Express desires and intentions
- Talk about computers, cell phones, and pagers
- Construct complex sentences

Italia on-line?

Internet Café

Indirizzo: http://italian.college.hmco.com/students

Attività: Chattare... è un verbo italiano?

In classe: A volte è difficile tradurre in linguaggio tecnico dall'inglese all'italiano, e a volte nascono parole ibride (come *chattare*). Altre volte l'inglese viene conservato. Osserva nella pagina quali parole non sono tradotte in italiano. Scrivile e poi prova a trovare su un dizionario una traduzione appropriata per un motore di ricerca completamente in italiano.

Telefoni cellulari anche in gondola!

Italia on-line?

Gli enormi progressi fatti in campo tecnologico hanno modificato, negli ultimi anni, l'aspetto delle città italiane. Tra le strette° vie dei centri storici, di fianco alle maestose chiese medievali e rinascimentali, nei bar e nei romantici ristoranti del centro è un continuo squillare° di telefonini e cercapersone°, ognuno con la sua musichetta particolare. Nato come uno strumento° indispensabile per persone il cui lavoro comporta° la necessità di un'assoluta reperibilità°, nel giro di pochi anni il telefono cellulare è diventato il nuovo status symbol degli italiani che fanno a gara°, dallo studente all'imprenditore°, a sfoggiare° di volta in volta modelli sempre più piccoli e tecnologicamente avanzati.

Il computer, anche se più lentamente che nel nord America o in Australia, sta penetrando nelle case degli italiani così come la posta elettronica, che specialmente tra i giovanissimi prova a rimpiazzare° le ore al telefono che facevano disperare° i genitori. Molto popolari sono anche le chat line che hanno contribuito al nascere di numerosissime amicizie svincolate° dai limiti, prima difficili da superare, della distanza. Gli «Internet point» e gli «Internet bar», dove è possibile navigare in rete o accedere° alla propria posta elettronica, nati come servizio per i turisti, punteggiano° minutamente le grandi città italiane e cominciano ad essere presenti anche nei piccoli centri.

narrow

ringing / pagers
device
requires
availability
fanno... compete / entrepreneur / to show off

replace
despair
released, freed

to access
dot

L'interno di un Internet café italiano.

Ma non si tratta soltanto di mode o di passatempi. Un gran numero di aziende, infatti, ha trovato nuovi sbocchi° proprio grazie alla rete virtuale° che riesce, a costi notevolmente inferiori, a raggiungere un numero elevatissimo di potenziali nuovi acquirenti°.

outlets / **rete...** Internet
buyers

L'unico aspetto che sembra andare controcorrente° è quello del mondo della scuola. Infatti, per la scarsezza di fondi°, a volte non riesce a soddisfare i bisogni di professori e di studenti che devono lavorare con un numero minimo di computer o con dei pezzi quasi «archeologici». Il futuro sembra però promettere un miglioramento anche in questo campo, grazie soprattutto alla ristrutturazione della scuola dell'obbligo° che ha aperto le porte allo studio dell'informatica.

against the flow
scarsezza... shortage of funds

scuola... compulsory education

~~~~ DOMANDE ~~~~

1. Negli ultimi anni la tecnologia ha cambiato il volto delle città italiane. Pensi che in qualche modo questo sia successo anche nella tua città? Come?
2. Pensi che il telefonino sia diventato uno status symbol anche nel tuo paese? Pensi che sia usato in modo appropriato oppure no?
3. Quanto tempo passi solitamente al computer? Usi il computer come una macchina da scrivere oppure sfrutti tutte le possibilità che può offrire?
4. Quali pensi che siano i vantaggi e gli svantaggi di un'amicizia che si sviluppa attraverso una chat line o la posta elettronica?
5. Ormai è possibile fare ogni cosa su Internet: acquistare, vendere, conoscere persone, persino frequentare corsi universitari. Se i vantaggi sono evidenti, quali pensi che siano i possibili svantaggi?
6. Per l'attività Web hai visitato un motore di ricerca italiano. Quali pensi che siano i servizi offerti da quella pagina che possono interessare maggiormente le persone non italiane della tua età?

LESSICO.EDU

Il mondo virtuale

la chat, la chat room *chat room*
cliccare *to click on*
immettere (dati) *to upload (information)*
inviare *to send*

il motore di ricerca *search engine*
navigare su Internet *to surf the Internet*
la posta elettronica* *email*

la rete (virtuale)* *Internet, the Web*
scaricare *to download*
il sito *site*

---

* L'uso di questi vocaboli è ancora in evoluzione. Per questa ragione esistono costruzioni diverse tra loro in attesa che una risulti vincente (più usata) sulle altre: si vedano per esempio le possibilità per riferirsi all'uso di Internet e della rete quali in rete / nella rete, su Web / nel Web, ecc., o al genere di email (un email / un'email).

Il computer

bloccarsi *to freeze*	il documento *file*	scrivere al computer *to type on a computer*
la cartuccia *cartridge*	premere *to press* (a key or button)	
il (computer) portatile *laptop*	il pulsante / il tasto *key*	la stampante *printer*
il dischetto *diskette*	lo scanner *scanner*	stampare *to print*
il disco fisso *hard drive*	lo schermo *screen*	la tastiera *keyboard*
		il virus *virus*

Altre parole ed espressioni utili

battere a macchina *to type on a typewriter*	l'informatica *computer science*	il telefonino, il (telefono) cellulare *cellular phone*
il cercapersone *pager*	squillare *to ring*	il videogioco *videogame*

PRATICA

A. Gioie e dolori della tecnologia. Completa il dialogo con le parole appropriate.

virus	dischetto	tastiera	cliccare
stamparlo	informatica	documento	computer
schermo			

Isabella, dopo una giornata disastrosa al computer, telefona a Francesco, un amico esperto d'_____, per un po' d'aiuto.

ISABELLA: Francesco, ti prego, aiutami!

FRANCESCO: Cos'è successo questa volta, Isabella?

ISABELLA: Non lo so. Stavo scrivendo al _____. Ho salvato il _____ che stavo scrivendo e ho provato a _____. In quel momento lo _____ è diventato completamente nero.

FRANCESCO: Mmm... Potrebbe essere un _____. Hai usato un _____ nuovo?

ISABELLA: No, ne ho usato uno che ho trovato in laboratorio, ieri.

FRANCESCO: Sei proprio pazza. Devi stare attenta a quello che metti nel tuo computer!

ISABELLA: Quante complicazioni! Perché deve essere sempre così difficile lavorare con la tecnologia? Puoi aiutarmi?

FRANCESCO: Prova a _____ ALT e ESC insieme sulla
_____ .

ISABELLA: Fatto... Non succede nulla. Ma un momento...

FRANCESCO: Cosa succede?

ISABELLA: Ho capito qual è il problema... Credo che il computer sia semplicemente spento. Forse ho premuto il pulsante sbagliato.

FRANCESCO: Isabella, perché non torni a scrivere con la macchina da scrivere? Non sarebbe tutto più semplice?

B. Il cellulare e l'educazione. Se l'invenzione di telefonini e cercapersone ha facilitato la vita di alcuni, sembra infastidire altri. Con un compagno / una compagna, cercate di creare un codice di comportamento per l'uso del cellulare e del cercapersone, indicando per quali persone sono veramente necessari e perché e in quali luoghi non dovrebbero essere usati e perché. Presentate le vostre idee alla classe e confrontatele con quelle degli altri.

chi dovrebbe usarli e perché	
un medico	perché così l'ospedale potrebbe trovarlo in caso d'emergenza

dove non si dovrebbero mai usare	
a teatro	perché interrompe lo spettacolo e disturba le altre persone

C. Un Internet café. Tu e un amico / un'amica avete deciso di trasferirvi in Italia ed aprire un «Internet café» in una piccola città. A coppie, fate una lista delle cose che sono necessarie per cominciare e di quelle che possono rendere il vostro «Internet café» un posto all'avanguardia.

Studio Realia

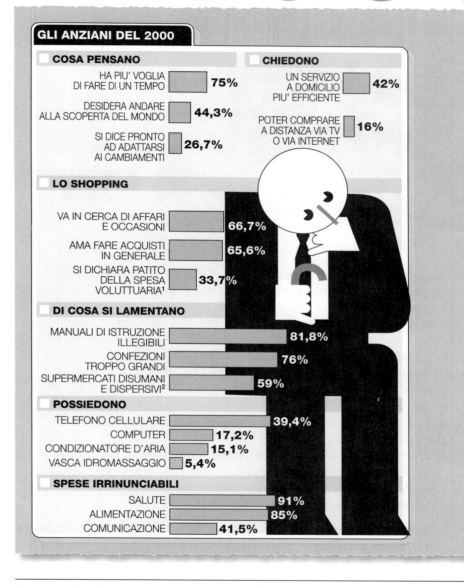

GLI ANZIANI DEL 2000

COSA PENSANO

HA PIU' VOGLIA DI FARE DI UN TEMPO	**75%**
DESIDERA ANDARE ALLA SCOPERTA DEL MONDO	**44,3%**
SI DICE PRONTO AD ADATTARSI AI CAMBIAMENTI	**26,7%**

CHIEDONO

UN SERVIZIO A DOMICILIO PIU' EFFICIENTE	**42%**
POTER COMPRARE A DISTANZA VIA TV O VIA INTERNET	**16%**

LO SHOPPING

VA IN CERCA DI AFFARI E OCCASIONI	**66,7%**
AMA FARE ACQUISTI IN GENERALE	**65,6%**
SI DICHIARA PATITO DELLA SPESA VOLUTTUARIA[1]	**33,7%**

DI COSA SI LAMENTANO

MANUALI DI ISTRUZIONE ILLEGIBILI	**81,8%**
CONFEZIONI TROPPO GRANDI	**76%**
SUPERMERCATI DISUMANI E DISPERSIVI[2]	**59%**

POSSIEDONO

TELEFONO CELLULARE	**39,4%**
COMPUTER	**17,2%**
CONDIZIONATORE D'ARIA	**15,1%**
VASCA IDROMASSAGGIO	**5,4%**

SPESE IRRINUNCIABILI

SALUTE	**91%**
ALIMENTAZIONE	**85%**
COMUNICAZIONE	**41,5%**

1. **patito...** fan of unnecessary expenses   2. wasteful

La tecnologia non entra solo nel mondo dei giovanissimi.

A. Tecnologia solo per i giovanissimi? Quando si parla delle ultime novità della tecnica, la nostra immaginazione va immediatamente al ragazzo che naviga in rete, che usa le chat line e che scopre un nuovo mondo dove le barriere spazio-temporali perdono la loro importanza. O forse all'uomo o alla donna d'affari che viaggiano con il portatile e il cellulare. Quello che non ci viene in mente è sicuramente il mondo degli anziani. Ma abbiamo veramente ragione a non collegare il mondo della tecnologia con quello dei pensionati? Guardate il grafico alla pagina 145 e con un compagno / una compagna, rispondete alle seguenti domande.

1. Qual è la cosa che vi sorprende di più di questa statistica? Quale vi sorprende meno?
2. Il 17,2% dice di avere un computer. Nel vostro paese quale pensate che possa essere la percentuale? Perché?
3. Pensando alle persone anziane che conoscete, su quali dei punti credete che potrebbero essere in disaccordo? Perché?

B. La rete e gli anziani. Con un compagno / una compagna, avete deciso di aprire un sito Internet per anziani. Pensate soprattutto a quali bisogni degli anziani volete andare incontro. Tenete in considerazione il grafico alla pagina 145 e preparate le categorie che vorreste immettere sulla vostra home-page (pagina 147).

cosa cercano gli anziani	qual è la categoria

Poi pensate a cosa offrireste in almeno due delle categorie per risolvere alcuni dei problemi che a volte affliggono le persone anziane. Dopo discutetene con la classe o con un altro gruppo.

C. Si stava meglio quando si stava peggio.   Le scoperte tecnologiche hanno risolto alcuni problemi, ma ne hanno a volte creato dei nuovi. In gruppi di tre, individuate i pro e i contro dei progressi della scienza elencati qui sotto. Poi confrontate le vostre risposte con quelle dei compagni.

1. televisione
2. bombolette spray
3. energia nucleare
4. prodotti usa-e-getta

5. robotizzazione nelle industrie
6. cellulari
7. computer

GRAMMATICA & CO.

I Il futuro semplice

The simple future is used to express an action that will occur.

A Formazione dei verbi regolari

1] The simple future is formed by dropping the final **-e** of the infinitive and adding the following endings. Notice that in the stems of verbs ending in **-are,** the characteristic **-a** changes to **-e.**

restare	scrivere	offrire
resterò	scriverò	offrirò
resterai	scriverai	offrirai
resterà	scriverà	offrirà
resteremo	scriveremo	offriremo
resterete	scriverete	offrirete
resteranno	scriveranno	offriranno

2] Verbs that end in **-care** and **-gare** add an **h** between the stem and the ending to maintain the hard sound of the **c** or **g.**

specificare	litigare
specifi**cherò**	liti**gherò**
specifi**cherai**	liti**gherai**
specifi**cherà**	liti**gherà**
specifi**cheremo**	liti**gheremo**
specifi**cherete**	liti**gherete**
specifi**cheranno**	liti**gheranno**

3] With verbs that end in **-ciare** and **-giare, -cia** and **-gia** become **-ce** and **-ge** when forming the future.

lanciare: lan**cerò**, lan**cerai**, lan**cerà**, lan**ceremo**, lan**cerete**, lan**ceranno**
passeggiare: passeg**gerò**, passeg**gerai**, passeg**gerà**, passeg**geremo**, passeg**gerete**, passeg**geranno**

The only exception is when the **i** is stressed, as in the verb **sciare.**

sciare: sci**erò**, sci**erai**, sci**erà**, sci**eremo**, sci**erete**, sci**eranno**

B Formazione dei verbi irregolari

Some verbs are irregular in the future tense.

1] Some verbs drop the middle vowel.

andare: andrò, andrai, andrà, andremo, andrete, andranno
avere: avrò, avrai, avrà, avremo, avrete, avranno
cadere: cadrò, cadrai, cadrà, cadremo, cadrete, cadranno
dovere: dovrò, dovrai, dovrà, dovremo, dovrete, dovranno
potere: potrò, potrai, potrà, potremo, potrete, potranno
sapere: saprò, saprai, saprà, sapremo, saprete, sapranno
vedere: vedrò, vedrai, vedrà, vedremo, vedrete, vedranno
vivere: vivrò, vivrai, vivrà, vivremo, vivrete, vivranno

2] Other verbs acquire a double **rr.**

bere: berrò, berrai, berrà, berremo, berrete, berranno
rimanere: rimarrò, rimarrai, rimarrà, rimarremo, rimarrete, rimarranno
tenere: terrò, terrai, terrà, terremo, terrete, terranno
valere: varrò, varrai, varrà, varremo, varrete, varranno
venire: verrò, verrai, verrà, verremo, verrete, verranno
volere: vorrò, vorrai, vorrà, vorremo, vorrete, vorranno

3] Other irregular verbs include **essere, fare, dare,** and **stare.**

essere	fare	dare	stare
sarò	farò	darò	starò
sarai	farai	darai	starai
sarà	farà	darà	starà
saremo	faremo	daremo	staremo
sarete	farete	darete	starete
saranno	faranno	daranno	staranno

 Usi del futuro semplice

1] The future tense is often accompanied by words like **domani, prossimo,** or **fra / tra** + *time expression.*

Comprerò un nuovo computer il mese **prossimo.**	*I will buy a new computer next month.*
Domani mi **installeranno** un nuovo disco fisso.	*Tomorrow they are going to install a new hard drive for me.*

2] The future tense is often used to express uncertainty, probability, or conjecture.

Dove **sarà** il mio telefonino?	*Where could my cell phone be?*
Quel fax **costerà** 200 euro.	*That fax machine probably costs 200 euros.*

3] The future can be used to express a command.

Spegnerete i telefonini in classe!	*You will turn off cell phones in class!*

4] When the verb in the independent clause is in the future, the future is also used after **se, quando,** and (**non**) **appena** in dependent clauses. English uses the present tense in similar dependent clauses.

Appena arriverai all'Internet Train, **potrai** fare l'abbonamento.	*As soon as you arrive at Internet Train, you can buy a membership.*
Se nevicherà domani, non **andrò** al congresso.	*If it snows tomorrow, I'm not going to the conference.*

5] In spoken Italian, the present indicative is frequently used in place of the future tense when discussing the immediate future.

Ti **telefonerò** domani.	*I'll call you tomorrow.*
Ti **telefono** domani.	

~~~~~~~~~ **PRATICA** ~~~~~~~~~

A. Odori dal Web. Olga parla di una novità su Web con la sua amica Grazia. Completa il dialogo con la forma corretta del futuro.

OLGA: Ho letto che presto _____ (arrivare) gli odori dal Web.

GRAZIA: Come _____ (funzionare)?

OLGA: _____ (esserci) un software speciale che
_____ (attivare) le cartucce con gli odori che si trovano
all'interno del software.

GRAZIA: Cosa mi dici? _____ (noi / passare) dall'odore dei
pomodori a quello delle rose—tutto su Web?

OLGA: Proprio così. _____ (tu / potere) anche mandare il tuo
profumo preferito in un email a qualche amico speciale!

GRAZIA: Mi sembra impossibile. Solo dopo averlo provato, ci
_____ (credere)!

B. La tecnologia entro cinque anni. Come cambierà la vita nei prossimi cinque anni grazie alla tecnologia? A coppie, formate domande usando le seguenti frasi e il futuro semplice. Poi rispondete alle domande e motivate le vostre risposte.

ESEMPIO: il terzo mondo / avere presto accesso / al Web
Il terzo mondo avrà presto accesso al Web? (Sì, no, perché)

1. i robot / fare i lavori in casa
2. il frigorifero / dirti / quando essere necessario fare la spesa
3. esserci / più lavoro per i tecnici
4. tu / fondare un punto com
5. i negozi / essere chiusi / e farsi tutte le spese su computer
6. gli editori / pubblicare i giornali solo su Web
7. noi avere / mezzi di trasporto completamente computerizzati
8. esserci / macchine / che eseguire comandi dati a voce

C. Perché, secondo te? Usando il futuro di probabilità, a coppie cercate di spiegare i seguenti avvenimenti.

1. La posta elettronica dell'università non funziona.
2. La cartuccia non entra nella stampante.
3. Non risponde al telefonino.
4. Non accettano le carte di credito on-line.
5. Non mi è arrivato il libro che ho comprato su Internet.
6. Oggi ho ricevuto 200 messaggi di posta elettronica.
7. Il mio capo vuole fare urgentemente una conferenza telefonica.
8. Stanno tutti guardando lo schermo di quel computer.

 **D. L'Internet nel terzo mondo?**   Franco è un entusiasta dell'Internet e vuole che tutti nel terzo mondo abbiano accesso all'Internet entro tre anni. Invece, Silvia è contraria ed è dell'idea che ci siano altre cose che sono molto più importanti. In gruppi di tre o quattro, pensate a quattro modi in cui la tecnologia potrebbe aiutare il terzo mondo e pensate a quattro modi in cui i soldi potrebbero essere spesi diversamente.

II Il futuro anteriore

The future perfect is used to express a future action that will have occurred before another future action.

A Formazione del futuro anteriore

The future perfect is formed with the future tense of the auxiliary verb **essere** or **avere** + *past participle*.

scrivere	restare
avrò scritto	sarò restato/a
avrai scritto	sarai restato/a
avrà scritto	sarà restato/a
avremo scritto	saremo restati/e
avrete scritto	sarete restati/e
avranno scritto	saranno restati/e

B Usi del futuro anteriore

1] The future perfect is almost always used in combination with the future. It is often introduced with the construction **dopo che, (non) appena,** or the adverb **quando.**

| **Non appena avrò finito** di stampare questa lettera, uscirò. | *As soon as I have finished printing this letter, I'm going out.* |
| **Dopo che avrai fatto** le revisioni al documento, te lo stamperò. | *After you have revised the document, I'll print it for you.* |

2] The future is often used in place of the future perfect in spoken Italian.

| Appena **tornerò**, ti scriverò. | *As soon as I get back, I'll write you.* |

3] Like the future, the future perfect can be used to express probability in the past.

| —Dove **sarà andato** Giorgio? | *Where can Giorgio have gone?* |
| —**Avrà avuto** un appuntamento all'università. | *He may have had an appointment at the university.* |

~~~~~~~~~~~~ **PRATICA** ~~~~~~~~~~~~

A. Un capo esigente, impiegati mai in ritardo. Il tuo capo continua a
farti domande sul tuo lavoro e quello di altri. Rispondi usando il futuro
anteriore.

> **ESEMPIO:** Quando ha riparato il computer il tecnico? (ieri)
> L'avrà riparato ieri.

1. Marco ha spedito il fax? (ieri)
2. Giuseppina ha stampato il manuale? (la scorsa settimana)
3. Hanno comprato uno scanner? (stamattina)
4. Sono già arrivati alla conferenza? (alle 9,00 stamattina)
5. Lucia ha finito il programma per l'Internet? (due giorni fa)
6. È arrivato il nuovo software? (da una settimana)

B. La stanza disordinata. Cristina ama passare il suo tempo al
computer e ogni volta che i suoi compagni di stanza le chiedono di
fare qualcosa trova sempre una scusa. Scopri cosa risponde Cristina
ai compagni usando **dopo che** e **non appena (che)** e seguendo il modello
fornito dall'esempio.

> **ESEMPIO:** Va' al supermercato! / installare il nuovo programma $\longrightarrow$
> Ci andrò dopo che avrò installato il nuovo programma.
> *o* Ci andrò non appena avrò installato il nuovo programma.

1. Pulisci il bagno! / rispondere al messaggio di Andrea
2. Metti a posto la tua camera! / scannerizzare le foto di Baggio
3. Aiutami ad apparecchiare! / scaricare il video di Jovanotti
4. Porta fuori i rifiuti! / stampare l'articolo
5. Lava i piatti! / mandare questo fax
6. Vieni a fare merenda! / finire di salvare il documento
7. Stira i tuoi vestiti! / leggere la mia posta elettronica
8. Fa' la lavatrice! / tornare dall'Internet Train

C. Sognare non è peccato! A coppie, preparate una lista di cinque cose
che avrete già fatto nel 2010. Una di queste dovrà essere qualcosa che voi
sapete per certo che non avrete ancora fatto per quella data. Presentatele alla
classe e vedete se qualcuno riesce ad indovinare quella falsa.

> **ESEMPIO:** Mi sarò sposata. (possibile)
> Mi sarò sposata con Eros Ramazzotti. (falso)

III Il condizionale presente

The present conditional expresses an event, action, or situation that is possible under certain conditions.

A Formazione del condizionale presente

1] The present conditional is formed by dropping the final -**e** of the infinitive and adding the following endings. As in the future tense, the stems of verbs ending in -**are** change the characteristic -**a** to -**e.**

durare (*to last*)	**accendere** (*to turn on*)	**percepire** (*to perceive*)
dur**erei**	accend**erei**	percepi**rei**
dur**eresti**	accend**eresti**	percepi**resti**
dur**erebbe**	accend**erebbe**	percepi**rebbe**
dur**eremmo**	accend**eremmo**	percepi**remmo**
dur**ereste**	accend**ereste**	percepi**reste**
dur**erebbero**	accend**erebbero**	percepi**rebbero**

2] Verbs that end in -**care** and -**gare** add an **h** between the stem and the ending to maintain the hard **c** or **g** sound.

modificare: modifi**cherei,** modifi**cheresti,** modifi**cherebbe,** modifi**cheremmo,** modifi**chereste,** modifi**cherebbero**

3] Verbs that end in -**ciare** and -**giare** change -**cia** and -**gia** to -**ce** and -**ge** respectively.

sfoggiare: sfog**gerei,** sfog**geresti,** sfog**gerebbe,** sfog**geremmo,** sfog**gereste,** sfog**gerebbero**

4] Verbs whose stems are irregular in the future have the same irregular stem in the conditional. The endings are always regular.

andare: andrei, andresti, andrebbe, andremmo, andreste, andrebbero
  avere: avrei, avresti, avrebbe, avremmo, avreste, avrebbero
cadere: cadrei, cadresti, cadrebbe, cadremmo, cadreste, cadrebbero
dovere: dovrei, dovresti, dovrebbe, dovremmo, dovreste, dovrebbero
  essere: sarei, saresti, sarebbe, saremmo, sareste, sarebbero
    fare: farei, faresti, farebbe, faremmo, fareste, farebbero
potere: potrei, potresti, potrebbe, potremmo, potreste, potrebbero
sapere: saprei, sapresti, saprebbe, sapremmo, sapreste, saprebbero
vedere: vedrei, vedresti, vedrebbe, vedremmo, vedreste, vedrebbero
  vivere: vivrei, vivresti, vivrebbe, vivremmo, vivreste, vivrebbero
  volere: vorrei, vorresti, vorrebbe, vorremmo, vorreste, vorrebbero

See the Verb Appendix at the end of the text for other verbs whose stems are irregular in the future and the conditional.

B Usi del condizionale presente

1] The present conditional expresses what would happen under certain conditions or what could or should happen or be done. It often conveys a personal opinion.

Tutti **dovrebbero** imparare ad usare il computer.	*Everyone should learn how to use the computer.*
Un telefonino **sarebbe** il regalo perfetto per mia madre.	*A cell phone would be the perfect gift for my mother.*

2] The present conditional is also used to convey courtesy when making requests.

Mi **farebbe** vedere quel modello, per favore?	*Could you please show me that model?*
Vorrei mandare un fax, per favore.	*I'd like to send a fax, please.*

3] The present conditional can be used to convey indignation.

E lui chi **sarebbe** per dire quelle cose?	*And who is he to say those things?*

4] The present conditional is used in hypothetical constructions to express events that could happen if something else comes to pass or if something else had already taken place. When **se** is used in the dependent clause, the imperfect or past perfect subjunctive must follow. (This is explained in greater detail in **Capitolo 8, Il periodo ipotetico.**)

Sarebbe una bella cosa se lei accettasse quel lavoro.	*It would be a nice thing if she accepted that job.*
Se avessi un computer a casa, **lavorerei** di più.	*If I had a computer at home, I would work more.*
Verrei alla riunione se non avessi detto a Sara che sarei uscito con lei.	*I would come to the meeting if I hadn't told Sara that I would go out with her.*

IV Il condizionale passato

A Formazione del condizionale passato

The past conditional is formed with the present conditional of the auxiliary verbs **essere** and **avere** + *past participle.*

accedere	rimanere
avrei accesso	sarei rimasto/a
avresti accesso	saresti rimasto/a
avrebbe accesso	sarebbe rimasto/a
avremmo accesso	saremmo rimasti/e
avreste accesso	sareste rimasti/e
avrebbero accesso	sarebbero rimasti/e

B Usi del condizionale passato

1] The past conditional is used in independent clauses to express opinions and preferences.

Non **sarei** mai **andata** a quell'università.	*I would never have gone to that university.*
Non **avremmo comprato** un portatile per quel prezzo.	*We wouldn't have bought a laptop for that price.*
Chi **avrebbe previsto** che in pochi anni l'informatica **sarebbe stata** insegnata anche nelle scuole elementari?	*Who would have imagined that in a few years computer science would also be taught in elementary schools?*

2] The past conditional is used with the imperfect subjunctive and past perfect subjunctive to express something that would have happened if something else had taken place.

Sarebbe stato un aiuto per il mondo della medicina se ci fosse stato l'Internet cinquant'anni fa.	*It would have helped the medical world if the Internet had existed fifty years ago.*
Se avessi saputo usare il computer, ti **avrei mandato** un email.	*If I had known how to use the computer, I would have sent you an email.*
Non **avrei** mai **creduto** che lui fosse il proprietario dell'Internet Train.	*I never would have believed that he was the owner of Internet Train.*

3] In indirect discourse—that is, reporting what someone else said—the past conditional is used to express a future action. In English, by contrast, the present conditional is used.

Massimo ha detto che mi **avrebbe aiutato.**	*Massimo said he would help me.*
Io gli ho detto che **sarei venuto** alle 9,00.	*I told him that I would come at 9:00.*

~~~~~~ **PRATICA** ~~~~~~

A. Cosa faresti?   A coppie, chiedetevi cosa fareste se aveste la scelta o la possibilità di fare le seguenti cose. Seguite il modello usando i pronomi oggetto diretto e indiretto dove possibile e spiegate le vostre risposte.

> **ESEMPIO:**   pagare le bollette on-line
> ST. 1: Pagheresti le bollette on-line?
> ST. 2: Sì, le pagherei on-line.
>   *o* No. Non le pagherei on-line. Preferirei usare la posta.

1. usare un Mac o un PC
2. scrivere tutte le lettere con email
3. vietare l'uso del cellulare mentre si guida
4. proibire l'uso del cellulare al ristorante
5. abolire le chat line
6. seguire tutti i corsi on-line
7. fare tutti gli acquisti on-line
8. trovare un amore su Web

—Compreresti un Palm Pilot?
—No, non lo comprerei,
   preferirei un cellulare.

B. Una conferenza. Completa il seguente brano usando il futuro ed il condizionale presente o passato.

accompagnare	parlare
avere	potere
esserci (2v.)	raccontare
essere	tornare
mandare	volere (2v.)
mostrare	

La prossima settimana all'università di Sydney _____ una conferenza sulla tecnologia. _____ degli esperti che _____ sia dell'uso educativo dell'Internet sia del disegno di un sito Web. Centinaia di compagnie _____ i loro rappresentanti che _____ le più recenti novità in un mondo che sta continuamente cambiando. Io _____ tanto andare, ma non da sola.

La mia collega Fabiana mi ha detto che mi _____ alla conferenza ma ieri ha saputo che _____ un colloquio di lavoro e quindi non _____ venire. La compagnia è una di quelle per cui lei _____ lavorare. _____ bello se la compagnia le offrisse il lavoro. Io le ho detto che appena lei _____ dal colloquio, le _____ com'è andata la conferenza.

C. La fiera di Padova. Trasforma le seguenti frasi al condizionale passato iniziando la frase con **Ha detto che.**

> **Esempio:** Alla fiera di Padova ci sarà una festa per gli appassionati della rete.
>
> Ha detto che alla fiera di Padova ci sarebbe stata una festa per gli appassionati della rete.

1. Tutti si iscriveranno alla festa su Web.
2. Approfitterà dell'offerta trovata nel sito.
3. Dovranno collegarsi al sito Internet per la fiera.
4. Altri potranno collegarsi tramite satellite.
5. Il biglietto d'ingresso costerà 5,3 euro.
6. Offriranno lezioni di strategie tecnologiche a tutti.
7. I partecipanti seguiranno i corsi on-line.
8. Alla fine sarà rilasciato un certificato di partecipazione.

D. La vita senza computer. In gruppi di tre, scrivete una lista con minimo cinque modi in cui cambierebbe la vostra vita senza un computer. Poi paragonate la lista con le altre.

E. Che cosa avreste fatto? Raccontate ad un compagno / una compagna di classe quello che avete fatto e poi domandategli/le cosa avrebbe fatto lui/lei. Giustificate la risposta.

> **ESEMPIO:** comprare / un IBM invece di un Mac
> ST. 1: Ho comprato un IBM invece di un Mac. Che cosa avresti fatto tu?
> ST. 2: Avrei comprato un IBM anch'io perché non ho mai lavorato con un Mac.

1. usare / un sito Web sulla cucina per preparare una cena romantica
2. stampare / un libro dall'Internet invece di comprarlo
3. volere scaricare / solo un documento invece di tutto il programma
4. entrare / in un sito a pagamento per giocare d'azzardo (*to gamble*)
5. andare / alla lezione d'informatica invece che a quella di latino
6. scrivere / un messaggio elettronico invece di una lettera
7. scannerizzare / le foto a colori e non in bianco e nero

V I pronomi relativi

A relative pronoun combines a main clause with a subordinate clause. The most common relative pronouns are **che, cui, il che, il/la quale, i/le quali,** and **chi.**

A *Che*

Che (*who, whom, that, which*) is the most common relative pronoun. **Che** is invariable and refers to both people and things. It can be the subject or the object of a clause.

L'unico computer **che** funzioni è quello nuovo. (soggetto)	*The only computer that works is that new one.*
Il computer **che** vedi è vecchio. (oggetto)	*The computer that you see is old.*

B *Il che*

Il che (*all of which, which*) can substitute for an entire concept or sequence of events.

Il computer si è bloccato e ho perso il mio lavoro, **il che** mi ha fatto veramente arrabbiare.	*The computer froze and I lost my work, all of which infuriated me.*

C Cui

1] **Cui** (*that, which, whom*) can refer to people or things. It is invariable and is usually preceded by a preposition.

Le persone **con cui** lavoro sono tutti esperti di tecnologia.	*The people with whom I work are all technology experts.*
Le persone **a cui** parlavo sono tecnici.	*The people to whom I was speaking are technicians.*
Il computer **su cui** lavoravo non era molto veloce.	*The computer on which I was working wasn't very fast.*

2] **Cui** preceded by a definite article is used to express possession (*whose*). The article agrees with the noun it modifies, not with the possessor.

Il mese prossimo uscirà il nuovo Mac, **il cui** design è straordinario.	*Next month is the release date for the new Mac, whose design is extraordinary.*
La Professoressa Pelosi, **le cui** figlie studiano informatica, non sa usare il computer!	*Professor Pelosi, whose daughters study computer science, doesn't know how to use a computer!*

D Il quale / la quale / i quali / le quali

1] The pronoun **il quale** can replace either **che** or **cui**. **Il quale** agrees in number and gender with the noun to which it refers (the antecedent). It can refer to people or things and can be used as a subject or an object.

2] **Il quale** is used in preference to **che** and **cui** when the antecedent would otherwise be ambiguous. Unlike those pronouns, **il quale** specifies the antecedent because it indicates gender and number. Its use is more commonplace in writing than in speech.

Mio zio **che** vende cellulari ha quarant'anni.	*My uncle who sells cell phones is forty years old.*
Mio zio **il quale** vende cellulari ha quarant'anni.	

Non so niente del programma **di cui** mi parli.	*I don't know anything about the program that you're talking about.*
Non so niente del programma **del quale** mi parli.	

Note that when **il quale** is used as the object of a preposition, the article contracts with the preposition.

Ghezzi Elettronica
Per chi ha bisogno della
mamma anche in vacanza
cellulari e cercapersone
a prezzi insuperabili

E   *Chi*

1] The relative pronoun **chi** refers to people unspecifically (*those who, the people who, he/she who, one who, whoever*). **Chi** is always singular in form, though not in meaning, and is used with the third person singular form of the verb.

Chi non usa l'email è indietro nei tempi.	*People who don't use email are behind the times.*

2] **Chi** is often used in proverbs.

Chi la dura la vince.	*He who endures wins.*
Chi non risica non rosica.	*Nothing ventured, nothing gained.*
Chi non fa, non falla.	*He who does nothing makes no mistakes.*

～～～ PRATICA ～～～

A. Una promozione in ditta.   Completa la seguente conversazione con la forma corretta del pronome relativo.

Clara lavora per una ditta _____ presidente è in favore di una sua promozione. Clara deve andare a parlargli, _____ la fa innervosire.

PRESIDENTE: Buon giorno, Clara. Come sta?

CLARA: Buon giorno. Benissimo. Sono molto interessata al lavoro _____ mi ha parlato.

PRESIDENTE: Ah sì, quello per editore del sito Web.

CLARA: Esatto. Ho avuto molte esperienze quest'anno _____ mi aiuterebbero a farlo bene.

PRESIDENTE: È un lavoro _____ richiede molta pazienza.

CLARA: Verissimo. _____ non ha pazienza non può lavorare con la tecnologia!

PRESIDENTE: La ragione _____ le offro questo posto è _____ lei è chiaramente qualificata sia dal punto di vista tecnico sia da quello creativo. Questo lavoro è per una persona _____ sa scrivere e _____ sa disegnare.

CLARA: Grazie. Infatti, il giornale _____ ho lavorato prima di arrivare qui ha vinto vari premi e in particolare un articolo _____ ho scritto io è stato nominato.

PRESIDENTE: Benissimo, perché questo lavoro richiede un disegnatore Web in tutti i sensi della parola. Quindi, accetterà questo posto?

CLARA: Con tanto piacere. _____ avrebbe detto dieci anni fa che questo tipo di lavoro sarebbe stato un'opzione per la mia carriera! Ma io ne sono contenta.

PRESIDENTE: Allora, siamo contenti tutti e due!

B. Fatene una di due. Trasforma le coppie di frasi facendone una, usando
(1) il pronome **che** o il pronome **cui** preceduto da una preposizione o
dall'articolo, e (2) la forma corretta di **quale,** preceduto dall'articolo e, se
necessario, dalla preposizione.

> **ESEMPIO:** Quello è un programma interessante. Non ricordo il suo nome.
> (1) Quello è un programma interessante di cui non ricordo il
> nome.
> (2) Quello è un programma interessante del quale non ricordo
> il nome.

1. WordPerfect è un programma di scrittura. Laura scrive i suoi articoli con
   quel programma.
2. Il telefonino è diventato un nuovo status symbol. Per il telefonino si
   spendono moltissimi soldi.
3. Ho discusso con la moglie di Michele. La moglie di Michele studia
   informatica.
4. Quello è il laboratorio d'informatica. Noi ci siamo conosciuti in quel
   laboratorio.
5. I telefonini suonano varie musichette. Le musichette sono bellissime.

C. In gruppi di tre, formate
minimo quattro frasi per
descrivere la scena, usando
che, cui, quale e **chi** almeno
una volta ciascuno.

BIBLIOTECA 2000

Improving Reading Skills and Speed

You can adopt a variety of approaches to improve your reading ability and
speed in a foreign language. Because Italian sentences tend to be complex
and lengthy, the following techniques can help.

1. For textbook readings, review glossed words and post-reading questions before you read.

2. Break yourself of the habit of approaching each word separately. Instead, focus on groups of two to five words and try to get the gist of their meaning. Remember that you don't have to recognize every word to grasp the general meaning of what you read.

3. Italian typically uses less internal punctuation than English, and Italian sentences thus offer fewer cues about the grouping of words within a sentence. When you encounter a long sentence, make a practice of scanning the sentence to identify units of meaning.

4. Set realistic reading goals. In a foreign language, reading 5–10 minutes at a time may be more effective than trying to read an entire text at once. After reading a short passage, summarize it to yourself. Gradually increase the length of your reading sessions.

5. Get rid of distractions. Don't listen to music with lyrics in English while you're reading Italian!

6. Read often. The more you read, the more adept you will become.

～～～～ PRE-LETTURA ～～～～

A. Leggi la seguente domanda fatta al Professor De Rita in un'intervista sui giovani e il Web. Leggila più volte e concentrati sui gruppi di parole segnalati.

«Professor Giuseppe De Rita, / dall'indagine del Censis / i giovani sotto i 25 anni / ci appaiono più liberi / degli adulti, / più determinati: / leggono di più, / cambiano canale / sugli spot televisivi, / acquistano quotidiani / anche solo per gli inserti, / fanno nuove amicizie in chat...»

B. Rileggi il brano del punto A. Dopo averlo letto e senza guardare il testo, cerca di elencare le cose che i giovani fanno secondo il Censis.

C. In gruppi di tre o quattro, scoprite le seguenti informazioni sui vostri compagni di scuola e discutete i risultati. Passate troppo tempo facendo alcune attività e troppo poco facendone altre?

quanto tempo al giorno...	ore
guardare la televisione	
leggere il giornale	
leggere riviste	
passare su Internet	
ascoltare la radio / lo stereo	
passare scrivendo email	
cambiare canale durante gli spot televisivi	
fare nuove amicizie su una chat	

«I giovani? Si tuffano nella[1] Rete e dimenticano il senso della storia»
Giuseppe De Rita commenta i risultati dell'indagine[2] Censis tra i ragazzi sotto i 25 anni

Giuseppe De Rita si è laureato in giurisprudenza nel 1954. Dal 1974 ad oggi è Segretario Generale della Fondazione CENSIS (Centro Studi Investimenti Sociali) ed è anche presidente della casa editrice Le Monnier dal 1995. Giuseppe De Rita partecipa ai più importanti dibattiti sulle linee di sviluppo della società italiana.

L'intervista
ROMA

Professor Giuseppe De Rita, dall'indagine del Censis i giovani sotto i 25 anni ci appaiono più liberi degli adulti, più determinati: leggono di più, cambiano canale sugli spot televisivi, acquistano quotidiani anche solo per gli inserti[3], fanno nuove amicizie in chat...

«Sì, tutto vero. Ma questa maggiore spinta alla libertà e all'autonomia mi sembra indichi, più che altro, una potenziale labilità[4] dei giovani. I quali, certo, leggono libri più degli adulti, ma sono anche quelli che più spesso li buttano via senza finirli, senza arrivare all'ultima pagina; cambiano canale sullo spot perché quella pubblicità l'hanno vista cento volte e si mettono a fare zapping[5] per poi soffermarsi[6], casomai[7], su altri programmi.»

Una libertà «negativa»?

«Non dico questo. Sicuramente ci sono dati positivi da registrare. Come quello per cui i giovani se vedono una cassetta lo fanno in un clima di socialità, insieme agli amici, al contrario dei loro padri che restano chiusi in una dimensione familista. Però nutro qualche perplessità sulla loro presunta libertà. Ripeto: più che liberi, mi sembrano labili. Dietro l'acquisto

Dall'internet ai videogiochi, dalla posta elettronica alle chat: l'elettronica esercita un grande fascino sui giovani italiani.

---

1. They dive into   2. investigation, inquiry   3. weekly inserts   4. transience, instability   5. **fare...** channel-surfing (with the remote control)   6. pause, stop briefly   7. just in case

del quotidiano o del periodico solo per l'inserto, avverto una certa genericità[8], una scelta che non coglie un loro interesse specifico. Dietro il loro essere i primi in classifica tra coloro[9] che non arrivano alla fine di un libro, percepisco l'incapacità di dare continuità e unità alle loro azioni.»

Che leggono ben più dei loro padri, comunque, è un dato positivo.
«Certamente, salvo[10] poi a constatare[11] che i giovani sono in testa alla classifica di chi legge libri di avventura, gialli[12], fantascienza, i libri più lontani dalla realtà; così come sono quelli meno interessati alla cronaca nazionale e locale dei quotidiani, normalmente le più seguite...»

E questo cosa significa?
«Per quanto riguarda i libri, significa che i giovani sotto i 25 anni prediligono il gusto del racconto per il racconto[13], così come le donne amano le telenovelas, le fiction con commesse, medici, preti. Significa che avvertono il rapporto con la realtà come limitativo. Per questo parlo di una certa labilità, di una mancanza di memoria che si lega però anche alla loro grande capacità esplorativa. È questa esplorazione continua di nuovi e differenti mondi che quasi li costringe alla superficialità.»

Mancanza di memoria come incapacità di collegare il passato al futuro?
«Mancanza di memoria come incapacità a cumulare[14]. Come assenza del senso della Storia. I giovani sono grandi e migliori esploratori degli adulti, ma appunto per questo più labili e superficiali. È come se in loro mancasse la figura del padre. Di Enea* con Anchise sulle spalle e Ascanio per mano. Il presente che sostiene il passato e va verso il futuro in un'unica immagine. Questa consapevolezza[15], questo senso della responsabilità, i giovani non ce l'hanno. Io non lascio mai un libro a metà. In loro manca una tensione lineare verso il futuro mentre accumulano tante esperienze separate.»

Chi ha mancato allora? Chi avrebbe dovuto dare ai giovani questo senso della responsabilità e della Storia?
«Noi naturalmente. I padri. Io sono padre di otto figli...»

E perché non lo avete fatto?
«Perché pensavamo ad altre responsabilità: verso la società, la collettività, verso il lavoro che ci stavamo costruendo. E abbiamo preferito fermare lo zapping della vita su altre cose che non[16] sulla responsabilità verso i nostri figli.»

---

8. carelessness, vagueness   9. **primi...** foremost in the category of those   10. except   11. ascertain   12. mysteries 13. **prediligono...** prefer the flavor of the story to the story itself   14. accumulate   15. awareness   16. **fermare...** focus on other things rather than

* Aeneas, the Trojan hero, son of Anchises and father of Ascanius.

～～～～～～～ **COMPRENSIONE** ～～～～～～

  A. Il professore intervistato nell'articolo fa le seguenti affermazioni. A coppie, leggetele e poi decidete se, secondo voi, sono vere o false. Motivate le vostre risposte.

1. [I giovani] acquistano quotidiani anche solo per gli inserti...
2. [I giovani] fanno nuove amicizie in chat...
3. [I giovani] leggono libri... [e] li buttano via senza finirli, senza arrivare all'ultima pagina...

4. ...i giovani se vedono una cassetta lo fanno in un clima di socialità, insieme agli amici...
5. [I giovani] leggono più dei loro padri...
6. ...le donne amano le telenovelas...
7. [I giovani hanno una] mancanza di memoria come incapacità a cumulare. Come assenza del senso della Storia.
8. In loro [ai giovani] manca una tensione lineare verso il futuro mentre accumulano tante esperienze separate.

B. La storia. Il Professor De Rita sostiene che i giovani «più che liberi, mi sembrano labili... percepisco l'incapacità di dare continuità e unità alle loro azioni.» Secondo te, l'autore ha ragione? Perché?

DI PROPRIA MANO

Using Email

Technology has changed how many people communicate. Email is replacing the handwritten or word-processed letter. Like other written communication, email lacks signals about intent from facial expression and tone of voice; unlike most other kinds of written communication, it is often composed in haste. It is therefore very important to think about both the message and the tone you want to convey and to be polite.

The following rules of email etiquette can facilitate successful communication by making it more likely that your message will be interpreted as you intend.

1. Include a suitable subject line so that the recipient can prioritize the reading and filing of messages.
2. Make sure your sense of humor isn't misinterpreted. Symbols such as :-) [smile], ;-) [wink], and :-([frown] can help avoid misinterpretation, but only if you are sure your reader is familiar with them.
3. Capital letters mean that you are SHOUTING!
4. When sending an email for business purposes, use the same formal salutations and closings you would in a letter and the formal **Lei** form. (See **Capitolo 5.**)
5. Write with care, be brief, reread what you write before sending it, and, if you have a spell-check tool for Italian in your email program, use it before clicking the SEND button!

PRE-SCRITTURA

Preparatevi all'eventuale email che dovrete mandare al vostro / alla vostra insegnante. A coppie, cercate di rispondere alle seguenti domande.

1. Secondo voi, qual è l'importanza dell'email?
2. Quali sono le caratteristiche che attirano la gente ad usare l'email?
3. Quali sono i problemi creati dall'uso diffuso dell'email?
4. Nel futuro, quali saranno le caratteristiche dell'email che attireranno la gente?
5. Preferireste usare la posta elettronica per tutte le comunicazioni? Perché?

Da: Piero Torti <pitor@libero.it>
Data: Mercoledì 22 gennaio 2003
Soggetto: Nuove foto
Allegati: gruppo.jpg

Ciao Clara!
Ti mando in allegato le foto della festa che ho appena finito di scannerizzare. Il tuo costume era proprio bellissimo, ma il mio era più bello. Se non ci credi, apri l'allegato e vedrai. :-)
A presto,
Piero

SCRITTURA

Il tuo / la tua insegnante ha proposto per il prossimo semestre di contattarlo/la con l'email invece di presentarsi alle ore di ricevimento. Ha spiegato che usando questo mezzo potrai comunicare con lui / lei a qualsiasi ora invece che solamente durante le ore di ricevimento. Il tuo / la tua insegnante non prenderà comunque una decisione definitiva prima ancora di sentire il tuo parere. Scrivi un email al tuo / alla tua insegnante esprimendo la tua preferenza e motivando la tua posizione. Usa il futuro e il condizionale dove appropriato.

BLOCK NOTES

Riflettendo sullo scontro tra tradizione ed innovazione che hai potuto osservare (su Web o in classe) e nelle letture che hai fatto, commenta su uno dei seguenti punti.

1. Come sono cambiate le città e le tradizioni italiane a causa delle innovazioni tecnologiche.
2. Le innovazioni tecnologiche hanno dato molto alla società italiana ma le hanno anche tolto qualcosa.
3. Il mondo dell'informatica offre grandi opportunità anche agli anziani.

CAPITOLO 8

Fratelli d'Italia?

Communicative Objectives

- Express opinion, belief, doubt, and emotion
- Discuss volunteer efforts and social issues
- Discuss community issues

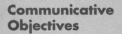 **Internet Café**

Indirizzo: http://italian.college.hmco.com/students

Attività: Tra arte e… impegno sociale

In classe: Scegli il messaggio ecologico che preferisci dalla sezione «I quaderni dell'Ar.N.I.A», stampalo e portalo in classe. Mostralo alla classe e spiega perché ti ha colpito.

Migliaia di immigranti albanesi alla ricerca di una vita migliore, arrivano al porto di Brindisi, in una scena quasi da inferno dantesco.

Fratelli d'Italia?

«Fratelli d'Italia» sono le parole iniziali dell'inno nazionale° italiano, parole che testimoniano l'importanza di aiutarsi l'un l'altro, proprio come fratelli, nel momento del bisogno. Effettivamente, nel corso degli ultimi anni, in Italia l'interesse verso i meno fortunati è diventato sempre più forte e le iniziative per chi si trova in difficoltà si moltiplicano all'interno della società italiana.

Giornali, televisione e Internet offrono sempre più spazio ai numerosissimi gruppi di volontariato° nati negli ultimi decenni, ed un numero sempre maggiore di giovani offre parte del proprio tempo al successo di tali iniziative. Alle organizzazioni che si muovono a livello mondiale, come Greenpeace, Unesco°, FAO° e Amnesty International, si affiancano° così gruppi italiani e cittadini che cercano di portare aiuto ad un grande numero di persone meno fortunate e in difficoltà. Immigrati, carcerati°, disabili°, tossicodipendenti°, alcolisti°, anziani ed ammalati soli, senzatetto° e ultimamente le grandi masse di immigrati sono tra quelli che usufruiscono° dei servizi offerti da operatori sociali° pubblici e privati.

Molte sono anche le iniziative indirizzate alla protezione dell'ambiente: grande attenzione viene portata al controllo dell'inquinamento e al risanamento dei fiumi e dei mari, così come le città cercano di promuovere piani antismog per proteggere sia la salute delle persone sia il grande patrimonio artistico italiano.

Per molti italiani, comunque, il primo impegno del governo italiano dovrebbe essere quello di affrontare il problema più recente per la penisola italiana: quello dell'immigrazione, soprattutto albanese, dell'Europa dell'est e africana, che arriva in Italia alla ricerca di un improbabile «Eldorado». Si sente infatti la necessità di portare avanti una campagna di sensibilizzazione° sia verso quei gruppi non ancora completamente integrati, né a livello sociale né culturale, sia verso alcune delle minoranze etniche presenti da tempo sul territorio. Trovare una via verso una normale convivenza° è il primo obiettivo che l'Italia e gli italiani dovrebbero cercare di centrare.

Volontari italiani in un campo profughi in Albania.

inno... national anthem

volunteer organizations

U.N. Educational, Scientific, and Cultural Organization / U.N. Food and Agriculture Organization / **si...** work hand in hand / prisoners / disabled people / drug addicts / alcoholics / homeless people / benefit / **operatori...** social workers

campagna... public-awareness campaign

coexistence

～～ DOMANDE ～～

1. Quali sono i problemi sociali che oggi si cercano di affrontare in Italia e che ritrovi anche nella città dove vivi?
2. Grande pubblicità viene data in Italia alle iniziative di volontariato e questo sembra avere un grande successo. Quali pensi che siano alcune vie che si potrebbero utilizzare per sensibilizzare le persone verso l'impegno sociale?

Una nuova terra promessa

All'inizio del ventesimo secolo e fino alla fine della Seconda guerra mondiale l'Italia era una terra di emigranti: tantissimi furono gli italiani a partire e cercare fortuna in Europa e nelle Americhe. Ancora oggi esistono grandi comunità italiane in Canada, negli Stati Uniti, in Australia, in Argentina e nelle maggiori città europee a testimonianza di quegli anni difficili. Oggi la situazione sembra essersi invertita e sono moltissimi gli stranieri che arrivano in Italia sperando di trovarvi condizioni di vita migliori. Negli ultimi trent'anni così la faccia delle città italiane è cambiata profondamente. Molti italiani ricordano gli anni in cui erano loro a cercare ospitalità in altri paesi e fanno del proprio meglio per aiutare i meno fortunati. Moltissimi sono anche gli italiani impegnati all'estero con organizzazioni umanitarie, così come sono tantissimi gli enti italiani che lavorano per facilitare l'integrazione degli stranieri nelle città della penisola. Naturalmente ci sono ancora moltissimi problemi, ma si spera che la buona volontà delle persone ed il tempo contribuiscano a far trovare le soluzioni necessarie.

DOMANDE

1. Quali sono gli aspetti positivi di vivere in una società multiculturale?

2. Se tu dovessi emigrare in un altro paese per un lavoro, quale sceglieresti e perché?

3. Alcune pubblicità, come quella di Benetton, sembrano promuovere la tolleranza e l'amore per chi ci sembra diverso. Puoi pensare a pubblicità simili che hai visto per strada, su riviste o alla televisione nel tuo paese?

Un volontario della Croce Rossa Italiana consegna cibo e medicinali durante una missione umanitaria in Albania.

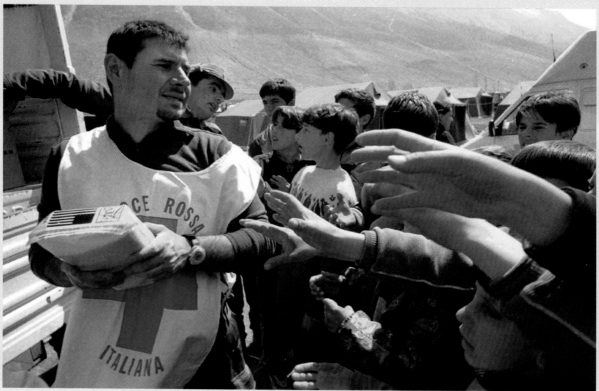

India: la ginecologa italiana Angela Bertoli, impegnata con l'organizzazione «Gynécologues sans frontières», insieme ad alcune pazienti.

Programma missionario italiano a Koungheul, Senegal: l'asilo.

La gioia e la speranza di una vita migliore nei volti di un gruppo di Curdi in arrivo al porto di Gallipoli in Puglia.

Un gigantesco cartellone pubblicitario della Benetton in Piazza
Duomo a Milano sembra invitare
ad abbracciare ogni tipo di cultura.

L'ex sindaco di Roma Francesco Rutelli con la moglie Barbara Palombelli e i figli Giorgio e
Francisco, quest'ultimo adottato in Ecuador.

Villa Literno, Campania: alcuni braccianti agricoli (*farm workers*) immigrati dall'Africa si rilassano durante la pausa con una partita a calcetto (*foosball*).

Venditrice tailandese per le calli di Venezia.

3. Quali sono nel tuo paese le persone a rischio per l'emarginazione sociale? Perché?
4. Hai mai fatto parte di un'organizzazione che lavora in campo sociale? Per quale tipo di organizzazione vorresti offrire il tuo aiuto?
5. Esistono dei problemi legati all'immigrazione nel tuo paese? Dove? Cosa pensi che si potrebbe fare per facilitare l'integrazione di gruppi di stranieri?
6. Il sito dell'attività Web sembra suggerire che il modo migliore di affrontare un problema sia quello di farlo conoscere. Puoi pensare ad alcune campagne pubblicitarie di sensibilizzazione portate avanti nel tuo paese?

LESSICO.EDU

Ecologia

l'ambientalista (*m. or f.*) *environmentalist*
l'ambiente (*m.*) *environment*
l'animalista *animal-rights supporter*
la bomboletta spray *aerosol spray can*
il canile *dog pound*

depurare *to purify*
l'effetto serra *greenhouse effect*
la fascia dell'ozono *ozone layer*
l'inquinamento *pollution*
inquinare *to pollute*
l'operatore sociale *social worker*
la pila *battery*

il prodotto usa-e-getta *disposable product*
la protezione dell'ambiente *environmental protection*
il riciclaggio *recycling*
i rifiuti *garbage*
scaricare *to unload / dump*

Società

l'adozione *adoption*
l'alcolista (*m. or f.*) *alcoholic*
l'analfabetismo *illiteracy*
il bisognoso *needy person*
il carcerato / il detenuto *prisoner*
il carcere *prison / jail*
la casa di riposo *retirement home*
la casa popolare *low-cost / subsidized housing*
il centro d'accoglienza *shelter*

la comunità *rehabilitation center*
il disabile / il portatore di handicap *handicapped person*
l'extracomunitario/a *immigrant from a country outside the European Community*
fare beneficenza *to donate*
l'immigrato/a *immigrant*

l'immigrazione *immigration*
l'impegno sociale *social obligation*
il recupero *recovery, rescue*
il/la senzatetto (*sing. & pl.*) / il barbone *homeless person*
il/la tossicodipendente *drug addict*
il volontariato *volunteer work*
il volontario *volunteer*

Altre parole ed espressioni utili

la beneficenza *charity*
coinvolgersi *to get involved*
impegnarsi *to get involved*
impegnativo/a *demanding / time-consuming*

imporre *to impose, inflict*
l'incentivo *incentive / stimulus*
l'ostracismo *ostracism*
ostracizzare *to ostracize*

proteggere *to protect*
sentirsi a proprio agio *to feel at ease*
la solidarietà *solidarity*

～～～～～ PRATICA ～～～～～

A. L'impegno sociale. Completa la conversazione con le parole appropriate.

casa di riposo	alcolisti	coinvolgermi	sentirei	riciclaggio
carcerati	canile	senzatetto	recupero	comunità

Lorenzo, Guido e Sonia sono ragazzi che lavorano per una _____ che si occupa del _____ di ragazzi che, facendo uso d'alcool e droghe, sono diventati _____ e tossicodipendenti. Parlano con un'amica, Simonetta, e vorrebbero convincerla a partecipare alla loro attività di volontariato.

LORENZO: Simonetta, domani organizziamo una partita a pallavolo con alcuni ragazzi della nostra comunità. Vorresti venire?

SIMONETTA: Credo di no. Non mi _____ a mio agio.

SONIA: Perché?

SIMONETTA: Perché non sono capace di affrontare con serenità i problemi di altre persone.

GUIDO: Ma saremmo lì anche noi per aiutarti!

SIMONETTA: Guardate, davvero non posso. Ho provato a fare del volontariato in un _____ e dopo tre settimane avevo già portato a casa tre cani. Poi ho provato in una _____ ma ogni volta che qualcuno stava male io mi sentivo peggio.

LORENZO: Certo, capisco. Ma i ragazzi con cui noi lavoriamo stanno abbastanza bene. Sono quasi guariti.

SIMONETTA: Sì, ma non è solo quello il problema. Non sono capace di _____ in una cosa del genere senza farlo completamente. Se lavorassi con i _____, li inviterei a dormire a casa mia; se lo facessi con i _____, parlerei con i loro avvocati per cercare di farli uscire. Sono un caso impossibile!

SONIA: No, non è vero. Qualcosa per aiutare si può sempre trovare. Perché non cominci a dare una mano a un centro che si occupa di _____: non credo che lattine, bottiglie e carta ti creeranno dei problemi.

SIMONETTA: Buona idea! Ci penserò.

B. Siamo tutti ambientalisti. Anche senza appartenere ad un'organizzazione di volontariato, ci sono cose che possiamo sempre fare per proteggere il mondo intorno a noi. Con un compagno / una compagna analizzate i seguenti problemi e fornite delle idee su come mitigarli. Dopo l'analisi pensate a quale sia il problema che vi preoccupa maggiormente e spiegatene le ragioni alla classe.

1. la distruzione delle foreste
2. l'inquinamento delle acque

3. l'inquinamento atmosferico
4. l'effetto serra
5. l'abbandono degli animali

C. L'importanza di poter scegliere.   In gruppi di tre o quattro persone, dovete organizzare una nuova iniziativa sociale che coinvolga due delle seguenti categorie. Sceglietele, indicate il motivo della vostra scelta e presentate alla classe in quale modo pensate di andare incontro ai loro bisogni.

i tossicodipendenti   le persone sole   gli ammalati   i senzatetto   i disabili

ESEMPIO: **chi:** gli alcolisti
perché: Sono un grande numero e c'è la grande possibilità di reinserirli in una vita normale
1ª iniziativa: organizzare incontri con uno psicologo per scoprire le ragioni della loro dipendenza; introdurli ad un centro per alcolisti anonimi
2ª iniziativa: attività di gruppo (dalle gite ai tornei di carte o bocce) per tenerli occupati e lontani dalle tentazioni

STUDIO REALIA

Duemila bambini adottati!

Con l'iniziativa **"Un cuore si scioglie e libera un bimbo"** sono stati adottati a distanza 320 bambini di Lima (Perù), 1.000 di Salvador Bahia (Brasile), 380 di Beira e Maputo (Mozambico), 250 di Pretoria (Sud Africa) e 150 del Burkina Faso, grazie alla solidarietà di diecimila toscani. Ora stanno andando avanti sette progetti, finanziati dalla cooperativa, per migliorare le condizioni di vita nel sud del mondo.

www.uncuoresiscioglie.it

A. Adottare un bambino. L'adozione è sicuramente un modo per impegnarsi a creare un mondo migliore. L'adozione vera e propria, è molto impegnativa, mentre quella a distanza richiede solamente la donazione di denaro. Guardate l'inserzione pubblicitaria (pagina 171) e, con un compagno / una compagna, identificate due o tre vantaggi e due o tre svantaggi di questo tipo d'adozione.

Esempio: L'impegno della famiglia adottiva è minimo.
Il bambino / la bambina non deve lasciare la famiglia e i luoghi che conosce.

TESTIMONIANZE

Paola Papi Barbato
volontaria a
Telefono Azzurro

«Dieci anni fa ero dipendente di una grande azienda per la quale selezionavo il personale. Così è iniziata la mia esperienza di servizio agli altri: mi chiesero di scegliere i volontari da inserire nelle attività che Telefono Azzurro iniziava allora a promuovere. Un'esperienza che subito mi ha coinvolta profondamente. Al punto che il lavoro ha cominciato a rivestire[1] un ruolo marginale nella mia vita. Sei anni fa, finalmente, sono riuscita a decidere, facendo la scelta definitiva. Ho lasciato il mio impiego per dedicarmi a tempo pieno all'associazione. Ho sempre creduto nella necessità di proteggere l'infanzia. E naturalmente credo moltissimo in tutto quello che Telefono Azzurro riesce a fare ogni giorno. Non solo per chi ci contatta per un'emergenza, ma anche per tutte quelle persone che si sono unite a noi. In questi anni abbiamo restituito un senso alla vita di tanti uomini e donne che volevano dare una mano agli altri».

Enrico Silingardi
volontario nella Croce
d'Oro e fondatore
del Corpo Volontari
Protezione Civile
di Milano

«Ho iniziato a 23 anni. Una notte mio padre si sente male, deve essere ricoverato in ospedale. Arriva l'ambulanza con tre volontari che si muovono con delicatezza e professionalità. Resto colpito. E decido di rendermi utile anch'io. Da allora ogni mercoledì sono in servizio con le ambulanze. Poi, nell'Ottanta, c'è il terremoto in Irpinia. Parto volontario e mi trovo a contatto con unità cinofile[2] arrivate dalla Svizzera, perché in Italia non eravamo attrezzati per queste emergenze. Con un gruppetto di amici decidiamo di organizzare qualcosa di simile alle unità svizzere: vogliamo dare soccorso ai feriti sotto le macerie[3] con l'aiuto dei cani. Nel 1985 abbiamo fondato un'associazione di volontari. E oggi in Italia abbiamo le nostre unità cinofile».

---

1. to have   2. **unità...** canine unit trained for emergency situations   3. rubble

B. Reazione a catena. La vita di Paola Papi e Enrico Silingardi è improvvisamente cambiata quando hanno deciso di dedicarsi interamente alle associazioni di volontariato in cui ora sono coinvolti. Cosa li ha spinti a donarsi completamente alla causa per cui lavorano? In gruppi di tre, pensate ora ai motivi personali che potrebbero spingere un individuo a coinvolgersi completamente in un'attività sociale e presentateli come le testimonianze che avete letto.

ESEMPIO: Sono un ex-tossicodipendente e dopo dieci mesi in comunità sono finalmente riuscito a liberarmi della mia dipendenza. Quando sono uscito, ho saputo che molte delle persone che conoscevo non erano state fortunate come me e avevano perso la vita. Da allora ho deciso che potevo fare qualcosa per evitare che questo capitasse ad altre persone. Ogni settimana sono invitato in scuole elementari dove parlo delle mie esperienze nella speranza di tenere quei ragazzi lontano dalle droghe.

C. Idee per sensibilizzare. A volte è sufficiente far conoscere i problemi e le necessità per trovare persone disposte ad aiutare. In gruppi di tre o quattro, pensate a come vorreste informare il pubblico sui problemi elencati qui sotto. Poi sceglietene uno e pensate ad un'idea per un manifesto pubblicitario, sul modello di quello per l'adozione a distanza, per attirare dei possibili volontari. A casa create il vostro poster e portatelo in classe il giorno dopo per commentarlo insieme a quelli dei vostri compagni.

1. la fame   2. l'immigrazione   3. l'AIDS   4. l'inquinamento   5. l'analfabetismo

GRAMMATICA & CO.

I Il modo congiuntivo

The subjunctive mood expresses emotion, opinion, belief, possibility, and uncertainty. By contrast to the indicative mood, which expresses certainty and objective reality, the subjunctive is subjective; it is frequently used to express personal judgments and feelings.

Although the subjunctive is increasingly being replaced by the indicative, it expresses refinements and nuances of meaning that are not possible in the indicative.

The subjunctive has four tenses, two simple (**il congiuntivo presente** and **il congiuntivo imperfetto**) and two compound (**il congiuntivo passato** and **il congiuntivo trapassato**).

IL CONGIUNTIVO PRESENTE

Credo che lui **faccia** il volontario per la Croce Rossa.

I believe he is a volunteer for the Red Cross.

IL CONGIUNTIVO PASSATO

Credo che lui **abbia fatto** il volontario per la Croce Rossa l'anno scorso.

I believe he was a volunteer for the Red Cross last year.

IL CONGIUNTIVO IMPERFETTO

Credevo che lui **facesse** il
volontario per la Croce Rossa.

*I believed he was a volunteer for the
Red Cross.*

IL CONGIUNTIVO TRAPASSATO

Credevo che lui **avesse fatto** il
volontario per la Croce Rossa due
anni fa.

*I believed he had been a volunteer
for the Red Cross two years ago.*

Uso del congiuntivo

The subjunctive is typically used in a dependent clause introduced by **che.**

1] The subjunctive is used after a verb in the main clause that expresses
an opinion, doubt, supposition, wish, demand, or plea. Some verbs that
require the subjunctive are:

aspettarsi *to expect*	insistere *to insist*	richiedere *to require*
augurarsi *to wish*	parere *to seem*	sperare *to hope*
credere *to believe*	pensare *to think*	supporre *to suppose*
desiderare *to desire*	rallegrarsi *to be*	temere *to fear*
dubitare *to doubt*	*happy, glad*	volere *to want*

Insistono che i volontari **abbiano**
un buon atteggiamento.

*They insist that the volunteers have
a good attitude.*

Speriamo che molti **vengano** a
mangiare.

*We hope that many will come
to eat.*

2] The subjunctive is also used after verbs and expressions of emotion.

avere paura *to be afraid*	essere lieto/a *to be pleased*
dispiacere *to displease; to be sorry*	essere sorpreso/a *to be surprised*
essere contento/a *to be content, glad*	essere spiacente *to be afraid*
essere felice *to be happy*	piacere *to please; to like*

Sei sorpreso che fare il
volontariato **possa** essere facile
ed allo stesso tempo difficile?

*Are you suprised that being a
volunteer can be easy and difficult
at the same time?*

Ero contenta che lui **avesse
trovato** una buona istituzione
per cui lavorare.

*I was happy that he had found a
good institution to work for.*

3] The subjunctive is also used after *impersonal expressions* + **che.** Some impersonal expressions that require the subjunctive are:

bisogna *one needs to, it is necessary*	è peggio *it's worse*
è bene *it's good*	è possibile *it's possible*
è difficile *it's difficult, unlikely*	è probabile *it's probable*
è facile *it's easy, likely*	è raro *it's rare*
è giusto *it's fair*	è strano *it's strange*
è importante *it's important*	è utile *it's useful*
è meglio *it's better*	pare *it appears*
è necessario *it's necessary*	peccato *it's a shame*
è normale *it's usual, to be expected*	può darsi *it's possible*
è opportuno *it's a good thing*	sembrare *it seems*

È necessario che lui **vada** al convegno quest'anno.	*It's necessary that he go to the conference this year.*
È importante che **siano** persone sensibili.	*It's important that they are sensitive people.*

4] The subjunctive is only used when the subjects of the main clause and the dependent clause differ, as in the preceding examples. When there is no change of subject, an infinitive follows the main verb and is often preceded by the preposition **di.** Most impersonal expressions and the verbs **volere, desiderare, preferire, amare, piacere,** and **dispiacere** are not followed by the preposition **di.**

Spero di andare al convegno quest'anno.	*I hope to go to the conference this year.*
È importante essere sensibili.	*It's important that they be sensitive people.*
Mi piacerebbe lavorare in un canile.	*I'd like to work in a dog pound.*

5] The indicative is used after impersonal expressions that express certainty.

Era vero che loro non **avevano capito** bene i regolamenti.	*It was true that they hadn't understood the regulations well.*

Ⅱ Il congiuntivo presente

The present subjunctive is used in a dependent clause when the verb in the main clause is in the present or future tense, and the action in the dependent clause takes place at the same time or in the future. When the verb or expression in the main clause expresses doubt, belief, hope, or fear about the future, the future tense may be used instead of the subjunctive in the subordinate clause.

> **Spero** che tutti **verranno** alla riunione domani.
>
> *I hope that everyone will come to the meeting tomorrow.*

A Formazione del congiuntivo presente dei verbi regolari

1] The present subjunctive is formed by adding the characteristic endings to the stem of the verb.

procurare	pretendere	offrire	distribuire
procuri	pretenda	offra	distribuisca
procuri	pretenda	offra	distribuisca
procuri	pretenda	offra	distribuisca
procuriamo	pretendiamo	offriamo	distribuiamo
procuriate	pretendiate	offriate	distribuiate
procurino	pretendano	offrano	distribuiscano

2] Verbs ending in **-care** and **-gare** add an **h** between the stem and the ending to maintain the hard sound of the **c** or **g** (**paghi, paghi, paghi, paghiamo, paghiate, paghino**). Verbs ending in **-ciare** and **-giare** do not double the **i** when forming the subjunctive (**mangi, mangi, mangi, mangiamo, mangiate, mangino**). The only exception is when the **i** in the infinitive is stressed, as in the verb **sciare** (**scii, scii, scii, sciamo, sciate, sciino**).

B Formazione del congiuntivo presente dei verbi irregolari

Some common verbs are irregular in the present subjunctive. (See the appendix for a more complete list of irregular verbs.)

1] First conjugation

andare: vada, vada, vada, andiamo, andiate, vadano
dare: dia, dia, dia, diamo, diate, diano
fare: faccia, faccia, faccia, facciamo, facciate, facciano
stare: stia, stia, stia, stiamo, stiate, stiano

2] Second conjugation

> **bere:** beva, beva, beva, beviamo, beviate, bevano
> **dovere:** debba (deva), debba (deva), debba (deva), dobbiamo,
>   dobbiate, debbano (devano)
> **parere:** paia, paia, paia, paiamo, paiate, paiano
> **potere:** possa, possa, possa, possiamo, possiate, possano
> **rimanere:** rimanga, rimanga, rimanga, rimaniamo, rimaniate, rimangano
> **sapere:** sappia, sappia, sappia, sappiamo, sappiate, sappiano
> **scegliere:** scelga, scelga, scelga, scegliamo, scegliate, scelgano
> **valere:** valga, valga, valga, valiamo, valiate, valgano
> **volere:** voglia, voglia, voglia, vogliamo, vogliate, vogliano

3] Third conjugation

> **apparire:** appaia, appaia, appaia, appariamo, appariate, appaiano
> **dire:** dica, dica, dica, diciamo, diciate, dicano
> **morire:** muoia, muoia, muoia, moriamo, moriate, muoiano
> **uscire:** esca, esca, esca, usciamo, usciate, escano
> **venire:** venga, venga, venga, veniamo, veniate, vengano

4] **Avere** and **essere** are also irregular in the present subjunctive.

essere	avere
sia	abbia
sia	abbia
sia	abbia
siamo	abbiamo
siate	abbiate
siano	abbiano

> *Pensi che non abbiano bisogno del tuo aiuto?*
>
> *Ti Sbagli*
>
> *Diventa anche tu un volontario*

～～～～ PRATICA ～～～～

A. Il sovrappopolamento. Completa il seguente brano con la forma corretta del congiuntivo presente.

avere	crescere	colpire	potere
contribuire	essere	migliorare	spettare (*to belong to*)

Io credo che l'istruzione _____ una delle soluzioni migliori a molti
problemi. Si dice che le donne istruite _____ meno bambini e che i
bambini _____ meglio per l'attenzione datagli. È probabile che il
sovrappopolamento _____ alla nascita di più problemi di qualsiasi
altro fenomeno. Credo che il sovrappopolamento _____ essere
collegato all'inquinamento, alla fame, al crimine, ai problemi economici ed a

numerosi altri problemi. Sembra che tutte queste calamità _____ soprattutto il terzo mondo, ma sono presenti anche nei paesi industrializzati. Penso che la responsabilità di trovare soluzioni _____ a tutti ma soprattutto ai paesi industrializzati. Se tutti noi cerchiamo di aiutare, non è improbabile che la situazione mondiale _____ .

B. I volontari in un carcere.   Dovete fare un orientamento per un gruppo di volontari. A coppie, esprimete le seguenti regole da seguire con un'espressione impersonale o con un verbo che regge il congiuntivo.

> **ESEMPIO:** trattare tutti con dignità
> È importante trattare tutti con dignità.
> *o* Spero che trattiate tutti con dignità.

1. rispettare le regole
2. essere preparati a conoscere giovani depressi
3. capire che qui dentro c'è un miscuglio (*mix*) di storie umane
4. iniziare alcune attività
5. credere al miracolo del «recupero»
6. conoscere la psicologia dei tossicodipendenti
7. non lasciarsi prendere dalla pietà
8. cercare di capire e di lavorare insieme

C. E voi siete d'accordo?   Rispondete alla seguenti domande e spiegate le ragioni delle vostre risposte.

1. Credete che il sovrappopolamento sia un grave problema?
2. Pensate che l'istruzione possa essere una soluzione ragionevole?
3. Ritenete che il crimine sia legato al sovrappopolamento?
4. Credete che il sovrappopolamento sia un problema anche nei paesi industrializzati?

D. Una mano ai senzatetto.   A coppie, pensate a tre soluzioni per il problema dei senzatetto. Poi elencate tre cose che dubitate che possano aiutarli.

> **ESEMPIO:** **soluzione sì:** Penso che il governo debba costruire più case popolari.
> **soluzione no:** Dubito che dargli dei soldi sia una soluzione.

soluzioni sì	soluzioni no
1.	1.
2.	2.
3.	3.

III Il congiuntivo passato

A Formazione del congiuntivo passato

The past subjunctive is formed with the present subjunctive of **essere** or **avere** + *past participle*.

procurare	occuparsi
abbia procurato	mi sia occupato/a
abbia procurato	ti sia occupato/a
abbia procurato	si sia occupato/a
abbiamo procurato	ci siamo occupati/e
abbiate procurato	vi siate occupati/e
abbiano procurato	si siano occupati/e

Temo che il comune non **si sia occupato** dei problemi dei senzatetto.	*I'm afraid the city hasn't addressed the problems of the homeless.*

B Uso del congiuntivo passato

The past subjunctive is used in a dependent clause when the verb in the main clause is in the present or future tense, and the action in the dependent clause preceded that in the main clause.

Temo che i soldi **siano arrivati** nelle mani sbagliate.	*I'm afraid the money ended up in the wrong hands.*
Pare che voi **abbiate capito** la situazione.	*It seems that you understood the situation.*

 PRATICA

A. La medicina nel terzo mondo. Completa il seguente brano con la forma corretta del congiuntivo passato.

Cara Grazia,

sono contenta che la Croce Rossa mi _____ (accettare) nel suo programma. I direttori sono felici che l'anno scorso io _____ (scrivere) quella proposta per ottenere fondi. Sembra che anche tu _____ (svolgere) delle attività utili. Temo che quella malattia di cui ti occupi _____ (colpire) tante persone e spero che molti medici _____ (arrivare / già) con le medicine. Mi rallegra il fatto che loro _____ (intervenire). È possibile però che loro non _____ (mandare) le medicine giuste. Ci vuole molto aiuto. Non credo che la società _____ (capire) a fondo la serietà dei problemi.

Un abbraccio,
Maria

B. La povertà in città. I poveri in città si sono trovati in situazioni difficili l'inverno scorso. A coppie, elencate tutte le possibili disagi (*hardships*), iniziando ogni frase con un'espressione che regge il congiuntivo passato. Se ne avete bisogno, usate i seguenti suggerimenti.

> **Esempio:** il costo del cibo
> Penso che il costo del cibo sia stato il problema più grave.

1. il clima
2. la fame
3. i vestiti
4. le mense
5. i soldi
6. la disoccupazione

C. I problemi dell'inquinamento. Oggi ci sono molti problemi con l'inquinamento dell'aria e dell'acqua. Discutete quali pensate che ne siano state le cause.

> **Esempio:** le macchine
> Penso che le macchine abbiano inquinato l'aria.
> D'accordo, ma io, invece, credo che gli scarichi delle fabbriche abbiano avuto un effetto maggiore.

1. gli aerei
2. i prodotti usa-e-getta
3. il petrolio
4. le bombolette spray
5. le pile
6. i rifiuti
7. la distruzione delle foreste
8. i detersivi

IV Il congiuntivo imperfetto

A Formazione del congiuntivo imperfetto dei verbi regolari

The imperfect subjunctive is formed by adding the characteristic endings to the stem of the verb.

emigrare	assistere	pentirsi
emigr**assi**	assist**essi**	mi pent**issi**
emigr**assi**	assist**essi**	ti pent**issi**
emigr**asse**	assist**esse**	si pent**isse**
emigr**assimo**	assist**essimo**	ci pent**issimo**
emigr**aste**	assist**este**	vi pent**iste**
emigr**assero**	assist**essero**	si pent**issero**

Ero contenta che lui **assistesse** al congresso per i senzatetto.

I was happy that he attended the conference on the homeless.

B Formazione del congiuntivo imperfetto dei verbi irregolari

Verbs that have irregular forms in the imperfect indicative are also irregular in the imperfect subjunctive. Among the most common:

bere	dare	fare	imporre	stare
bevessi	dessi	facessi	imponessi	stessi
bevessi	dessi	facessi	imponessi	stessi
bevesse	desse	facesse	imponesse	stesse
bevessimo	dessimo	facessimo	imponessimo	stessimo
beveste	deste	faceste	imponeste	steste
bevessero	dessero	facessero	imponessero	stessero

I direttori non volevano che **facessero** la cena in quella sala.

The directors didn't want them to hold the dinner in that hall.

Non sapevo che la legge **imponesse** tante restrizioni per l'adozione dei bambini all'estero.

I didn't know that the law imposed so many restrictions on the adoption of foreign children.

C Uso del congiuntivo imperfetto

The imperfect subjunctive is used when the verb in the main clause is in a past tense or the conditional and the action of the dependent clause takes place at the same time or later than the action of the main clause.

Speravamo che le associazioni **aiutassero** i detenuti.

We hoped that the organizations would help the prisoners.

Ho sempre dubitato che gli anziani **avessero** una pensione sufficiente.

I always doubted that senior citizens had adequate pensions.

Vorrei che **aumentassero** la pensione degli anziani.

I wish they would increase pensions for seniors.

~~~~~~~~~~ **PRATICA** ~~~~~~~~~~

A. I volontari preparano una cena. Trasforma le seguenti frasi al congiuntivo imperfetto.

> **ESEMPIO:** Credo che i volontari arrivino alle 5,00.
> Credevo che i volontari arrivassero alle 5,00.

1. Spero che i volontari preparino una cena per i senzatetto.
2. Vogliamo che tre o quattro persone facciano la spesa.
3. Insistiamo che i volontari comincino un'ora prima.
4. Loro desiderano che noi prepariamo da mangiare per 300 persone.
5. Dubito che possiamo accomodare così tante persone.
6. Pare che nella sala si possano ospitare solo 100 persone.
7. È possibile che dobbiate limitarvi a 250 persone.
8. Mi auguro che non piova.

B. Un sondaggio. Cento persone di Padova sono state intervistate sulla situazione dei poveri in città. Esprimi le risposte della maggioranza cominciando con **credeva che.**

1. lo Stato / dover pensare ai poveri
2. esserci / più di mille senzatetto in città
3. il centro d'accoglienza / chiudere le porte agli immigrati
4. le cucine popolari / preparare i pasti tutti i giorni
5. i bisognosi / dividere in due categorie: visibili e invisibili
6. i medici / non contribuire abbastanza
7. il vero problema / essere la disoccupazione
8. la gente / non riuscire a capire come affrontare il problema

C. Cosa ne pensavi tu? Completa le seguenti frasi esprimendo una tua opinione usando l'imperfetto del congiuntivo.

1. Io non credevo che i portatori di handicap...
2. I professori vorrebbero che noi...
3. Quando ero piccolo/a avevo paura che i malati...
4. Vorrei che il governo...
5. Spererei che gli altri...
6. Era raro che le chiese (non)...
7. Dubitavo che le scuole...
8. Desideravo che gli immigrati...

Ⓥ Il congiuntivo trapassato

🅐 Formazione del congiuntivo trapassato

The past perfect subjunctive is formed with the imperfect subjunctive of **essere** or **avere** + *past participle* of the verb.

votare	difendersi
avessi votato	mi fossi difeso/a
avessi votato	ti fossi difeso/a
avesse votato	si fosse difeso/a
avessimo votato	ci fossimo difesi/e
aveste votato	vi foste difesi/e
avessero votato	si fossero difesi/e

Non sapevo che loro **avessero** già **votato.**	*I didn't know they had already voted.*
Speravo che loro **si fossero difesi** contro il brutto tempo.	*I was hoping they had protected themselves against the bad weather.*

🅑 Uso del congiuntivo trapassato

The past perfect subjunctive is used when the verb in the main clause is in a past tense or the conditional, and the action of the dependent clause takes place prior to the action of the main clause.

Avevo paura che quel senatore **avesse votato** contro la volontà del popolo.	*I was afraid that that senator had voted against the will of the people.*
Non avrei creduto che lui **avesse lavorato** per beneficenza.	*I wouldn't have believed that he had worked for charity.*

 **PRATICA**

A. Alcuni problemi sociali.   Trasforma le frasi al passato, usando la forma corretta del congiuntivo trapassato, seguendo il modello dell'esempio.

Esempio: Ho paura che i politici non abbiano considerato con attenzione il problema dei senzatetto.
Avevo paura che i politici non avessero considerato con attenzione il problema dei senzatetto.

1. Nessuno crede che il governo abbia preso una decisione giusta sul problema dell'immigrazione.
2. Sembra che non abbiamo capito la gravità della situazione degli orfani.
3. Dubitate che il volontariato sia riuscito a migliorare la condizione di molti?

4. Molti pensano che il mare sia stato inquinato irrimediabilmente.
5. È improbabile che voi abbiate costruito quella casa tenendo in considerazione le esigenze dei disabili.
6. Mi aspetto che la vita in comunità abbia aiutato molti giovani a disintossicarsi.
7. Riteniamo che i politici abbiano sottovalutato la necessità di un'integrazione completa per gli immigrati.
8. Ho l'impressione che il volontariato in Italia abbia avuto degli inizi difficili.

B. Una soluzione? Un'amica afferma che quasi niente è stato fatto per risolvere diversi problemi sociali ed ambientali. Tu pensi invece che qualcosa sia stato fatto. Seguendo il modello dell'esempio, usa il congiuntivo trapassato per dirle quello che avevi sentito dire.

> **ESEMPIO:** Nessuno fa niente per il problema dei rifiuti.
> Veramente? Pensavo che il governo avesse promosso una campagna per il riciclaggio.

1. I musei non hanno strutture adatte per ospitare i disabili!
2. Il governo non sa come aiutare i senzatetto!
3. Le condizioni di vita in carcere peggiorano di giorno in giorno!
4. In Brasile continuano a distruggere la foresta amazzonica!
5. Le fabbriche continuano ad inquinare le acque!
6. Non si può risolvere il problema dei gas di scarico delle automobili!
7. Non ci sono strutture adatte per ospitare gli animali abbandonati!
8. Nessuno dà una mano per assistere gli anziani soli ed ammalati!

C. La giornata dell'anziano. Completa il dialogo inserendo la forma corretta del congiuntivo (presente, passato, imperfetto o trapassato).

TULLIO: Ciao, Domenica. Un altro duro giorno di lavoro?

DOMENICA: Penso che non _____ (essere) possibile fare altro che lavorare. È già mezzanotte e ho cominciato a fare i pacchi per sabato prossimo.

TULLIO: Sabato prossimo? Pacchi? Cosa succede sabato?

DOMENICA: Ma come non ricordi? È possibile che tu _____ (dimenticare) qualcosa del genere? È la «Giornata dell'anziano» e noi dobbiamo preparare i pacchi regalo!

TULLIO: Mamma mia! Pensavo che _____ (avere / noi) più tempo. Inoltre, ho paura che _____ (mettersi) a piovere. Penso che oggi gli altri volontari _____ (andare) a comprare il cibo e le bevande.

DOMENICA: Non ti preoccupare. È importante soltanto che la festa _____ (andare) meglio dell'anno scorso. Non era per niente organizzata.

TULLIO: Smettiamo di discutere e mettiamoci al lavoro. Temo che ci _____ (volere) almeno altre tre ore per finire.

DOMENICA: È vero! Ma insisto che tu _____ (prendere) almeno qualcosa da mangiare prima di iniziare. È da stamattina che sei fuori e non credo che quello che hai mangiato alla mensa ti _____ (dare) l'energia sufficiente per continuare a lavorare così a lungo.

TULLIO: Va bene. Mi auguro solo che tutto _____ (funzionare) alla perfezione e soprattutto che _____ (smettere) di piovere.

VOLONTARI CERCASI

Consegne a domicilio per anziani in difficoltà

L'Auser, Associazione nazionale di anziani volontari, ha sedi in molte città, dal nord al sud Italia e cerca per agosto e settembre ragazzi disposti a regalare qualche ora al Filo d'Argento, il telefono amico degli anziani e delle famiglie.

I giovani devono portare le medicine o la spesa a casa di persone anziane malate. Per fare le consegne senza perdere troppo tempo, bisogna possedere una bicicletta o un motorino. Per chi vuole proporsi come pony[1] della solidarietà, **tel. 068440771.**

---

1. delivery person

VI Il periodo ipotetico

A hypothetical construction consists of an *if* clause, introduced by **se,** that expresses a hypothesis or condition, and a main clause that expresses a consequence or result. The **se** clause may either precede or follow the consequence. Hypothetical situations may be real, possible, or impossible.

A Periodo ipotetico della realtà

1] The indicative is used to express an action that is very likely or certain to occur if a condition is met.

Se **farà** bel tempo domani, **faremo** la manifestazione.	*If it's good weather tomorrow, we will have the demonstration.*
Gli **telefono** se non **arriva** fra poco.	*I will call him if he doesn't get here soon.*
Se non **capivano, dovevano** dirmelo.	*If they didn't understand, they should have told me so.*

2] The verb in the **se** clause is often in the same tense as the verb in the independent clause, but the following configurations are also possible.

PRESENTE ⟶ FUTURO

Se non **compra** il biglietto presto, non **potrà** venire con noi.	*If he doesn't buy the ticket soon, he won't be able to come with us.*

PASSATO PROSSIMO → FUTURO, PRESENTE, IMPERFETTO, TRAPASSATO O
IMPERATIVO

Se non **è arrivato** alle 7,00, non **arriverà** stasera.	*If he didn't arrive at 7:00, he won't arrive tonight.*
Se non **ha telefonato,** significa che **ha avuto** problemi.	*If he didn't call, it means that he had problems.*

FUTURO → FUTURO

Se **verrete** domani, ci **troverete.**	*If you come tomorrow, you will find us.*

B Periodo ipotetico della possibilità

1] To express a hypothetical action that may or may not occur, the imperfect subjunctive is used in the **se** clause and the present conditional is used in the result clause.

Se **vi iscriveste** alla nostra società, non lo **rimpiangereste.**	*If you joined our group, you wouldn't regret it.*
Proveresti molta soddisfazione se **aiutassi** la nostra associazione.	*You would feel very satisfied if you helped our organization.*

2] This construction can also be used to describe an imaginary situation.

Se **fossi** in te, **darei** molti soldi all'ospedale.	*If I were you, I would give a lot of money to the hospital.*

3] Sometimes the imperfect subjunctive can be combined with the past conditional.

Se **si fossero leggi** più giuste, **avrei potuto** adottare un bambino prima.	*If there were fairer laws, I would have been able to adopt a child sooner.*

C Periodo ipotetico dell'irrealtà

1] To express impossible or contrary-to-fact situations, the past perfect subjunctive is used in the **se** clause and the past conditional is used in the result clause.

Se **foste venuti, vi sareste divertiti.**	*If you had come, you would have had a good time.*

2] Sometimes the past perfect subjunctive can be combined with the conditional present.

Se **avesse accettato** quel lavoro, ora non **avrebbe** problemi finanziari.	*If he had taken that job, he wouldn't have financial problems now.*

PRATICA

A. Per una vita più giusta. Completa le seguenti frasi ipotetiche.

1. Il problema dei rifiuti non sarebbe così grave se...
2. Gli immigrati sarebbero integrati meglio se...
3. I disabili avrebbero una vita più facile se...
4. La fascia dell'ozono non sarebbe danneggiata se...
5. I fiumi non sarebbero inquinati se...
6. I carcerati avrebbero condizioni di vita migliori se...
7. Non ci sarebbero animali abbandonati se...
8. Gli ex-tossicodipendenti potrebbero reinserirsi meglio in una vita normale se...

B. Immaginare un mondo migliore. Completa le seguenti frasi ipotetiche.

1. Se avessi più tempo...
2. ... li darei alla mia famiglia.
3. Se fossimo più sensibili...
4. ... non ci sarebbe la fame nel mondo.
5. Se usassimo le macchine elettriche...
6. ... il mare non sarebbe inquinato.
7. Se stessero più attenti...
8. ... non gli parlerei mai più.

Se avessi un milione di euro...

C. Il semestre scorso. Di' a un tuo compagno / una tua compagna di classe tre cose che avresti fatto il semestre scorso se certe situazioni fossero state diverse.

BIBLIOTECA 2000

Distinguishing Fact from Opinion

How can a reader tell the difference between fact and opinion? Sometimes it's obvious. News stories present facts (and direct quotes that express viewpoints); editorials and signed opinion columns present opinion. Use of the first person—and, in Italian, the subjunctive—signal an expression of opinion. But sometimes the signals are more subtle. The reading in this chapter is a series of strongly worded assertions, and the subjunctive barely appears at all. The author doesn't qualify his statements with tentative constructions like **Penso che** and **Secondo me.** Nevertheless, the very words and illustrations he uses indicate that he is expressing strongly felt personal opinions.

~~~~~~~~~~~~~ **PRE-LETTURA** ~~~~~~~~~~~~~

A.   In gruppi di tre, leggete i seguenti commenti tratti dalla lettura che segue, «L'homo audience». Cercate parole o altri indizi che segnalino l'espressione di fatti o di opinioni personali.

1. L'alluvione (*flood*) del Nord-Ovest, oggi, ottobre 2000, è frutto di due atteggiamenti criminali che si moltiplicano a vicenda.
2. Governi e istituzioni assistono complici, o impotenti.
3. Quando finirà il mondo, ce lo potremo dire subito e in tanti modi, con e-mail o Web cam, al ralenti o col videofonino Umts (sigla per Ultimo Modello di Telefono Superfluo).
4. Meglio essere pessimisti prima che rassegnati (*resigned*) dopo: potrebbero esserci altre alluvioni quest'inverno in Italia.
5. Viviamo una nuova condizione climatica in cui le vecchie regole di rischio non valgono più.
6. Nel duello elettorale non sentiamo sprecare (*to waste*) molte parole per questi problemi.

B.   Stefano Benni usa un certo numero di neologismi (*invented words*) e di espressioni particolari o in inglese. Discutete in gruppi di tre le possibili definizioni per le seguenti parole.

new crime economy	ecofollia	ralenti
phew economy	Dio Auto	ecodistruttori

C. Meglio essere pessimisti?   A coppie, pensate a possibili circostanze in cui pensate che non sia possibile essere ottimisti.

«L'homo audience»

Stefano Benni

Stefano Benni (Bologna 1947) è giornalista, scrittore e poeta che collabora a numerosi giornali e riviste. In questo breve passo del racconto «L'homo audience», raccolto in *Il dottor Niù*, è possibile notare la carica ironica e sarcastica che hanno caratterizzato il successo dei suoi racconti e romanzi. In questo caso i bersagli (*targets*) sono l'economia e la politica che a poco a poco stanno distruggendo il mondo in cui viviamo.

O davverso così lontana dalla verità la satira di Benni? Alcuni abitanti di Como e volontari della Protezione Civile si fanno strada nell'acqua a causa dello straripamento del lago.

Qualcuno ritiene eccessiva e apocalittica la mia propensione a scrivere di catastrofe climatica, di distruzione dell'ambiente, di new crime economy. Qualcuno si complimenta quando le peggiori previsioni dei miei libri si avverano[1], come se fosse una gran soddisfazione. Ma quanto sta avvenendo[2], molti lo avevano previsto e denunciato con ben maggiore competenza e scientificità del sottoscritto. L'alluvione del Nord-Ovest, oggi, ottobre 2000, è frutto di due atteggiamenti criminali che si moltiplicano a vicenda[3]. Da una parte la nuova economia globale, detta anche phew economy, ovvero scienza del disprezzo dell'ambiente. Questa dottrina avida e sfrenata[4], che più che a Adam Smith sembra ispirarsi a Charles Manson, sta mutando il clima del globo, trattando le risorse terrestri come se fossero il supermarket delle industrie, e non un bene collettivo[5]. Governi e istituzioni assistono complici, o impotenti. Lo spirito di questa ecofollia[6], ben pubblicizzato dai media, avvelena le economie locali, i piccoli imprenditori[7], chiunque dovrebbe guadagnare o produrre con qualche responsabilità o limite.

Da una parte inquinamenti di interi laghi russi, disboscamento[8] di foreste amazzoniche, atomiche francesi, inquinamento da riscaldamento in Cina, esperimenti di guerra chimica e suolo farcito di[9] plutonio in Usa, petroliere che affondano[10], scarico di veleni in mare e nel terzo mondo, buco dell'ozono, inquinamento elettromagnetico, proliferare del Dio Auto. Dall'altra discariche abusive, incendi dolosi, fabbriche chimiche fuori dalla norma, cementificazione, lavori di ripristino[11] dimenticati, appalti[12] mafiosi, città strangolate dal benzene[13]. Piccoli Crimini di avidità che imitano il Grande Crimine celebrato in Borsa[14], in un mondo dove ognuno ha rinunciato alla responsabilità individuale, per consegnarsi a irresponsabilità globali. Siamo farciti di satelliti, Internet e cellulari, ma non sappiamo più salvare un bosco, un fiume o un campo, e così ci prepariamo all'ultimo grande regalo della tecnologia.

Quando finirà il mondo, ce lo potremo dire subito e in tanti modi, con e-mail o Web cam, al ralenti[15] o col videofonino Umts (sigla per Ultimo Modello di Telefono Superfluo). E l'ultima cosa che vedremo prima dello schianto[16] finale, sarà una bolletta[17]. Questo non solo per colpa del governo insipiente o dell'avida multinazionale, ma anche dei media che virtuosamente, a ogni disastro passano dalla parte degli accusatori, pur essendo spesso e volentieri il motore celebrante degli ecodistruttori[18]. Non solo quando c'è fuoco o fango, i telegiornali e i giornali dovrebbero preoccuparsi della situazione ambientale. Tra uno spot[19] e l'altro, potrebbero criticare lo strapotere[20] della phew economy, pubblicare i rapporti del Wwf[21], dei meteorologi giapponesi e svedesi, della Commissione mondiale geologica e di tanti altri.

Un consiglio, caro direttore di «Repubblica»: oltre a Borsa No problem, fai un inserto Ambiente Big problem in cui ogni settimana si parli di queste cose, non solo per salvare la pur simpatica e nobile foca monaca[22], ma anche l'aostano[23] di montagna, il ferrarese anfibio[24], l'esquimese mercuriato, il pescatore sardo, l'africano disidratato, insomma tutti gli esemplari minacciati della razza denominata «homo sapiens», attualmente «homo audience».

Meglio essere pessimisti prima che rassegnati[25] dopo: potrebbero esserci altre alluvioni quest'inverno

---

1. **si...** prove true   2. **sta...** is happening   3. **a...** in turn   4. unrestrained   5. **bene...** collective resource   6. ecological madness   7. entrepreneurs   8. deforestation   9. **suolo...** land full of   10. **petroliere...** oil tankers that sink   11. restoration   12. contracts   13. chemical benzene   14. Wall Street   15. **al...** in slow motion   16. crash   17. bill   18. destroyers of the ecosystem   19. ad   20. superpower   21. World Wildlife Fund   22. **foca...** a species of seal   23. person from Aosta   24. **ferrarese...** person from Ferrara (*near the Po River and, thus, amphibious*)   25. resigned

in Italia. La protezione civile dovrebbe essere dieci volte più numerosa e preparata. Viviamo una nuova condizione climatica in cui le vecchie regole di rischio non valgono più. Servono organismi che impediscano all'avidità della phew economy di peggiorare la situazione, bisogna ascoltare le parole d'allarme lanciate da serissimi studiosi in tutto il mondo.

Nel duello elettorale non sentiamo sprecare molte parole per questi problemi. Il pataccaro ceronato[26] e il cicciobello parlante[27] sembrano due pugili[28] che usano le parole «vincere, abbattere, eliminare» molto più di «salvare, ricominciare, aiutare». Poiché sono occupati al trucco, gli diamo noi qualche idea per la campagna elettorale.

---

26. **pataccaro...** swindler (*a reference to Silvio Berlusconi, a leader of the political right in Italy*)   27. **cicciobello...** talking doll (*a reference to Romano Prodi, a leader of the political left in Italy*)   28. boxers

---

~~~~~~~~~ **COMPRENSIONE** ~~~~~~~~~

A.   Come caratterizzate questo autore: pessimista o realista? Motivate le vostre scelte.

B.   Adesso che avete letto il brano, scrivete le definizioni per le seguenti parole. Le definizioni sono cambiate molto dalle definizioni date nella pre-lettura?

new crime economy   ecofollia   ralenti
phew economy   Dio Auto   ecodistruttori

C.   Parlate del «Dio Auto» ed il suo rapporto con l'ambiente.

D.   Discutete i problemi ambientali nella vostra città. Come si manifestano?

E.   Esprimete, usando il congiuntivo, le vostre interpretazioni del significato del titolo «L'homo audience».

Di propria mano

Writing Opinions

In the grammar section of this chapter you learned verbs and impersonal expressions that are used with the subjunctive to express opinion. In writing, expressions of opinion are usually intended to persuade others to adopt one's point of view.

Both evidence and word choice are important in persuasive writing. Evidence lends substance to an opinion and can be decisive in convincing others that it has merit and is trustworthy. But memorable and compelling examples, vivid language, appeals to shared values, humor, and even sarcasm like Benni's, will hold readers' attention.

Phrases like "I firmly believe," "It is absolutely necessary," or "I strongly doubt" sometimes make your opinions more forceful.

PRE-SCRITTURA

Pensa ad alcune organizzazioni che vorresti iniziare nella tua università o nella tua città che si occupano di problemi sociali. Come si chiamano? Chi aiutano? Qual è il loro scopo? Hai mai partecipato?

associazione	problema	settore aiutato	scopo dell'aiuto	hai mai partecipato?

SCRITTURA

Tu devi fare appello a un gruppo di studenti dell'università per convincerli a partecipare attivamente in ambito sociale. Scegli un'associazione importante per te e spiega le ragioni per cui ritieni che sia un'associazione meritevole e per cui gli studenti dovrebbero farne parte. Nella tua comunicazione, fa attenzione a questi suggerimenti.

1. Enfatizza il valore di quest'associazione, l'altruismo, la solidarietà e l'impegno sociale.
2. Spiega come la loro partecipazione avrà un impatto sulla società civile.
3. Invitali a trovare soluzioni effettive ai problemi posti.
4. Soprattutto esprimi le tue opinioni per commuovere la gente e spiegare perché è importante partecipare attivamente al potenziamento di questa associazione.

BLOCK NOTES

Rifletti su come si muovono gli italiani in campo sociale e sulle tue esperienze personali, su quello che hai potuto osservare (su Web o in classe) e nelle letture assegnate, e rispondi a una delle seguenti domande.

1. In base alle tue conoscenze dell'Italia, dove pensi che si dovrebbe concentrare maggiormente l'attenzione delle persone che vogliono impegnarsi in campo sociale?
2. Secondo te, quali sono i mezzi migliori per educare la gente al rispetto dell'ambiente e delle persone meno fortunate?
3. Come pensi che l'Italia potrebbe difendere il suo patrimonio artistico e culturale dagli effetti disastrosi dell'inquinamento ambientale?

Tutti in passerella?

Communicative Objectives

- Express opinions about fashion and clothing
- Talk about having something done
- Get and give permission for something to take place

 **Internet Café**

Indirizzo: http://italian.college.hmco.com/students

Attività: Uno stilista tra mille

In classe: Porta in classe la foto che hai stampato e descrivi alla classe il tuo «nuovo acquisto» firmato da uno dei più famosi stilisti italiani spiegando anche perché hai scelto questo regalo per la tua persona speciale.

Un negozio d'abbigliamento in via Montenapoleone, la via della moda, a Milano.

Tutti in passerella?

Tra le associazioni di idee che vengono in mente per prime, quando si parla dell'Italia, c'è senza dubbio quella con la moda. Versace, Gucci, Dolce & Gabbana, Ferragamo, Valentino e Krizia rappresentano solo una piccola parte dell'intero panorama della moda italiana. È grazie a loro che la moda italiana ha varcato i confini nazionali°, ed ora è quasi impossibile che una grande città, in qualsiasi parte del mondo, non ostenti° una delle loro boutique nelle vie più importanti del suo centro.

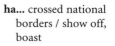

ha... crossed national borders / show off, boast

La popolarità e la diffusione della moda italiana è un fenomeno relativamente recente se si pensa che sarà solamente dopo la fine della Seconda guerra mondiale, grazie agli aiuti americani per la ricostruzione stabiliti dal piano Marshall*, che si potrà parlare di una vera e propria industria della moda che oggi rappresenta una delle più importanti voci° tra le esportazioni italiane all'estero.

sectors

Non che gli italiani si vestano esclusivamente con i capi d'abbigliamento delle grandi sartorie°: le boutique dei grandi stilisti sono spesso frequentate da turisti stranieri mentre i giovani italiani sembrano preferire una maggiore libertà legata soprattutto al continuo cambiamento delle mode. A fianco degli stilisti italiani e delle loro «linee giovani», si dovranno allora prendere in considerazione le case d'abbigliamento italiane e straniere che vanno per la maggiore° in questo momento: Benetton, Diesel, Gap, Levi's, Tommy Hilfiger tra i tantissimi altri.

fashion houses

vanno... are very popular

Le collezioni dei grandi stilisti influenzano sicuramente il gusto degli italiani che spesso però, per aggirare° il problema degli elevati costi, preferiscono fare le loro spese in negozi dai prezzi più accessibili.

to avoid, to get around

Non solo alta moda per i giovani italiani. Completi jeans e scarpe da ginnastica sembrano spesso farla da padrone.

---

* Il piano Marshall o ERP (*European Recovery Program*) deve il suo nome al Segretario di Stato americano George C. Marshall che ne fu l'ispiratore. Con esso gli Stati Uniti si impegnavano a fornire aiuti economici ai paesi europei coinvolti nella Seconda guerra mondiale per facilitarne la ripresa. Dal 1948 al 1953 furono versati sui conti italiani 1.578 milioni di dollari.

~~~~ **DOMANDE** ~~~~

1. Chi sono gli stilisti italiani di cui parla il testo? Ne conosci altri? Esistono delle boutique di questi stilisti nella tua città?
2. Hai mai comprato qualcosa di uno stilista famoso? Come puoi descrivere il rapporto qualità-prezzo?
3. Credi che vestirsi alla moda possa aprire molte porte? Perché?
4. Quali sono alcune delle cose che hai comprato e che ora sono considerate «sorpassate» dalla moda del momento? E quali cose hai comprato molto tempo fa ma che sono sempre «alla moda»?
5. Nell'attività Web viene mostrato uno stilista che non produce solamente capi d'abbigliamento. Conosci altri stilisti che usano il loro nome anche per cosmetici, profumi e articoli per la casa? Chi sono e cosa producono?

LESSICO.EDU

Capi d'abbigliamento

l'abito *suit* (*men's and women's*); *dress*
le bretelle *suspenders*
le calze *socks* (*stockings, nylons*)
i collant *pantyhose*
il completo *suit*

il costume da bagno *bathing suit*
la cravatta a farfalla, il papillon *bowtie*
le mutande *underpants*
i pantaloncini *shorts*
la pelliccia *fur coat*

il pigiama *pajamas*
la sciarpa *scarf*
lo smoking *tuxedo*
gli stivali *boots*
il tailleur *woman's suit*
il vestito da sera *evening gown*

Stoffe e materiali

l'acrilico *acrylic*
il camoscio *suede*
il cotone *cotton*
le fibre naturali *natural fibers*

le fibre sintetiche *synthetic fibers*
la lana *wool*
il lino *linen*
la pelle *leather* (*used for clothing or purses*)

il poliestere *polyester*
la seta *silk*
la stoffa *fabric*
il velluto *velvet*

Fare le spese, lo shopping

calzare *to put on / to fit* (*shoes, gloves*)
farsi fare un vestito *to have a suit / dress made*
indossare *to wear / to put on*

levarsi, togliersi *to take off* (*clothing*)
la marca *brand name*
la misura, la taglia *size*
il numero *shoe size*
il saldo *sale*

il/la sarto/a *tailor*
lo sconto *discount*
lo spogliatoio / il camerino *dressing room*
lo / la stilista *fashion designer*

Altre parole ed espressioni utili

la camicia *shirt*	l'armadio *closet*	ricamare *to embroider*
a coste *ribbed*	la cifra *amount*	ricamato/a *embroidered*
a quadri *checked*	cucire *to sew*	la sfilata *fashion show*
a righe *striped*	portare *to wear*	spogliarsi *to undress*
a tinta unita *solid-color*		

~~~~~~~~ **PRATICA** ~~~~~~~~

A. In una boutique alla moda. Completa la conversazione con le parole appropriate.

seta	spogliatoio	calze	completo	taglia
a tinta unita	armadio	farmi fare	stilista	camicia

Luisa entra con il suo amico Carlo per la prima volta in un negozio d'alta moda per comprare un regalo al suo ragazzo Pietro.

COMMESSA: Buongiorno, signori. Posso aiutarLi?

LUISA: Volevamo vedere qualche cosa da uomo. Una giacca forse.

COMMESSA: (*parlando a Carlo*) Che _____ porta?

CARLO: Non è per me. È per il suo ragazzo.

LUISA: Sì, certo, ma siete alti e magri uguali.

CARLO: OK. Porto la 56.

COMMESSA: Ecco qui il nostro ultimo modello. Se vuole provarla, lo _____ è dietro quella parete.

LUISA: Sì, ma quanto costa?

COMMESSA: Per questa solo 450 euro.

LUISA: Solo?!? Forse è meglio vedere qualche _____. La porterà sotto le giacche che ha già nel suo _____.

COMMESSA: Eccole qui. Che colore?

LUISA: Blu o bianca, senza righe, quadri o disegni. Lui le porta solo _____.

COMMESSA: Abbiamo questi due tipi. Come prezzo partiamo dai 250 euro.

LUISA: Che prezzi! Con questi soldi potrei _____ un _____ da un buon sarto. Sono d'oro?

COMMESSA: Sono di _____ purissima. Insomma, quanto vuole spendere?

LUISA: Non so... Pensavo a una cifra vicina ai 50 euro.

COMMESSA: Capisco. Per quella cifra abbiamo solo delle _____. Con i pantaloni giusti, è possibile vedere la nostra marca quando si cammina.

LUISA: Voi siete pazzi. Andiamo via, Carlo. Questo _____ forse venderà molto all'estero ma non credo che molti italiani vengano qui a fare le spese.

B. Il vestito adatto. La prossima settimana devi andare in tre posti diversi e per ogni situazione hai bisogno di un abbigliamento diverso. Decidi cosa ti dovresti mettere per ognuna di queste occasioni. Poi descrivi alla classe i tre abbigliamenti e scopri se possono capire dove andrai.

1. il matrimonio di due amici
2. una festa informale da amici che hanno una piscina
3. a casa dei vostri genitori per un po' di relax

C. Chi sarà mai? A coppie, osservate le persone nella vostra classe e descrivete l'abbigliamento di qualcuno di loro. Per rendere il gioco un po' più stimolante (e un po' più difficile) quando descrivete, alternate agli abiti che porta quelli che non porta. La classe cercherà di indovinare di chi state parlando.

ESEMPIO: Ha una maglietta bianca e una giacca azzurra ma non ha pantaloni e non porta sandali neri.

STUDIO REALIA

La minigonna rivoluziona la moda negli anni Sessanta.

A. La moda negli anni, le idee negli anni. Ogni anno una nuova moda presto viene dimenticata per lasciare spazio alla successiva. Alcune però sopravvivono perché rappresentano un modo di essere, di affrontare il mondo e di affermare la propria appartenenza ad un determinato gruppo o ad una determinata idea. Pensate alla rivoluzione causata dalla minigonna la quale è divenuta presto il simbolo della donna liberata. A coppie, guardate le foto qui sotto e per ognuna rispondete alle sollecitazioni completando la tabella.

> **Vocabolario utile:** a zampa d'elefante (*bell bottoms*), borchiato (*studded*), scarpe con la zeppa (*wedge heels*)

i figli dei fiori   i punk   gli yuppies

	periodo	caratteristiche dell'abbigliamento e dell'aspetto in generale
i figli dei fiori		
i punk		
gli yuppies		

B. Abiti come idee. Ora con lo stesso compagno / la stessa compagna, pensate a quali siano le idee associate agli stili che avete appena visto e a quale impressione vi fanno. Scrivete le vostre idee e poi condividetele con la classe.

idee associate agli stili, impressioni
i figli dei fiori
i punk
gli yuppies

C. Siamo tutti stilisti! In gruppi di tre, descrivete il look maschile e femminile che secondo voi meglio darebbe un'idea degli anni in cui stiamo vivendo. Presentateli poi alla classe.

Grammatica & co.

Ⅰ Il congiuntivo con le congiunzioni

A Le congiunzioni

1] Certain conjunctions call for the subjunctive in the clauses they introduce.

a meno che non *unless*	perché* *so that*
affinché *in order that*	prima che *before*
benché *even though*	purché *provided that*
come se *as if*	qualsiasi *whatever, whichever*
di modo che *so that*	quantunque *although*
malgrado *despite*	sebbene *even though*
nel caso che *in case*	senonché *unless*
nonostante *even though*	senza che *without*

COME SE
FOSSE DOMANI!
BRANDO
Abbigliamento per
l'uomo e la donna con
un piede nel futuro

Benché avessi lavorato molte ore, non ero stanca.	*Even though I had worked many hours, I wasn't tired.*
Comprerò quella camicetta **purché** mi **facciano** uno sconto.	*I'll buy that blouse provided that they give me a discount.*
Il padre ha fatto gli straordinari **affinché** sua figlia **potesse** comprare l'abito da sposa che desiderava.	*The father worked overtime so that his daughter could buy the wedding dress she wanted.*

* Note that **perché** used with the indicative means *because* and not *so that*.

2] The subjunctive is used after nearly all of these conjunctions even when the subjects of the main clause and the subordinate clause are the same. After **prima che, senza che,** and **affinché,** however, the subjunctive is used only when the main and subordinate clauses have different subjects. When the subjects are the same, **prima di** + *infinitive* and **senza** + *infinitive* are used. **Affinché** is replaced with **per** + *infinitive*.

Usciamo **prima che** il negozio **chiuda.**	*Let's leave before the store closes.*
È andato via **prima di finire** il progetto.	*He left before finishing the project.*
Ho preso un biglietto per lui **senza che** lo **sapesse.**	*I got him a ticket without him knowing it.*
Ho preso un biglietto per lui **senza** neanche **sapere** se lo volesse.	*I got him a ticket without even knowing if he wanted it.*
Ho annunciato la sfilata **affinché venisse** molta gente.	*I announced the fashion show so that a lot of people would come.*
Ho annunciato la sfilata **per invitare** molta gente.	*I announced the fashion show to invite a lot of people.*

B   **Il congiuntivo in altri casi**

1] The subjunctive is also used in clauses introduced by a relative superlative or a restrictive adjective.

superlativo relativo	aggettivi restrittivi
il più...	l'unico / l'unica
il / la migliore	il solo / la sola
il / la peggiore	il primo / la prima

ITALIANA...
L'unica moda che ti faccia sentire sempre alla grande

Sono **le peggiori** modelle che **abbia mai visto.**	*They are the worst models I've ever seen.*
È **la sola** modella che non **accetti** soldi dallo stilista.	*She's the only model who doesn't accept money from the designer.*

2] Indefinite expressions like **qualcuno** (*someone*), **qualsiasi** (*whatever, whichever*), and **qualunque** (*whatever*) require the subjunctive.

Qualsiasi vestito lei **si metta** le sta bene.	*Whatever she wears looks good on her.*
Conosci **qualcuno** che **sappia** fare la modella?	*Do you know someone who knows how to model?*

3] The subjunctive is also used after the negative expression (**non**)... **nessuno /
niente** when referring to unknown or nonexistent people or things.

Non conosco **nessuno** che **porti**   *I don't know anyone who wears*
quegli stivali.   *those boots.*

~~~~~~~~~~ **PRATICA** ~~~~~~~~~~

A. Una scuola per stilisti.   Completa la descrizione delle regole
dell'Accademia di moda con le seguenti congiunzioni.

a meno che   benché   nel caso che   purché
affinché   di modo che   prima che

Tutti quelli in possesso di un diploma possono iscriversi ai corsi dell'Accademia
di Moda _____ siano cittadini della CEE. Quando si fa domanda,
bisogna mandare un certificato di nascita _____ i dirigenti
possano verificare la cittadinanza. Inoltre, è necessario mandare tre foto
formato tessera (*passport-size photos*) _____ inizino i corsi a
marzo. I corsi durano un anno e alla fine di ogni anno accademico ci sarà
un esame _____ lo studente non scelga l'opzione di scrivere
una tesi. La presenza alle lezioni è obbligatoria. _____ i professori non facciano l'appello tutti i giorni, parte del voto assegnato terrà
conto della presenza alle lezioni. C'è un numero limitato di studenti e ognuno
viene seguito individualmente _____ possa raggiungere i suoi
obiettivi.

B. All'Accademia di moda. A coppie, rispondete alle seguenti domande utilizzando gli elementi dati, seguendo il modello dell'esempio. Usate la forma corretta del congiuntivo.

> ESEMPIO: All'Accademia, tutti possono svolgere un programma adatto alle proprie esigenze? (benché / esserci molti corsi obbligatori)
> Benché ci siano molti corsi obbligatori, tutti possono svolgere un programma adatto alle proprie esigenze.

1. Dovrai andare a lezione martedì sera? (nonostante / io / non averne voglia)
2. Ti è piaciuto l'insegnante? (malgrado / parlare troppo velocemente)
3. Vi hanno seguito attentamente al laboratorio? (benché / noi / essere in molti)
4. Insegneranno un corso di lavoro artigianale? (di modo che / tutti / potere esprimere / la propria creatività)
5. Marina, ti sembra bello quel nuovo abito? (qualsiasi cosa / quella ragazza / disegnare)
6. Perché studi la moda? (affinché / nel futuro / mio padre / lasciare / a me / la sua sartoria)
7. Esiste una vera professionalità in questo campo? (purché / gli stilisti / seguire / alcune regole di comportamento)
8. Aprirebbero una nuova classe? (nel caso che / iscriversi / in molti)

C. Le vostre opinioni. In gruppi di tre, completate le frasi con una congiunzione e una conclusione logica. Poi paragonatele con gli altri. **Ecco alcune congiunzioni:** *affinché, di modo che, perché, come se, malgrado, nel caso che, nonostante, benché, sebbene, quantunque, a meno che non, senonché, prima che, purché, qualsiasi, senza che.*

> ESEMPIO: Preferisco comprare gli abiti di marca...
> Preferisco comprare gli abiti di marca **benché** costino troppo.

1. A lei interessa fare bella figura...
2. Gli stilisti pensano sempre al pubblico...
3. Preferisco i disegni classici...
4. I giovani si vestono alla moda...
5. Le modelle indossano certi stivali...
6. Quella ragazza compra vestiti di marca...

Ⅱ Concordanza dei tempi nel congiuntivo

The tense of a subjunctive verb in a dependent clause is determined by the tense of the verb in the main clause and the time relationship between the two verbs.

1] If the main clause is in the present or future tense, the dependent clause will be in the present subjunctive if its action is simultaneous or later, and in the past subjunctive if the action precedes that of the main clause.

Speri che →
Do you hope that
$\left\{\begin{array}{l}\text{i saldi \textbf{siano} in corso?} \\ \textit{the sales are going on?} \\ \\ \text{\textbf{abbiano invitato} tutti i VIP?} \\ \textit{they invited all the VIPs?}\end{array}\right.$

2] If the main clause is in any past or conditional tense (present or past), the dependent clause will be in the imperfect subjunctive if its action is simultaneous or later, and in the pluperfect subjunctive if its action precedes that of the main clause.

Credevi che →
Did you believe that
$\left\{\begin{array}{l}\text{Versace \textbf{arrivasse} oggi?} \\ \textit{Versace was arriving today?} \\ \\ \text{Versace \textbf{fosse già arrivato?}} \\ \textit{Versace had already arrived?}\end{array}\right.$

Spererei che →
I would hope that
avesse quei capi d'abbigliamento.
he had those clothes.

Avrei pensato che →
I would have thought that
avesse lavorato più anni in quel campo.
he had worked longer in that field.

PRATICA

A. Nuova moda. Anna, una studentessa di moda, scrive alla sua collega Betta a proposito della nuova moda austera. Completa con la forma corretta del congiuntivo.

Cara Betta,

hai visto che in passerella hanno mandato la moda del guardaroba da Regina? Siamo di nuovo ai tempi della regina Vittoria. Temo che _____ (essere) una moda troppo deprimente e che l'unico tocco di allegria _____ (venire) dai bottoni! Non avrei mai creduto che una moda così _____ (potere) tornare.

Ho chiesto al Professor Mara chi l'aveva lanciata, e mi ha detto che va dai tailleur di Prada agli stivaletti neri di Vuitton. Dopo la moda così sexy e seduttiva dell'anno scorso, è naturale che il pubblico _____ (reagire) malamente. Non avrei mai immaginato che una reazione così drammatica _____ (essere) possibile.

Poi c'è da vedere i colori. Credi che questi stilisti _____ (scegliere) melanzana e grigio per la collezione principale? Vorrei che _____ (passare) questa stagione e che noi _____ (entrare / già) nella prossima!

Ci vediamo il trimestre prossimo!

Anna

B. Anche gli uomini alle beauty farm. Non è solo la donna che ricorre alle beauty farm per farsi più bella. Da qualche anno sono sempre più numerosi gli uomini che richiedono la ceretta (*waxing*) e la tinta dei capelli e che comprano la crema anticellulite. Completa la conversazione di un uomo dall'estetista usando la forma corretta del congiuntivo.

avere	essere (2v.)	potere	vedere
dovere	fare	tingere	volere

PIETRO: Vorrei che mi _____ i capelli biondo-Carrà.*

ESTETISTA: Se gli amici Le domandano del colore?

PIETRO: Non mi importa. Crederanno che _____ il sole a tingerli.

ESTETISTA: Desidera che Le _____ uno shampoo?

PIETRO: Sì. E credo che i miei capelli _____ bisogno anche di un buon balsamo (*conditioner*).

ESTETISTA: Ieri è venuto anche Suo padre. Non pensavo che anche lui _____ la maschera antirughe.

PIETRO: Al momento siamo tutti e due felici che Lei ci _____ aiutare a rimetterci in forma.

ESTETISTA: Pensi che un nostro cliente, di cui non posso dirLe il nome, crede che tutti _____ farsi fare la ceretta per ripulirsi il torace e la pancia.

PIETRO: Ma qui siamo arrivati al ridicolo.

ESTETISTA: Non credo sinceramente che ci _____ molta differenza tra Lei e lui. In realtà entrambi volete che gli altri vi _____ più belli e ringiovaniti.

PIETRO: Forse ha ragione.

---

*blond like Raffaella Carrà, popular Italian television host

C. Cosa volevano che tu facessi? A coppie, formate domande e risposte con la forma corretta del congiuntivo presente, passato, imperfetto e trapassato.

> **Esempio:** I tuoi genitori permettevano che tu (truccarsi) quando avevi 14 anni?
>
> St. 1: I tuoi genitori permettevano che tu ti truccassi quando avevi 14 anni?
>
> St. 2: No, i miei genitori non permettevano che io mi truccassi.
>   o Sì, i miei genitori permettevano che io mi truccassi.

1. Il preside della scuola vuole che voi (portare) divise?
2. I tuoi genitori erano felici che tuo fratello (mettersi) i pantaloni di cuoio?
3. I tuoi amici desiderano che tu (vestirsi) come loro?
4. Tua sorella insisteva che tua madre (comprarle) degli stivali?
5. Tua madre si aspettava che tua sorella (dovere) comprarli lei?
6. Il tuo capo insiste che le donne non (mettersi) pantaloni?
7. Il comandante voleva che le donne carabiniere (portare) gonne?
8. Il tuo compagno d'appartamento l'anno scorso era la sola persona che (prendere) i tuoi vestiti senza chiedere permesso?

III I verbi causativi *fare* e *lasciare*

The verbs **fare** and **lasciare,** used with an infinitive, mean *to cause* or *to allow an action to occur.*

A *Fare* + infinito

1] **Fare** + *infinitive* means *to make someone do something* or *to have something done.*

La stilista **ha fatto cucire** il vestito da sera alla sarta.	*The designer had the evening gown sewn by a seamstress.*
La sfilata era talmente noiosa che mi **ha fatto addormentare.**	*The fashion show was so boring that it made me fall asleep.*

2] When **fare** + *infinitive* is used with a single object, it is a direct object.

Ho fatto cucire **l'abito.**	*I had the suit made.*
Ho fatto pagare **il sarto.**	*I had the tailor paid.*

3] When there are two objects, the thing acted on is the direct object and the person who performs the action is the indirect object.

Ho fatto cucire **l'abito al sarto.**	*I had the tailor make the suit.*

The indirect object ordinarily takes the preposition **a.** However, when there could be confusion about whether the person performed or received the action, **da** is used for clarity.

Il sarto ha fatto mandare i vestiti **alla** commessa.	*The tailor had the clothes sent to the sales clerk.* (or *The tailor had the sales clerk send the clothes.*)
Il sarto ha fatto mandare i vestiti **dalla** commessa.	*The tailor had the sales clerk send the clothes.*

4] Object pronouns usually precede the conjugated forms of **fare.**

L'ho fatto cucire. (abito)	*I had it made (sewn).*

Object pronouns attach to **fare,** however, when it is an infinitive, a gerund, or an informal imperative form of **tu, noi,** or **voi. Loro** always follows the infinitive.

Avendolo fatto cucire, Sabrina era sicura di avere la misura perfetta.	*Having had it made to order, Sabrina was sure it was the perfect size.*
Dai! **Faglielo** mettere stasera! È un abito stupendo!	*Come on! Have him wear it this evening! It's a beautiful suit!*

5] **Farsi** + *infinitive* means *to have* or *get something done for oneself* (*by someone else*). **Da** is used to introduce the name or occupation of the person or entity who performs the action.

Il signore **si è fatto fare** due abiti **da** Versace.	*The man had two suits made for himself by Versace.*
Mi sono fatta disegnare due vestiti da uno stilista milanese.	*I had two dresses designed for myself by a Milanese designer.*

6] When a reflexive verb is used with **fare** + *infinitive,* the reflexive pronoun is omitted.

Falla pettinare subito!	*Have her comb her hair right away!*
Falle truccare immediatamente.	*Have them put their makeup on immediately!*

B *Lasciare* + **infinito**

1] **Lasciare** + *infinitive* means *to let* or *permit someone to do something.* This construction is used in the same way as **fare** + *infinitive* and the same rules regarding direct-object and indirect-object pronouns apply as well.

2] When **lasciare** is followed by **che** and the two clauses have different subjects, the subjunctive is used in the dependent clause.

Lascia che lei **si vesta** come vuole.	*Let her dress the way she wants.*
Lasceresti che Cecilia **portasse** il tuo abito da sera alla festa?	*Would you let Cecilia wear your evening gown to the party?*

3] **Lasciar(e) stare** and **lasciar(e) perdere** have idiomatic meanings.

lasciare stare *to let something be*
lasciare perdere *to forget about something*

Non ne voglio più parlare. **Lascia stare!**	*I don't want to talk about it anymore. Let it be!*
Non pensarci più. **Lascia perdere!**	*Don't think about it any more. Just forget about it.*

4] **Lasciarsi** + *infinitive* means *to let* or *permit something to be done* or *to happen to oneself.* **Da** is used to introduce the name or occupation of the person or entity who performs the action.

Mi sono lasciata convincere a comprare quel vestito **dalla** pubblicità in televisione.	*I let myself be convinced to buy that dress by the ad on TV.*
Non si è più vestita bene dopo il divorzio. **Si è lasciata andare.**	*She didn't dress well anymore after the divorce. She let herself go.*

 **PRATICA**

A. Chi te lo fa fare?   A coppie, prima formate una domanda dalla frase data e poi rispondete usando i pronomi dove possibile.

> **ESEMPIO:** Metti un cappello.
> ST. 1: Chi ti fa mettere un cappello?
> ST. 2: Mia madre me lo fa mettere.

1. Porti una cravatta.
2. Togli le scarpe fuori della porta.
3. Compri un nuovo completo.
4. Stiri i pantaloni.
5. Metti il vestito di poliestere.
6. Vai dalla sarta tutte le settimane.
7. Ricami i vestiti.
8. Indossi scarpe a tacchi bassi invece che a tacchi alti.

B. Dalla sarta.   Riforma le seguenti frasi usando il soggetto fra parentesi e la costruzione **fare** + *infinito* o **farsi** + *infinito* seguendo gli esempi.

> **ESEMPI:** Gli studenti studiarono la moda degli anni Sessanta. (i professori)
> I professori fecero studiare la moda degli anni Sessanta agli studenti.
>
> Il sarto ha disegnato abiti da sera bellissimi per te. (tu)
> Tu ti sei fatta disegnare abiti da sera bellissimi dal sarto.

1. La sarta cuciva tutti i suoi abiti. (la signora)
2. Lo stilista creò un modello per me. (io)

3. Abbiamo pagato poco. (la sarta)
4. Imparavamo a ricamare. (la zia)
5. Mauro porterà il mio smoking domani. (io)
6. Suo marito le comprò delle scarpe nuove. (lei)
7. Aspettai mezz'ora. (l'agente)
8. Rosanna ha ideato il tailleur. (Donatella)

C. Cosa vi farebbe cambiare il modo di vestire?   In gruppi di tre o quattro, parlate del vostro modo di vestire.

1. Quali sono le influenze che vi farebbero cambiare il modo in cui vestite?
2. Vi farebbero cambiare idea più le influenze degli amici o le influenze dei mass media?
3. Che cosa non vi fareste convincere a portare anche se andasse di moda?
4. Il guardaroba dei cantanti famosi vi influenzerebbe?
5. Per stupire tutti, che genere di vestito vi fareste fare per la prossima festa?
6. Che genere di vestiti vi facevano portare i vostri genitori che voi odiavate?

D. Le abitudini.   Una giovane ragazza parla delle sue abitudini per quanto riguarda la moda. Reagisci con sorpresa, seguendo l'esempio.

> **ESEMPIO:** Metto i tacchi altissimi.
>   I tuoi genitori ti lasciano mettere i tacchi alti?

1. Ho comprato tre minigonne.
2. A Milano vado spesso alle sfilate.
3. Comprerò un bikini per l'estate.
4. Vesto solo Versace.
5. Ho usato la carta di credito per comprare una pelliccia.
6. Metterò il rossetto nero per la festa.

E.   Adesso, usando le frasi dell'attività D, sostituisci gli oggetti con pronomi dove possibile.

> **ESEMPIO:** Metto i tacchi altissimi.
>   I tuoi genitori ti lasciano mettere i tacchi alti?
>   I tuoi genitori **te li** lasciano mettere?

F. Vivere e lasciar vivere!   A coppie, rispondete alle seguenti domande.

1. Il tuo carattere ti permette di vivere e lasciar vivere?
2. Tu lasceresti che le tue figlie vestissero come vogliono?
3. Ti lasci influenzare dalla moda?
4. Hai un amico che non ti lascia mai parlare?
5. Conosci qualcuno che non lascia mai parlare gli altri?
6. Ti lasceresti vestire da uno stilista famoso? Da chi? Perché?
7. Il tuo professore / la tua professoressa ti lascia divertire in classe?

BIBLIOTECA 2000

Making Inferences

Understanding in depth what you read sometimes calls for inferring or guessing meanings that are not directly stated in the text. This is the skill known as *reading between the lines,* or in Italian, **leggere tra le righe.** Attentive readers notice clues in the text and absorb what they imply.

Distinguishing between a pure guess and a rational deduction calls for some background knowledge and experience. If a party invitation says "black tie," you can assume that the party will be elegant, formal, and frequented mostly by people who can afford that type of dress. If all the men at the party are wearing Armani suits, you can infer that their incomes are high. This would be true in Italy as well, but the ability to make other kinds of inferences about an unfamiliar culture will take time.

~~~ PRE-LETTURA ~~~

A. In gruppi di tre, pensate alla parola **bellezza.** Poi elencate tutte le parole nelle seguenti categorie che vi vengono in mente quando pensate alla parola **bellezza.**

vista	udito	sentimenti

B. Prima di leggere *Vita e morte di Adria e dei suoi figli,* leggete la seguente descrizione della protagonista, Adria, e poi decidete su una scala da 1 a 5 (5 più alto) se Adria ha le seguenti caratteristiche suggerite.

> **Caratteristiche:** orgogliosa, ambiziosa, intelligente, bella, giovane, egoista, ricca

Adria era stata libera alle otto e mezzo, come ogni sera, dalle mani del parrucchiere, che dopo averla pettinata le aveva calzato[1] con arte sublime il cappello e disposti a quel modo e fermati con invisibili spilli[2] i capelli della fronte contro la gran falda[3] turchina. Tutto il rimanente delle operazioni di abbigliamento si rimandava[4] a dopo il pranzo[5]. Da cinque anni ogni sera così.

---

1. fit perfectly   2. pins   3. brim (*of a hat*)   4. **si...** she put off   5. dinner (*in this context*)

C. Leggete la seguente descrizione e poi elencate le caratteristiche di Adria
che potete dedurre dal brano letto.

Si recitava, per la prima volta in Italia, un dramma nordico: c'era il pubblico
delle grandi occasioni. Il pubblico applaudiva, e tra un atto e l'altro guardava
le donne nei palchi: sopratutte Adria.

Ella salutava a sorrisi verso altri palchi con molta gentilezza. Modulava
d'istinto il suo sorriso secondo il merito delle persone, qualche volta salutava
senza sorridere. Quando Adria non sorrideva la sua faccia era più bianca, il
sorriso diffondeva su quel chiarore brevi ombre rosate. Di tratto in tratto
dagli occhi azzurri mandava raggi d'argento.

Vita e morte di Adria e dei suoi figli

MASSIMO BONTEMPELLI

Massimo Bontempelli (1878–1960),
prolifico scrittore, è conosciuto principalmente per aver fondato e diretto la rivista
Novecento. Questo breve passo è tratto
da uno dei suoi romanzi, *Vita e morte di
Adria e dei suoi figli,* e ci presenta la protagonista nella sua ricerca ossessiva della
bellezza a scapito di tutto il resto, compresa la famiglia.

Una bellezza irraggiungibile?

Adria era stata libera alle otto e mezzo, come ogni sera,
dalle mani del parrucchiere, che dopo averla pettinata
le aveva calzato con arte sublime il cappello e disposti
a quel modo e fermati con invisibili spilli i capelli
della fronte contro la gran falda turchina. Tutto il rimanente delle operazioni di abbigliamento si rimandava
a dopo il pranzo. Da cinque anni ogni sera così.

Cinque anni prima, dopo lunghe e tranquille medi-
tazioni davanti allo specchio, Adria aveva capito d'aver
raggiunta la perfetta bellezza, aveva stabilito come suo
dovere sacro di dedicarvisi tutta. Ebbene[1] un terrore
retrospettivo per essersi maritata[2] così giovane, a sedici
anni, per aver avuto i due parti[3], la bambina a diciassette
e mezzo e il bimbo a meno di venti. Età imprudente; a
quell'età una donna ha della propria bellezza un'impressione cupida[4] e inquieta, non quel senso religioso che la
fa intendere quale[5] un dovere e un alto sacrificio. Rin-
graziò il Cielo d'averla salvata dal rischio di sciuparsi[6]

---

1. It scared her   2. married   3. deliveries (*childbirth*)   4. covetous
5. **che...** that makes her understand it as   6. to wear oneself out

per sempre. Chiuse la porta all'amore, agli affetti, a ogni altro interesse di donna. I bambini, che amava, non poterono avvicinarla più che una volta la settimana (come se fossero in collegio[7]) in una breve visita senza espansioni: non temeva che i loro abbracci le sgualcissero[8] i vestiti, ma che l'affetto intorbidasse[9] in lei quella volontà d'essere bella. La bellezza fu la sua cura d'ogni minuto e scopo d'ogni atto; la sentiva come una cosa fuori di lei, che Dio le aveva dato in custodia. Davanti a quella bruciò dunque ogni altra cosa, sentimento, inquietudini, piacere di vivere, ambizioni. Questa non era ambizione, ma un culto. Infatti nessuno la biasimò[10], nessuno la giudicò. Il marito dai gradini[11] dell'altare serviva la cerimonia, i figli adoravano da lontano, gli amici non chiedevano confidenza, le donne non la chiamavano in gara[12], gli adoratori non se ne innamoravano: tanto quel volere aveva totalmente rifoggiato[13] il mondo per un vasto spazio intorno a lei. Uno solo si era innamorato, perché uno era necessario a compiere[14] il poema dell'aria che la circondava. Il destino aveva estratto a sorte[15], per questo ufficio, Guarnerio. L'amore di Guarnerio, come ogni cosa di quel mondo, non aveva svolgimento[16]; era nato al giusto punto, già maturo e ardente quanto occorreva e non più. Tutti lo avevano accettato; perché nel mondo di Adria non esisteva il segreto. Quale era nato, tale passando i mesi e gli anni rimaneva e sarebbe rimasto per l'eternità; perché nel mondo di Adria non esisteva tempo.

Congedato[17] il parrucchiere, in cappello, e camice tranquillamente era scesa alla sala da pranzo. Il pranzo era semplice, le poche parole che moglie e marito si scambiavano furono, come sempre, cordiali e riposanti. Risalita alle sue stanze, aveva rialzato di un leggerissimo trucco i toni del volto, poi le cameriere finirono d'abbigliarla aggiungendo al camice colore di perla una piccola fascia[18] che la serrava[19] leggermente sotto il seno, e un leggero manto[20] azzurro. Adria e il marito si fecero portare al Teatro Valle.

Si recitava, per la prima volta in Italia, un dramma nordico: c'era il pubblico delle grandi occasioni. Il pubblico applaudiva, e tra un atto e l'altro guardava le donne nei palchi: sopratutte Adria.

Ella salutava a sorrisi verso altri palchi con molta gentilezza. Modulava d'istinto il suo sorriso secondo il merito delle persone, qualche volta salutava senza sorridere. Quando Adria non sorrideva la sua faccia era più bianca, il sorriso diffondeva su quel chiarore brevi ombre rosate. Di tratto in tratto dagli occhi azzurri mandava raggi d'argento.

Adria non vedeva e non guardava come fossero vestite le altre donne qua e là per il teatro. Invece il manto azzurro, il cappello turchino, la corona di capelli neri fissati alla testa, furono in breve il tema di quasi tutte le conversazioni. Negli atrii e per i corridoi si discuteva la commedia e si esaltava la bellezza di Adria. I nomi Ibsen e Adria volavano tra la gente. Si raccontava per la millesima volta la sua storia semplicissima.

A ogni intervallo ebbe qualche visita. Dopo il primo atto fu un vecchio, collega d'affari di suo marito. Dopo il secondo due ufficiali e un banchiere dall'aspetto gioviale. Ognuno veniva a salutarla come si portano fiori a un altare di campagna ogni domenica, per una consuetudine[21] dolce; nessuno aveva grazie da chiederle, l'omaggio ad Adria era una religione accettata con tranquillità da un certo numero di fedeli. Sopraggiunse un bel magistrato con i baffi bianchi, Bellamonte, chiamato da tutti per antonomasia[22] il Giudice, presentandole il figlio, un giovinetto imbarazzato che si chinò[23] a mezzo per baciarle la mano e poi non ebbe il coraggio di finire l'impresa: Adria molto lieta lo ricompensò sfiorandogli[24] con due dita una ciocca[25] di capelli che gli ricadeva sulla fronte. Verso la fine del secondo intervallo arrivò Guarnerio.

---

7. boarding school   8. would wrinkle   9. would confuse; muddle   10. blamed   11. steps   12. **chiamavano...** tried to compete   13. reshaped   14. to complete   15. **aveva estratto...** had drawn a name   16. **non...** nothing came of it   17. Having said good-bye   18. band (*around the waistline*)   19. closed   20. cloak   21. customary   22. **per...** par excellence   23. **si...** bent down   24. brushing against him   25. lock (of hair)

~~~~~~ **COMPRENSIONE** ~~~~~~

1. Come passa Adria la sua giornata?
2. Più volte in questo brano Adria e la sua bellezza sono menzionate quasi in termini religiosi. Trova le espressioni e il vocabolario che danno quest'idea di religione.
3. Discuti il significato della seguente citazione: «La bellezza fu la sua cura d'ogni minuto e scopo d'ogni atto; la sentiva come una cosa fuori di lei, che Dio le aveva data in custodia».
4. Hai mai conosciuto qualcuno simile ad Adria o qualcuno che si occupasse maggiormente della propria bellezza che delle altre cose?
5. Prima di leggere il racconto, hai cercato di dedurre il carattere di Adria leggendo qualche frase. Dopo aver letto il racconto, pensi che il tuo giudizio fosse accurato oppure no? Spiega.
6. Cosa pensi del carattere di Adria?

DI PROPRIA MANO

Expressing Different Points of View

The point of view a writer chooses determines the perspective from which a story will be told and the kind of information a reader will be given. The most commonly used points of view are (a) first person, (b) third person omniscient, and (c) third person objective.

a. First person: The first person narrator is a character in the story who reveals his or her own experiences, feelings, and thoughts, as well as information directly received from other characters.

b. Third person omniscient: A third person omniscient narrator has knowledge of the experiences, thoughts, and feelings of all the characters in the story. How much the narrator reveals to the reader about a character or a scene will vary with the importance of the character and the needs of the narrative.

c. Third person objective: An objective narrator also speaks in the third person but is restricted in access and understanding to what is observable through the senses, and what a human being can experience at a given moment. Unlike an omniscient narrator, this narrator can't observe two scenes that take place simultaneously and doesn't know what is going on in the minds of the characters.

～～～～～ PRE-SCRITTURA ～～～～～

A. Leggi il seguente brano e determina se è scritto nella terza persona onnisciente o nella terza persona obiettiva.

Congedato il parrucchiere, in cappello, e camice tranquillamente era scesa alla sala da pranzo. Il pranzo era semplice, le poche parole che moglie e marito si scambiavano furono, come sempre, cordiali e riposanti. Risalita alle sue stanze, aveva rialzato di un leggerissimo trucco i toni del volto, poi le cameriere finirono d'abbigliarla aggiungendo al camice colore di perla una piccola fascia che la serrava leggermente sotto il seno, e un leggero manto azzurro. Adria e il marito si fecero portare al Teatro Valle.

Ora riscrivi il brano precedente nella prima persona.

B. Se dovessi descrivere il tuo concetto di bellezza ideale, quali sarebbero gli elementi essenziali? Scrivi le parole che ti vengono subito in mente quando pensi alle seguenti categorie.

personalità _____

moda _____

fisico _____

ambiente _____

～～～～～ SCRITTURA ～～～～～

Scegli un personaggio nella tua società che rappresenta la perfetta bellezza secondo i mass media. Descrivi questo personaggio usando la terza persona (onnisciente o obiettiva) in tutti gli aspetti possibili (personalità, modo di vestire, di presentarsi...). Poi esprimi le tue opinioni su questa persona e spiega se, secondo i tuoi criteri, rappresenta la bellezza perfetta oppure no e chiarisci le ragioni della tua risposta.

BLOCK NOTES

Rifletti su quello che hai potuto osservare su Web o in classe e nelle letture che hai fatto e rispondi a una delle seguenti domande.

1. Come ti sembra che sia il rapporto tra i giovani italiani e la moda? Hai notato delle differenze con il paese in cui vivi?

2. Quali pensi che siano le caratteristiche della moda italiana che la rendono così popolare all'estero?

3. Ogni generazione ha la propria moda o, meglio, le proprie mode, e queste sembrano in grado di superare qualsiasi barriera e raggiungere i giovani in ogni angolo del mondo. Come descriveresti la moda dei giovani d'oggi? Quali sono le marche e gli stili più popolari?

Fortunato al gioco, sfortunato in amore?

Communicative Objectives
- Give directions
- Give and receive instructions
- Talk about different types of games

Internet Café

Indirizzo: http://italian.college.hmco.com/students

Attività: Una partita a carte

In classe: Porta in classe la descrizione del tuo gioco preferito. Tra tutti i giochi descritti, vota il favorito. Il gioco menzionato più volte sarà quello che gli studenti potranno imparare per poi organizzare un mini-torneo.

A Napoli si gioca a carte anche per strada mentre i bambini guardano e imparano.

Fortunato al gioco, sfortunato in amore?

Insieme ai giochi di società° come Pictionary, Trivial e Monopoli, popolari in Italia come nel resto del mondo, il gioco delle carte riveste° un ruolo di primo piano nella cultura italiana dalle Alpi alla Sicilia. Il luogo preferito per il gioco è sicuramente il bar, dove si possono vedere persone di tutte le età che, con le loro bevande sul tavolo, passano i momenti di svago° sfidandosi° in accese partite°. Ma questo passatempo, capace di resistere all'invasione dei videogiochi, non ha bisogno di un luogo specifico. Infatti, viaggiando per l'Italia, si potranno vedere gli italiani giocare a carte in ogni posto che offra la possibilità di farlo: sulle scalinate delle chiese, in spiaggia sotto l'ombrellone o nei parchi. Non è raro vedere giocare insieme nonni e nipoti, mantenendo viva una tradizione i cui inizi sembrano perdersi in un tempo lontano.

Che il gioco delle carte faccia parte della vita e della cultura di molti italiani lo dimostra il fatto che, persino° durante le feste natalizie°, accanto all'immancabile° tombola°, le famiglie si riuniscono e passano pomeriggi e serate giocando a carte. I giochi di questo periodo coinvolgono° un numero maggiore di persone, e sono diversi da quelli giocati al bar: si passa dal *sette e mezzo* (una variante di *blackjack*) a *bestia* (una specie di briscola), solo per citarne° due tra i più popolari.

Comunque le carte non rappresentano solo un momento di socializzazione; c'è anche chi crede che siano capaci di rivelare i segreti del futuro. Esistono, infatti, carte speciali come i tarocchi, che vengono utilizzate da maghi e cartomanti° per leggere il destino di chi chiede il loro parere. Forse anche grazie a questa associazione tra magia e carte, dobbiamo la nascita del proverbio «Fortunato al gioco, sfortunato in amore» che sembra invitare a tenersi lontani° dalle carte e dal gioco.

giochi... board games
has

amusement, relaxation / challenging each other / accese... animated games

even / feste... Christmas holidays / inevitable / Italian bingo / involve, include

to name

fortune-tellers

tenersi... to stay away from

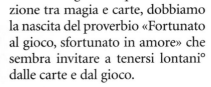

Prima nei tarocchi poi nel palmo della mano una chiromante legge il futuro di una cliente.

DOMANDE

1. Secondo l'introduzione, quali giochi che conosci anche tu fanno parte della tradizione italiana?
2. Quali pensi che siano le differenze tra un bar italiano e uno del tuo paese?
3. Quali sono i tuoi passatempi favoriti?
4. Esistono delle tradizioni di gioco simili a quelle italiane durante le feste più importanti nel tuo paese?
5. Ti sei mai fatto leggere le carte da un / una chiromante? Come è stata l'esperienza? Te le faresti leggere ancora?
6. Nel sito Web hai potuto vedere quanti giochi, solamente di carte, esistono in Italia. Quali sono i giochi più popolari nel tuo paese? Hai mai giocato a carte? A quali giochi? Quando?

LESSICO.EDU

Le carte

l'asso *ace*
i bastoni, le coppe, i denari, le spade *clubs, cups, coins, spades* (suits in a traditional Italian deck of cards)
i cuori, i quadri, i picche, i fiori *hearts, diamonds, spades, clubs*

distribuire / dare le carte *to deal the cards*
la donna / la regina *queen*
il fante *jack*
fare i segni *to signal*
la mano *hand*
il mazziere *card dealer*

il mazzo di carte *deck of cards*
pescare una carta *to draw a card*
la prima mano *opening hand*
il re *king*
scartare una carta *to discard a card*
il seme *suit* (*of cards*)

I giochi e la fortuna

l'avversario *opponent*
il banditore *caller* (in tombola)
la cartella *card* (in tombola)
il / la cartomante *fortune-teller*
la casella *box* (on tombola card)
contare *to count*
il dado *dice*
estrarre *to draw*

l'estrazione *drawing*
giocare d'azzardo *to gamble*
il giocatore *player*
il gioco da tavola / il gioco di società *board game*
il lotto *Italian national lottery*
la partita *game*
il passatempo *hobby*
il punteggio *score*

raggiungere *to reach*
gli scacchi *chess*
scommettere *to bet*
il segnalino *marker / game piece*
lo svago *diversion / amusement*
la tombola *Italian bingo*
il videogioco *videogame / computer game*

PRATICA

REG DI BASTONI   REG DI COPPE   RE DI DANARI   RE DI SPADE

A. La briscola. Tra i giochi di carte favoriti degli italiani si può riconoscere alla *briscola*, alla *scopa*, alla *scala* 40 o al *ramino* una discreta popolarità. Le carte usate sono sia quelle da poker sia le tradizionali carte italiane, dove ogni mazzo è composto da 40 carte, usate per la *briscola* e per la *scopa*. Completa il seguente brano per scoprire come si gioca a briscola.

coppe	spade	distribuiscono
mazzo	contano	farsi dei segni
giocatori	passatempi	scarta

Sicuramente, tra i giochi di carte, la briscola è uno dei _____ preferiti dagli italiani. Si usa un _____ di carte tradizionali italiane con i denari, i bastoni, le coppe e le _____. Le carte più importanti sono l'asso (11 punti), il tre (10 punti) e il re (4 punti)*, e poi si scende fino al due. All'inizio della partita si _____ tre carte ai giocatori, che possono essere due o quattro, e poi si scopre una carta sul tavolo. Se la carta sul tavolo è un denari, la briscola per la partita sarà denari, se un coppe la briscola sarà _____ e così via. La briscola è la carta più importante, quella che permette ai _____ di prendere le carte degli avversari. Si poggiano le carte restanti sopra la briscola. Per cominciare, il giocatore dopo il mazziere _____ la prima carta. Quando si gioca in quattro, dopo la prima mano, è possibile ai giocatori che sono in coppia _____ per informare il compagno delle carte in proprio possesso. Ogni volta che si scarta, si pesca una carta dal mazzo, fino ad esaurimento dello stesso. Dopo aver finito tutte le carte, si _____ i punti e chi supera i sessanta vince.

---

* Il cavallo (o in certi mazzi, la regina) vale 3 punti e il fante 2; 7, 6, 5, 4 e 2 valgono 0 punti.

B. La saggezza dei proverbi.   Secondo il proverbio «fortunato al gioco, sfortunato in amore», non si possono avere entrambe le cose nella vita. Può darsi però che nel gioco e in amore non sia importante soltanto la fortuna ma anche la strategia. Con un compagno / una compagna, scambiatevi delle buone strategie per vincere una partita a carte e/o conquistare un amore. Elencate nella tabella le vostre idee.

strategie per vincere una partita a carte	strategie per conquistare un amore
1. ricordare le carte già giocate	1.
2.	2.
3.	3.

C. Al di là delle carte: i giochi di società.   Accanto al popolarissimo Monopoli e allo Scarabeo (*Scrabble*), tra i giochi di società favoriti dagli italiani possiamo contare anche il Pictionary e il Trivial. Nella foto accanto vedete la carta del Pictionary italiano che indica le varie categorie. Con un compagno / una compagna, create una carta che includa le cinque categorie con parole vostre e poi sfidate un altro gruppo a risolvere in due minuti almeno tre delle parole. Una persona del gruppo cercherà di disegnare le parole che voi avete preparato e loro dovranno indovinarle. Finito il tempo, proverete voi ad indovinare le parole della carta dei vostri avversari.

STUDIO REALIA

👥 **A. Le carte: non solo per gioco.** Le carte ricoprono anche un'altra importante funzione oltre a quella del gioco. Sui giornali e su numerose televisioni private ci sono numerosissimi annunci e pubblicità in cui i cartomanti pubblicizzano la loro capacità di leggere il presente e il futuro.

COME CI SI TRASFORMA IN CARTOMANTI? BASTA CONCENTRARSI E SEGUIRE LE SEMPLICI ISTRUZIONI CHE POTETE LEGGERE TUTTO D'UN FIATO QUI SOTTO.

1. Da un mazzo di carte da poker, toglietene 16: i 4 assi, i 4 re, le 4 regine e i 4 fanti. Mescolate queste 16 carte pensando alla domanda che volete fare. È importante fare una sola domanda alla volta che riguardi uno dei 5 campi che trovate nel «tabellone»: amore, lavoro, amicizia, salute e fortuna (al gioco ma non solamente).

2. Disponete su un piano le 16 carte coperte nell'ordine (da 1 a 16) e secondo lo schema che vedete nel tabellone. Pescate tre carte qualsiasi dalla «piramide», seguendo soltanto il vostro istinto.

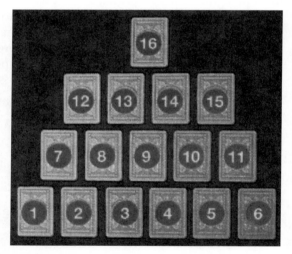

3. Ora guardate il seme delle vostre 3 carte. Si possono verificare i 6 casi indicati in alto, nella tabella: possono esserci 2 o 3 carte dello stesso seme («prevalenza di cuori, quadri, fiori o picche»), oppure potete aver pescato 3 carte di 3 semi diversi, esclusi i picche, o ancora 3 carte di 3 semi diversi tra cui una di picche. Leggete poi il responso nella colonna corrispondente al vostro caso.

4. Per concludere, si possono verificare 4 casi talmente speciali che «danno diritto» a un responso speciale, senza più distinzioni tra amore, lavoro o altro: sono i 4 possibili tris (se si hanno 3 carte uguali di 3 semi diversi), ai quali è dedicata la parte bassa della tabella. E ora, buon divertimento!

PREVALENZA DI CUORI	PREVALENZA DI QUADRI	PREVALENZA DI FIORI	PREVALENZA DI PICCHE	NESSUNA PREVALENZA NESSUN PICCHE	NESSUNA PREVALENZA UN PICCHE
AMORE	**AMORE**	**AMORE**	**AMORE**	**AMORE**	**AMORE**
Il rapporto al quale state pensando è o diventerà solido, tende o tenderà a essere di «fusione totale»; è anche possibile una gravidanza.	La prevalenza di quadri significa concretezza di sentimenti. Dunque, fidanzamenti e rapporti seri in vista. Impegno in amore.	A volte basta poco per vedere tutto rosa. Un piccolo regalo, un pensiero gentile, un soffio di tenerezza porteranno una ventata fresca.	Lo sapevate già, vero? Si prospetta una rottura, o perlomeno una crisi piuttosto seria. Correte subito ai ripari, se volete salvare il salvabile.	Non c'è nessuna carta di picche tra le vostre tre? Non ci sono neppure grandi amori in arrivo. Ma ci sono attrazioni leggere e passeggere.	Se una nuova storia non decolla o non accenna neppure a iniziare, può essere colpa dei rimpianti. Cercate di dimenticare il passato.
LAVORO	**LAVORO**	**LAVORO**	**LAVORO**	**LAVORO**	**LAVORO**
Poco importa se non va tutto bene o se state attraversando un periodo faticoso: adesso c'è una novità di sicuro piacevole in arrivo.	Tutto a gonfie vele in campo professionale: arriveranno presto inaspettati avanzamenti nella carriera oppure altri risultati prestigiosi.	Tendete le orecchie e aguzzate lo sguardo: all'orizzonte si profilano iniziative interessanti, ma soprattutto destinate a dare buoni frutti.	La prevalenza di picche può significare perdita del lavoro o di prestigio. Di certo dovrete affrontare tensioni nell'ambito professionale.	Buone notizie: controversie e questioni di lavoro lasciate in sospeso si risolveranno presto. Sono favoriti in particolare gli artigiani.	Qualcosa non va come si muove? Guardatevi intorno: c'è una persona che ha una pesante influenza nella vostra situazione.
AMICIZIA	**AMICIZIA**	**AMICIZIA**	**AMICIZIA**	**AMICIZIA**	**AMICIZIA**
Intorno a voi c'è una grande allegria e molto divertimento: è un momento di perfetta sintonia con le persone care e con gli amici veri.	In questo momento dai rapporti di amicizia non avete altro che vantaggi. E potete contare sulla fedeltà delle persone che vi circondano.	Perché non dare una svolta alle vacanze? Sono favoriti i viaggi grandi e piccoli con gli amici. Ma che siano buoni amici, naturalmente!	Qualcosa gira storto nel vostro ambiente: possono esserci invidie o gelosie intorno a voi. Sono in arrivo conflitti da combattere sul nascere.	Novità, svolte e ancora novità. Farete nuove amicizie o inizierete a frequentare ambienti diversi dai soliti. E sarà comunque positivo.	Alcuni rapporti che avete in questo momento sono di superficiale conoscenza. Evitate di dare una confidenza eccessiva a certe persone.
SALUTE	**SALUTE**	**SALUTE**	**SALUTE**	**SALUTE**	**SALUTE**
Decisamente buona, in particolare se avete in mente un programma di «rigenerazione»; ideali le cure termali per mantenere la forma.	Bravi! La buona forma di cui godete è dovuta anche all'intelligenza con cui avete saputo amministrare la salute. Continuate così.	Buona. Riposate e preferite i metodi di prevenzione naturali, le cure con le erbe, il nuoto e le passeggiate all'aria aperta, nel verde.	Non è il caso di trascurare la forma fisica. Siate prudenti in tutto, e in particolare se vi cimentate in sport nei quali non siete molto allenati.	Lo sapete già, vero, quanto il buonumore migliora la salute? E ricordatevi anche che un sereno erotismo può addirittura fare miracoli!	Non rimandate una visita medica o delle analisi che avevate già in programma. E, in particolare, controllate periodicamente la pressione.
FORTUNA	**FORTUNA**	**FORTUNA**	**FORTUNA**	**FORTUNA**	**FORTUNA**
Bellezza e buonumore attirano soltanto eventi positivi. Dunque, coltivando il vostro ottimismo sarete sempre baciati dalla buona sorte.	In questo momento potete sicuramente osare un po' di più del solito e persino prendervi qualche rischio. Sarete favoriti dalla sorte.	Avrete una certa fortuna al gioco, ma non illudetevi e non tentate di diventare miliardari: la sorte vi bacia soltanto nei giochi di società!	In questo periodo non è decisamente dalla vostra parte. Non aspettatevi aiuti che piovono dal cielo e non rischiate, in nessun campo.	In questo periodo il gioco deve essere un puro divertimento per voi: non è il caso di tentare la fortuna. Sono invece favoriti gli sport di ogni tipo.	Se volete evitare di rimanere in bolletta... evitate i giochi d'azzardo! In questo momento non potete contare su particolari aiuti della sorte.

TRE FANTI	**TRE REGINE**	**TRE RE**	**TRE ASSI**
Questo è un momento di meditazione più che di azione. Se avete in programma viaggi (lunghi o brevi non importa), ricordatevi che potrete trarne nuovi stimoli e buoni spunti per proporre idee, ma per un po' resterete «al palo». Non c'è un'evoluzione immediata e certe questioni resteranno in sospeso. Pazientate.	Suona un campanello d'allarme nell'amicizia o nella vita sociale in genere. Evitate di mettervi in situazioni antipatiche perché in questo momento siete vulnerabili: il pericolo di essere al centro di pettegolezzi e oggetto di critiche è piuttosto alto. È obbligatorio mantenere il massimo silenzio sui fatti vostri e altrui.	Godetevi in pieno un momento di superfortuna nel lavoro e nella vita sociale. Sarete appoggiati da persone decisamente influenti che possono favorire, se non garantire, la vostra riuscita in campo sociale o professionale. Finalmente i vostri meriti saranno riconosciuti e le vostre doti apprezzate sempre in pieno.	Fantastico: va tutto alla grande, in tutti i campi! Siete destinati a trionfare sui nemici, sulle avversità, su qualsiasi prova il destino vi presenti. Il successo è proprio dietro l'angolo e arriva in allegra comitiva: amore, soldi, gioia di vivere... Insomma, avrete tutto, a patto di coltivare con cura il vostro ottimismo.

Una delle tante sale bingo, proprietà dello stato italiano, dove ogni notte ci si può rilassare giocando a tombola.

B. La tombola. La tombola viene giocata in tutta Italia da persone di ogni generazione. Il gioco assomiglia al Bingo americano in quanto «il banditore» estrae un numero alla volta, lo annuncia, mentre i giocatori cercano la casella corrispondente sulla loro cartella. Chi possiede il numero chiamato lo ricopre (*cover*) con un segnalino. Rispetto alla variante americana, nel gioco italiano ci sono più possibilità di vincere e ad ogni passaggio il premio diventa maggiore. I vincitori sono i primi a coprire le caselle nel seguente ordine:

ambo: 2 numeri sulla stessa riga
terno: 3 numeri sulla stessa riga
quaterna: 4 numeri sulla stessa riga
cinquina: 5 numeri sulla stessa riga
tombola: tutti i numeri della cartella

Chi riesce a coprire tutte le caselle della cartella fa tombola e vince un gran premio. Se più di un giocatore dovesse coprire tutta la cartella con lo stesso numero, i vincitori dovranno dividersi la vincita. E ora giocate a tombola!!! In gruppi di due o tre, guardate la vostra cartella e con una matita coprite ogni numero uscito facendo attenzione alle combinazioni vincenti.

3		20		43		64		82
7		28	36		51		77	
	12		39		59	68		85

	16	20		46		64		81
7		23	32		52		70	
	18		35		59	67		88

	11		30	45		63	72	
4		27		49		67		81
	16		38		52		76	85

1		22		40	54		75	
	10		34		59		77	83
8		25		47		68		86

	14	23		44		60		82
6		29	31		51		79	
	18		37		58	65		90

	12	23		40		66		81
1		26	32		57		70	
	17		35	44		68		89

C. Commenti, per favore!   Con un compagno / una compagna, dopo aver provato un po' di questi giochi, cercate di giudicare la vostra esperienza. Riflettete sui seguenti punti.

1. Perché pensate che la gente trovi questi giochi divertenti e piacevoli?
2. A quali di questi giochi vorreste giocare più spesso e perché?
3. Qual è un gioco che voi fate spesso e che vorreste insegnare ad un italiano?

GRAMMATICA & CO.

I La forma passiva

All verbs, transitive and intransitive, have an active form, but only transitive verbs (those that can take a direct object) have a passive form. In the active form of a transitive verb, the subject performs an action that is received by the direct object. In the passive form, the subject of the sentence is acted on. The performer of the action (the *agent*), if mentioned, is introduced by the preposition **da.** The passive voice is used less frequently in Italian than in English. In both languages, it is more common in writing than in speech.

ATTIVA

L'istruttore   ha spiegato   le regole.
SUBJECT   VERB   DIRECT OBJECT

The instructor explained the rules.

PASSIVA

Le regole   sono state spiegate   dall'istruttore.
SUBJECT   VERB   **da** + AGENT

The rules were explained by the instructor.

A Formazione della forma passiva

1] The passive voice is formed with the auxiliary verb **essere** + *past participle* of the verb, which agrees in number and gender with the subject. **Essere** may be conjugated in any tense.

2] The agent who performs the action may or may not be named. When named, the agent is preceded by the preposition **da,** which combines with the article when necessary.

presente	Le regole **sono rispettate** da tutti? *Are the rules observed by everyone?*
passato prossimo	La partita **è stata rimandata** al prossimo venerdì. *The game was postponed until next Friday.*
passato remoto	Il libro delle regole **fu scritto** dalla persona che inventò il gioco. *The rulebook was written by the person who invented the game.*
imperfetto	Il ragazzo **era** sempre **escluso** dal gioco dagli altri. *The boy was always excluded from the game by the others.*
futuro	I premi **saranno distribuiti** dai bambini. *The prizes will be distributed by the children.*
futuro anteriore	La competizione **sarà stata programmata** per l'estate. *The competition was probably planned for the summer.*
condizionale	Con sessantuno punti questa partita **sarebbe vinta.** *With sixty-one points this game would be won.*
condizionale passato	Il futuro **sarebbe stato previsto** dai cartomanti alla festa. *The future would have been predicted by the fortune-tellers at the party.*
congiuntivo presente	È importante che la partita **sia giocata** di sera. *It's important that the game be played in the evening.*
congiuntivo passato	Penso che molti punti **siano stati fatti** disonestamente. *I think many points were scored dishonestly.*
congiuntivo imperfetto	Non pensavo che il poker **fosse amato** così tanto in Italia. *I didn't think that poker was so loved in Italy.*
congiuntivo trapassato	Sarebbe stato meglio se l'asso **fosse stato scartato.** *It would have been better if the ace had been discarded.*

B Altri verbi ausiliari usati nella forma passiva

Andare and **venire** can replace **essere** as an auxiliary verb in passive constructions in the simple tenses. Note that such a use of **andare** often indicates obligation.

Se nessuno fa tombola, un altro numero **è pescato** dal banditore.

If no one gets tombola, another number is picked by the caller.

Se nessuno fa tombola, un altro numero **va pescato** dal banditore.

If no one gets tombola, another number must be picked by the caller.

Quella mossa **è considerata** un fallo dall'arbitro.
Quella mossa **viene considerata** un fallo dall'arbitro.

That move is considered a foul by the referee.

~~~ PRATICA ~~~

A. La tombola. Completa con la forma passiva del verbo corretto.

considerare	estrarre	interrompere	organizzare	richiedere
cucinare	giocare	offrire	presentare	vendere

La tombola, una variante del bingo anglosassone, _____ da un gran numero d'italiani. Spesso la tombola _____ da circoli sociali, bar e parrocchie per raccogliere fondi e per offrire un pomeriggio rilassante in compagnia di altre persone. I numeri, quando è possibile, _____ da un bambino, per sottolineare l'imparzialità del gioco. Il gioco è particolarmente divertente quando _____ dai commenti dei giocatori sui numeri estratti o quando, vicini alla vittoria, i numeri mancanti _____ ad alta voce dai giocatori. In alcuni paesi la tombola _____ l'evento dell'anno: queste tombole offrono premi grandissimi che spesso _____ da sponsor importanti come la FIAT. Durante queste «super tombole», il paese organizza delle vere e proprie feste dove diversi cibi tradizionali _____ dalle donne locali e poi _____ alle numerose persone che partecipano all'evento. Spesso alla fine della giornata uno spettacolo di musica o di danza _____ dalle autorità locali.

B. Giochi diversi, regole diverse. Trasforma le seguenti frasi dalla forma attiva a quella passiva.

1. Il mazziere distribuisce le carte.
2. Il giocatore copriva i numeri con i segnalini.
3. Chi coprirà più numeri vincerà il gioco.
4. Il governo più volte proibì la tombola.
5. I giocatori esperti hanno studiato particolari segni per la briscola.
6. Il banditore della tombola estraeva i numeri.
7. I due ragazzi hanno vinto la partita.
8. I giocatori applicherebbero quasi tutte le regole.

C. Una partita a Trivial. La settimana scorsa Sebastiano e alcuni amici sono stati a casa di Stefania per giocare a Trivial. Sebastiano afferma che alcuni suoi amici hanno fatto determinate azioni. Invece Stefania è sicurissima che le hanno fatte altre persone. A coppie, uno studente legge l'affermazione di Sebastiano. L'altro fa la parte di Stefania e, usando la forma passiva, nega quello che dice Sebastiano.

ESEMPIO: Massimo ha perso i dadi. (Graziella)
No! I dadi sono stati persi da Graziella.

1. Giorgio ha portato il vino. (Damiano)
2. Damiano aveva invitato gli altri. (Francesca)
3. Patrizia ha detto molte bugie quando giocava. (Massimo)
4. Massimo ci aveva spiegato le regole. (Giorgio)
5. Tiziana ci ha offerto la pizza. (Luigi)
6. Luigi aveva sfidato Giorgio. (Alessio)
7. Francesca ha sbagliato tutte le risposte. (Patrizia)
8. Alessio ha vinto la partita. (Tiziana)

D. In gruppi di tre, create otto frasi come sopra. Presentatele poi ad un altro gruppo che dovrà contraddirle usando la forma passiva.

ESEMPIO: I francesi hanno inventato la tombola.
No! La tombola è stata inventata dagli italiani.

II *Si* passivante

Si passivante is another passive construction in which the agent is not expressed. It is more commonly used than the passive. **Si passivante** resembles the third person singular and plural reflexive forms.

forma attiva	Non hanno capito le istruzioni.
forma passiva	Le istruzioni non sono state capite.
si passivante	Non si sono capite le istruzioni.

Formazione del *si* passivante

1] The **si passivante** is formed with the pronoun **si** and the third person singular or plural of a transitive verb. If the subject is singular, the verb is singular; if it is plural, the verb is plural. In the first example, the subject is **il biglietto.** In the second example, the subject is **le istruzioni.**

Si compra il biglietto alla biglietteria. *You buy the ticket at the ticket counter.* *

Si leggerebbero le istruzioni. *One would read the instructions.*

---

* The **si passivante** may be expressed in English in the passive voice with the impersonal *they / you / one.*

2] In compound tenses, the **si passivante** is conjugated with **essere.** The past participle must agree with the subject in number and gender.

La strategia è stata imparata. ⎱
Si è imparat**a** la strategia. ⎰   *They learned the strategy.*

Tutte le regole **saranno** state imparate. ⎱   *They will have learned*
Si **saranno** imparate tutte le regole. ⎰   *the rules.*

3] **Si** + *pronomi*

When **si** is used with a direct- or indirect-object pronoun, the pronoun precedes **si.** The only exception is **ne,** and in this construction **si** changes to **se (se ne).** With direct-object pronouns, the verb is always in the third person singular. The past participle in a compound verb agrees with the direct-object pronoun.

—Devi sempre giocare quella   *Should you always play that card*
   carta quando la peschi?   *when you get it?*

—Certamente! **La si** deve giocare   *Certainly! You should always play*
   sempre quando **la si** pesca.   *that card when you get it.*

Quando si vince, non **se ne** parla.   *When you win, you don't talk about it.*

Gli si danno le carte. ⎱
Si danno le carte **a loro.** ⎰   *One (or we) give them the cards.*

Abbiamo vinto tutti i premi. ⎱
Li si è vinti tutti. ⎰   *One (or we) won all the prizes.*

～～～～ PRATICA ～～～～

A. La lotteria.   Trasforma dalla forma passiva al **si** passivante.

   ESEMPIO: Gli stessi numeri erano stati scelti da Michele.
                Si erano scelti gli stessi numeri.

1. Quella sera sono stati spesi tre milioni di dollari dai clienti.
2. I numeri sono stati chiamati alle 7,00 dal banditore.
3. La lotteria è stata vinta da un ragazzo di 18 anni.
4. I biglietti erano stati comprati dal pubblico.
5. I numeri sono stati annunciati alla televisione dall'annunciatrice.
6. La vincita sarà distribuita dal governo per un periodo di 20 anni.

B. Las Vegas.   Trasforma le seguenti frasi attive usando il **si** passivante e i pronomi, quando possibile.

   ESEMPIO: Abbiamo fatto le vacanze a Las Vegas.
                Le si è fatte a Las Vegas.

1. Abbiamo imparato le regole del gioco.
2. Quando raggiungiamo 50 punti, finiamo il gioco.
3. Se hai 13 carte in mano, devi scartarne una.
4. Ottenemmo il punteggio più alto.
5. Abbiamo provato grande gioia alla vittoria.
6. Marco ha conosciuto i giocatori.
7. Tutti bevevano lo spumante.

III *Si* impersonale

The impersonal form is used when a subject is not explicitly named. In English the impersonal form is expressed with *one, people, everyone, they,* or the spoken form *you.* The most common use in Italian is the **si impersonale,** but the third person plural form of the verb or the expressions **la gente** and **uno** can also be used. When using the **si impersonale,** the person who completes the action is not identified.

In California **si gioca** al lotto il mercoledì e il sabato.	*In California people play the lottery on Wednesdays and Saturdays.*
Si va a Las Vegas per divertirsi.	*People go to Las Vegas to have fun.*

A Formazione del *si* impersonale

The impersonal construction is formed with the pronoun **si** and the third person singular of any verb, transitive or intransitive. It is used with transitive verbs when the direct object is not expressed.

Con queste carte non **si vincerà.**	*You will never win with these cards.*
Si arrivò appena in tempo.	*They arrived just in time.*
Si è usciti tutte le sere.	*We went out every night.*

B Usi del *si* impersonale

1] **Si** + *verbi intransitivi*

With intransitive verbs (verbs that do not take a direct object), the auxiliary verb in compound past tenses is singular and the past participle is either masculine plural or feminine plural. The feminine plural form is used only when all those referred to are female.

Si è rimasti al bar fino a mezzanotte. (*m.*) }	*We stayed at the bar*
Si è rimaste al bar fino a mezzanotte. (*f.*) }	*until midnight.*

2] **Si** + *verbo di stato* + *aggettivo*

When **si** is followed by a verb that expresses a state of being, such as **essere** or **diventare,** and an adjective, the adjective takes the masculine plural form.

Non **si è felici** quando si perde.	*People aren't happy when they lose.*
Si è coraggiosi se si gioca con Baldino.	*You are courageous if you play with Baldino.*
Quando **si diventa saggi,** si capisce meglio il mondo.	*When you become wise, you understand the world better.*

C Verbi riflessivi

1] When the **si impersonale** or **si passivante** is used with reflexive verbs, **ci si** is used to avoid combining **si + si.** The verb is in the third person singular.

Ci si diverte quando si vince.   *People are happy when they win.*

Dopo che **ci si sarà laureati,** si andrà a Las Vegas!   *After we graduate, we'll go to Las Vegas!*

2] Past tenses of reflexive verbs follow the same rules as intransitive verbs.

Ci si è divertiti alla partita.   *They had a good time at the game.*

3] When **dovere, volere,** or **potere** is used with a reflexive verb, the modal verb is conjugated.

Ci si **può** divertire a Montecarlo.   *It's possible to have fun in Monte Carlo.*

Ci si **deve** iscrivere ai corsi prestissimo.   *One should enroll in the courses very early.*

 **PRATICA**

A. Le conseguenze...   Svolgi le seguenti frasi alla forma impersonale o passivante secondo il caso.

Esempio: Quando aspetti i numeri del lotto, sei sempre teso.
Quando si aspettano i numeri del lotto, si è sempre tesi.

1. Quando sei ricco, sei felice.
2. Quando sei stressato, è bene andare in vacanza.
3. Mi stanco se gioco fino a tardi.
4. Sei disonesto se dici bugie.
5. Quando sei sfortunato, è meglio non giocare.
6. Quando perdi tutto, sei disperato.
7. Lui si arrabbia quando non sente chiamare il proprio numero.
8. Sei contento quando vinci la partita.

B. Alla partita.   Rispondi alle seguenti domande usando la forma impersonale e seguendo le indicazioni.

Esempio: A che ora siete arrivati alla partita? (15,00)
Si è arrivati alle 15,00.

1. Vi siete divertite ieri alla partita? (sì)
2. A che ora vi siete incontrate con Gino e Michele? (16,30)
3. Perché non vi siete vestite con i colori della squadra? (andare a una festa tra amici dopo)
4. Dove vi siete fermati? (al bar)
5. Che cosa vi siete dimenticati? (di comprare il programma)
6. A che ora vi siete dati la buona notte? (1,20)
7. E quando siete arrivate a casa? (nel primo mattino)
8. Cosa vi siete messe a fare? (dormire)

C. Organizzare una festa.   Leggi il seguente brano e identifica tra le forme enumerate il **si** impersonale, la forma passiva, il **si** passivante o il verbo riflessivo.

Avevamo chiesto a Tommaso di organizzare la serata ma lo si riteneva (1) del tutto incapace. Tra di noi, ci si chiedeva (2) spesso se sarebbe stato capace di farlo, o se si sarebbe finiti (3) come le ultime volte. Quando qualcosa veniva organizzato (4) da lui, come la tombola del mese scorso, nessuno si divertiva (5). Quando si è incapaci (6) come lui, è importante avere il coraggio di dire «Non posso farlo». Alle nostre serate si balla (7), si fanno (8) giochi di società, ci si incontra (9) con gli amici che spesso, a causa del lavoro, non si possono incontrare (10) ogni giorno. Se non si riesce (11) ad organizzarle bene, è un grande problema. La festa è domani. Se va male, ci si dovrà incontrare (12) e dirgli che non si può più andare (13) avanti così.

D. Il gioco dei mimi.   A coppie, ricordate una volta quando avete giocato al gioco dei mimi (*charades*). Poi rispondete alle seguenti domande usando la forma impersonale.

> **ESEMPIO:**
> ST. 1: Avete giocate al bar ieri sera?
> ST. 2: Sì, si è giocato al bar ieri sera.

1. Siete arrivati puntuali per giocare?
2. Era la prima volta che giocavate al gioco dei mimi?
3. Chi o che cosa avete imitato?
4. Gli altri hanno indovinato chi eravate?
5. Quante domande hanno fatto prima di indovinarlo?
6. Quante persone avete invitato?
7. Per quanto tempo sono rimasti a giocare?
8. Giocherete di nuovo?

E. Indovina il gioco.   In gruppi di tre, cercate di ricostruire le istruzioni per un gioco che sapete giocare bene usando la forma impersonale. Poi, raccontate le istruzioni ad un altro gruppo che cercherà di indovinare di quale gioco parlate. Poi scambiatevi ruolo.

F. Una partita a scopa.   Completa il seguente brano con la forma impersonale o con il **si** passivante.

Solitamente una partita a scopa la _____ (giocare) fissando un certo punteggio complessivo da raggiungere. Tale punteggio, che _____ (decidere) all'inizio e di comune accordo, può essere di 11, 16 o 21 punti. In certe regioni _____ (avere) l'abitudine di giocare a «chiamarsi fuori». Cioè, quando con le carte che si sono già conquistate nel corso di una partita _____ (ottenere) tanti punti che, sommandoli a quelli già realizzati in precedenza, _____ (raggiungere) la quota fissata per la vittoria, ci si deve «chiamare fuori». A questo punto _____ (dovere) sospendere la partita. Ovviamente, avvenuta tale sospensione, occorre controllare che i punti già fatti coincidano con quelli che mancavano. In caso di errore la partita _____ (considerare) vinta dall'avversario.

BIBLIOTECA 2000

Recognizing Chronological Organization

A text that is organized chronologically presents events and actions in the sequence in which they occurred, from first to last. This strategy is particularly suited to narrative stories, descriptions of processes, and accounts of a series of actions.

~~~~~~ PRE-LETTURA ~~~~~~

A. La scena che leggerete ha luogo in località Pavaglione, nelle langhe (*foothills*) piemontesi, ma in essa si fa riferimento a molti posti nel nord d'Italia. Con un compagno / una compagna, guardate la mappa e osservate dove si trovano Manera, Murazzano, Alba, Asti, Torino e Lequio. Poi, aiutandovi anche con il testo, rispondete alle seguenti domande.

1. Cosa succede al protagonista del racconto a Manera?
2. Qual è la caratteristica di Murazzano?
3. Qual è la città o il paese più vicino a Montecarlo?
4. Di dov'era l'uomo che ha vinto molti soldi a Montecarlo?

B. Nella prima frase il ragazzo che narra, Agostino, parla delle sue conoscenze a Manera: «Non c'era nessuno delle parti del Pavaglione che potessi dirmelo amico, ma non avevo neanche dei nemici...» Scorri il testo ed elenca i nomi delle persone (minimo quattro) che il ragazzo menziona e cerca di notare una caratteristica per ognuna di loro.

Esempio: Mario Bernasca—partitante (*player*) più forte con Baldino

C. A coppie, pensate ad alcuni aggettivi che descrivono una persona che ha il vizio delle carte.

«La malora»

BEPPE FENOGLIO

Beppe Fenoglio (1922–1963) prende spunto nei suoi lavori dalla propria esperienza personale. I suoi romanzi e i suoi racconti trattano soprattutto della vita della povera gente nelle Langhe, dove lo scrittore ha passato la sua vita, e della lotta partigiana durante la Seconda guerra mondiale. Da questo passo de «La malora» scopriamo uno dei pochi divertimenti che i mezzadri (*sharecroppers*) si potevano permettere.

Un'immagine di Lanzo, cittadina delle Langhe in Piemonte.

Non c'era nessuno delle parti del Pavaglione* che potessi dirmelo amico, ma non avevo neanche dei nemici, salvo forse un balordo[1] che senza avanzar niente da me e soltanto per far lo spiritoso m'aveva attaccato una festa[2] a Manera, ma m'abbrivò[3] solo a parole. Dai primi tempi conoscevo ormai una partita[4] di gente, e quasi tutta l'ho conosciuta dentro i muri del Pavaglione; perché la casa di Tobia era la prima bisca[5] di quei posti. Baldino, il figlio più giovane, aveva la mano santa con le carte, Tobia gli aveva consegnato il mazzo e lui se lo teneva stretto, non l'imprestava[6] nemmeno a Jano, neanche per lasciar-

---

1. bully   2. **m'aveva...** picked a quarrel with me   3. attacked me   4. group   5. gambling house   6. **non...** wouldn't lend

* Pavaglione is the name of a farmhouse in the hills of the Piedmont region.

gli fare una partita di prova con me. Le sere fisse, Baldino tirava fuori il suo mazzo, che nessuno della casa sapeva dove lo nascondesse, e lo mischiava per mezz'ora e senza mai alzar gli occhi, finché alla porta della stalla bussavano i giovani di tutto lì intorno; e dopo due ciance[7] tanto per mascherar la febbre, si cominciavano i tagli al nove[8]. Tobia s'inginocchiava dietro a Baldino e gli studiava il gioco da sopra la spalla, per ridere forte quando Baldino scopriva la sua carta superiore e dargli uno schiaffetto sul volto quando ramazzava la posta[9].

Io perdevo più o meno in fretta i miei pochi e m'allungavo da parte sulla paglia[10] a guardare un po' il gioco degli altri e un po' la padrona che filava in un angolo. Jano era come me alle carte, che aveva sempre la sfortuna in favore, ma al contrario di me s'illudeva[11] di potersi rifare, e quando aveva perso tutto il suo chiedeva a Baldino che gli imprestasse sul suo guadagno, ma mai una volta che[12] Baldino gli abbia imprestato un soldo, e in questo era spalleggiato[13] da Tobia che ci speculava e conosceva suo figlio più vecchio per una testa perdente.

A proposito del gioco, anche lassù da noi il vizio è incarnito e giocano forte, specie a Murazzano, ma non c'è nessun confronto con le langhe basse[14], dove in una notte si giocano delle cascine di sessanta giornate[15] e dove spuntano dei giocatori di tanta forza che poi girano il mondo, conosciuti per nome nelle bische d'Alba, d'Asti e di Torino, e che vanno a giocare perfino in Francia. È capitato a me di vedere un uomo di Lequio che aveva vinto un milione a Montecarlo. S'era fermato al bivio[16] di Manera, tutto vestito di nuovo dal cappello alle scarpe, e teneva la vincita in un pacchetto appeso al dito, un pacchetto come quelli che fanno in Alba per le paste dolci. Tutta la gente intorno a Manera correva a vederlo come un baraccone[17], lui aspettava che se ne fosse radunata un po', poi alzava il dito e mostrava in giro il pacchetto dei soldi, e diceva: —Tutto quello che vedo posso comprarmelo. O buona gente, posso farvi diventar tutti miei mezzadri[18]—. Era un uomo di Lequio.

Non fosse stato per il gioco, forse non avrei fatto la conoscenza di Mario Bernasca. Era il partitante[19] più forte con Baldino, e il suo avversario naturale, ma glieli lasciava[20] nove su dieci, e io che tenevo per lui ci pativo[21] io stesso; lui invece sembrava di no, dopo che aveva perso tutto quello che s'era portato dietro diceva sempre di buon umore: —Tanto non sono miei, sono di quelli che ho piumato[22] lungo questa settimana, — e doveva esser vero perché non perdeva mai meno d'uno scudo[23] e non poteva avercelo se non l'avesse guadagnato al nove o a bassetta[24] da qualche altra parte. E quando aveva ben perso, faceva a Tobia: —Allora, Tobia, stasera ci perdonate il lume[25], — ma Tobia non rinunciava mai a raccogliere la tassa sul lume, anche quando Baldino aveva avuto una sera d'oro.

---

7. idle chit-chat   8. **si...** everybody started to play the game "nine"   9. **ramazzava...** he collected the money
10. straw   11. he kidded himself   12. **ma...** but never once did   13. supported   14. **langhe...** low hills, foothills
(of Piedmont)   15. **delle...** rich farmhouses   16. crossroad   17. freak   18. sharecroppers   19. player   20. **glieli...**
he lost the money   21. I suffered   22. **ho...** I won   23. antique Italian coin   24. a card game   25. **ci...** let us off from
paying for the lights

~~~~~~~~~~ **COMPRENSIONE** ~~~~~~~~~~

A.   Metti i seguenti avvenimenti del brano nell'ordine (1–8) in cui sono successi.

_____ a.   Un milione era stato vinto da un uomo di Lequio.

_____ b.   Tutti gli amici sono stati conosciuti da me dentro i muri del Pavaglione.

_____ c.   Il mazzo era tirato fuori tutte le sere da Baldino.

_____ d.   I miei pochi soldi furono persi subito.

_____ e.   Il mazzo era stato consegnato a Baldino da Tobia.

_____ f.   Tutte le carte erano mischiate da Baldino.

_____ g.   Il gioco è studiato da Tobia.

_____ h.   I soldi non erano mai imprestati a Tobia da Baldino.

B.   Questo brano è scritto dal punto di vista del ragazzo. Come caratterizza lui i seguenti personaggi?

1. Baldino   2. l'uomo di Lequio   3. Tobia

C.   Che tipo di giocatore è il narratore rispetto a Jano?

D.   Paragona l'immagine di questi giocatori ai giocatori di oggi che vediamo nei film o alla televisione.

E.   Leggi la seguente frase e poi inventa la scena che segue.

«Mi ricordo una notte che Bernasca perdeva già più di due scudi e Baldino rideva come fanno le asine quando le portano al maschio.»

Di propria mano

Giving Instructions

> Giving instructions is a frequent part of everyday life. When relaying oral or written instructions, it is essential to be precise. Use simple language and an easy-to-follow sequence. If the task is complicated, illustrations are very helpful, and at times essential.
>
> In Italian, written instructions and directions typically use the **si impersonale** and/or the **si passivante**.

La strana vita dei centri storici

Nella maggior parte dei casi le città italiane si presentano con due facce ben distinte. Da un lato la pace dei centri storici, ricchi d'arte, monumenti e cultura, dall'altro le periferie, dove si concentra il grande traffico cittadino. Sono ormai una decina d'anni che tutte le città, per proteggere il proprio patrimonio culturale (e la propria salute) dallo smog e per offrire ai cittadini ed ai turisti degli spazi dove muoversi liberamente o per incontrarsi, cercano in ogni modo di tenere le auto lontano dai centri storici, dove, del resto, avrebbero problemi a muoversi per le dimensioni ridotte delle strade. In questo modo i centri storici sono isole dove la vita assume caratteristiche diverse: a volte diventano veri e propri mercatini, altre il luogo per passeggiate romantiche e con gli amici o, addirittura, campi da calcio per i ragazzini. È qui che si possono ancora cogliere degli aspetti della vita di un tempo, tra anziani che si muovono in bicicletta per le spese in negozi d'alimentari tradizionali che, con la qualità di quello che offrono, cercano di combattere la grande concorrenza dei supermercati delle periferie.

DOMANDE

1. Esistono nella tua città delle aree che cercano di distinguersi dalle altre? Come ci riescono e perché pensi che lo facciano?

2. Quali tra queste foto ti ha colpito di più e perché?

3. Quali sono a tuo parere i vantaggi e gli svantaggi di vivere in un centro storico in Italia?

Via della Croce, Roma. Si passeggia per una delle vie del centro storico chiuse al traffico.

I centri storici si trasformano spesso in mercatini grazie all'iniziativa dei venditori ambulanti.

Verso la spesa dell'ultimo minuto in una salumeria tradizionale di una stradina di Verona.

L'età non conta! A fare la spesa (e due chiacchiere) per le strade del centro con l'inseparabile bicicletta.

Pedoni e camioncini si contendono lo spazio per le strette vie di Lucca.

Piazza Tasso a Sorrento diventa il luogo d'incontro per giovani che si preparano a manifestare per la pace.

Colori spettacolari in una bancarella di frutta lungo la costiera amalfitana.

Una piazzetta caratteristica di Vernazza in Liguria si trasforma magicamente in un campo da calcio.

PRE-SCRITTURA

A coppie, disegnate qualche oggetto semplice. Poi scrivete le indicazioni per disegnare l'oggetto. Leggetele ad un'altra coppia di studenti che seguendole dovrà creare lo stesso modello. Quando l'altra coppia avrà finito di disegnarlo, paragonate il vostro disegno al loro per controllare se hanno seguito bene le vostre istruzioni.

Alcune frasi utili:
fare una linea retta (*to draw a straight line*)
disegnare un cerchio / un quadrato / un rettangolo
unire una linea all'altra / un punto all'altro

SCRITTURA

Prepara un discorso scritto non più lungo di due minuti in cui spieghi come fare qualcosa: ad esempio, come giocare a carte, oppure come arrivare ad una destinazione, come servire una palla da tennis, come pulire un pesce, come preparare un panino, ecc. Scegli un argomento che riuscirai poi a spiegare in meno di due minuti alla classe. Ad esempio, se spieghi come giocare a Monopoli, ci metterai più di due minuti e quindi non è consigliato. Dopo che la composizione sarà stata corretta, fai una presentazione orale alla classe portando i materiali visivi necessari per dimostrare la tecnica.

BLOCK NOTES

Rifletti su quello che hai potuto osservare (su Web o in classe) e nelle letture che hai fatto e rispondi ad una delle seguenti domande.

1. Per quanto riguarda i passatempi, esistono grandi differenze tra il tuo paese e l'Italia?

2. Secondo quello che avevi letto o sentito a proposito dell'Italia, l'immagine data in questo capitolo corrisponde a quella che avevi oppure no?

3. Il fatto di attribuire ai numeri e alle figure dei significati particolari risale ad un tempo lontanissimo. Credi che l'Italia sia una popolazione molto superstiziosa o pensi che non sia troppo diversa dal tuo paese?

Communicative Objectives

- Talk about different types of movies
- Talk about popular Italian comic strips
- Report dialogue from a movie
- Report a conversation

Chi li ha visti?

Internet Café

Indirizzo: http://italian.college.hmco.com/students

Attività: Un lupo... per amico

In classe: Scegli una delle strisce che preferisci, stampala e portala in classe. Presentala alla classe e spiega le ragioni per cui ti è piaciuta.

Una scena dal film di Nanni Moretti, *La stanza del figlio.*

Chi li ha visti?

Dai tempi avventurosi in cui si parlava di «una terra di navigatori, santi ed eroi», molti italiani oggi provano a ritrovare quelle sensazioni al cinema o nei fumetti° che riempiono le edicole di tutta la penisola. Accanto ai prodotti internazionali, l'Italia offre un vasto campionario° di registi e disegnatori che non ha nulla da invidiare° ai più famosi colleghi nel mondo.

comics
sample
to envy

Il cinema italiano è conosciuto in tutto il mondo soprattutto per i maestri del neorealismo, per i grandi «film d'autore» di registi quali Antonioni, Fellini, Visconti, Pasolini e Bertolucci e per la fama di attori quali Marcello Mastroianni e Sophia Loren. In tempi più recenti si è avuta l'esplosione del fenomeno Benigni e, seppur° in tono minore, di Nanni Moretti e di film di successo quali *Cinema Paradiso*, *Mediterraneo* e *Il postino*. Nuovi registi, o registi già affermati° in Italia,

even though
well-known

meriterebbero comunque uno spazio maggiore all'estero. I lavori di Carlo Maz-
zacurati, Liliana Cavani, Francesca Archibugi, Pupi Avati e Silvio Soldini tra gli
altri, presentano un'Italia più vicina ai nostri giorni, osservata attraverso un
sapiente° uso della telecamera.   wise

    Nel mondo dei fumetti, oltre al mitico Topolino, quelli che vanno per la mag-
giore vengono pubblicati dall'editore Sergio Bonelli che pubblica vecchie e nuove
serie che raggiungono un numero altissimo di lettori. Tra le prime sarà necessario ricordare *Tex, Zagor* e *Comandante Mark*, tutte e tre ambientate nell'America dei pio-
nieri e che hanno contribuito enormemente al fascino che gli Stati Uniti hanno eser-
citato ed esercitano sull'Italia. Tra le seconde l'«Oscar» del più venduto va a *Dylan
Dog* che come trama° si avvicina agli *X-Files* televisivi, seguito a breve distanza da   plot
Nathan Never e *Legs Weaver*, agenti speciali in un mondo di un lontano futuro.

～～～～ DOMANDE ～～～～

1. Quali sono i film italiani che hai visto o di cui hai sentito parlare?
2. Chi sono i più famosi registi e attori italiani?
3. In Italia i film stranieri vengono doppiati mentre negli altri paesi molto spesso si preferisce mantenere la lingua originale ed usare sottotitoli. Cosa pensi che sia meglio e perché?
4. Se tu dovessi scrivere un film storico ambientato in Italia, quale periodo sceglieresti e perché?
5. In Italia i fumetti sono letti non solo da giovanissimi. Chi acquista e chi legge fumetti nel tuo paese? Tu leggi fumetti? Quali erano i tuoi fumetti preferiti da bambino/a?
6. Quale tipo di persone pensi che incontreresti se ti iscrivessi alla mailing list di Lupo Alberto? Adulti o giovani? Uomini o donne? Perché?

LESSICO.EDU

Il cinema: La produzione

l'attore *actor*
l'attrice *actress*
il cascatore *stuntman*
il cinematografico
   cinematographer
la cinepresa *movie camera*
la colonna sonora *soundtrack*
la comparsa *walk-on (extra)*

il copione *script*
i costumi *costumes*
doppiare *to dub*
il doppiatore *dubber*
gli effetti speciali *special effects*
girare *to shoot* (a film)
interpretare, fare la parte di *to
   play the part of*

il produttore cinematografico
   filmmaker / producer
il regista *director*
la ripresa *shot*
la scena *scene*
lo sceneggiatore *screenwriter*
i sottotitoli *subtitles*

Al cinema

l'anteprima *preview*
la biglietteria *box office*

fare la fila *to stand in line*
la maschera *usher*

lo schermo *screen*

I film

il cortometraggio *short movie*
il documentario *documentary*
il film a colori *color movie*
il film d'animazione *animated movie*
il film d'avventura *adventure movie*

il film d'azione *action movie*
il film dell'orrore *horror movie*
il film di fantascienza *science-fiction movie*
il film in bianco e nero *black-and-white movie*
il film giallo *mystery movie*

il film poliziesco *detective movie*
il film romantico *romantic movie*
il film storico *historical movie*
il lungometraggio *feature-length movie*
la videoteca *video store*

I fumetti

il disegnatore *cartoon artist*
l'editore *publisher*

l'episodio *episode*
la raccolta *collection*

la ristampa *reprint*
la striscia *comic strip*

~~~~~~ PRATICA ~~~~~~

A. Tra cinema e fumetti.   Quest'anno Luca, Laura e Beppe hanno deciso di affittare un appartamento insieme. Sono tre amici che si conoscono fin dalle elementari e si trovano benissimo insieme con un solo piccolo problema. Inserisci negli spazi vuoti le parole appropriate per completare il brano e scoprire di cosa si tratta.

anteprima	effetti speciali	fila	raccolta
biglietteria	episodio	fumetto	ristampa
comparse	fantascienza		

LUCA: Hai letto l'ultimo numero di *Dylan Dog?*

BEPPE: Sai che amo quel _____! Non potrei proprio fare a meno di comprarlo lo stesso giorno che arriva in edicola. E Laura è come me. Lei ama anche *Zagor.* Non ci crederai, ma ha la _____ completa originale, nessuna _____. Sai quanto costa il primo _____ di *Zagor,* quello uscito nel 1965? Si parla di più di mille euro!

LUCA: Certo che lo so. Sono contento che Laura sia così appassionata di fumetti. Ogni volta che ho voglia di leggerne uno, non devo che andare nella sua camera. A proposito di western, stasera sulla RAI danno un film con John Wayne. Vuoi guardarlo?

BEPPE: Veramente preferirei guardare *E.T.* su Canale 5. È un film di _____ storico, e sai che sono un appassionato di tutto quello che riguarda gli extraterrestri.

LUCA: Oh no. La scorsa settimana *Blade Runner,* ieri *Star Wars* e oggi ancora? No, vorrei vedere un film realistico, senza troppi _____. Sentiamo cosa dice Laura. Laura, John Wayne o *E.T.* stasera?

LAURA: State scherzando, vero? Non ricordate che per stasera ho comprato i biglietti per l'_____ del nuovo film di Soldini. Per poterli avere, ho fatto la _____ per quattro ore davanti alla _____ del cinema.

BEPPE: È vero! È il film che Soldini ha girato qui a Parma e ci sono anch'io.

LUCA: Tu? Nel film?

BEPPE: Sì. Avevano bisogno di _____ e io sono andato e mi hanno preso.

LUCA: Allora, forse è una buona ragione per non andare.

LAURA: Smettetela di scherzare e preparatevi che dobbiamo uscire tra 10 minuti.

B. Pollice su, pollice giù.   In gruppi di tre, per ogni genere cinematografico qui sotto elencato date l'Oscar ai vostri film favoriti. Poi identificate il peggiore che abbiate mai visto. Presentate e spiegate le vostre scelte alla classe e scoprite quali film sono sicuramente da vedere e quali no secondo il gusto dell'intera classe.

genere		
film d'azione		
film romantico		
film giallo		
film storico		
film di fantascienza		
film d'animazione		

C. Cosa diranno mai?   In gruppi di tre, guardate la seguente striscia e completatela con i dialoghi che vi sembrano appropriati.

STUDIO REALIA

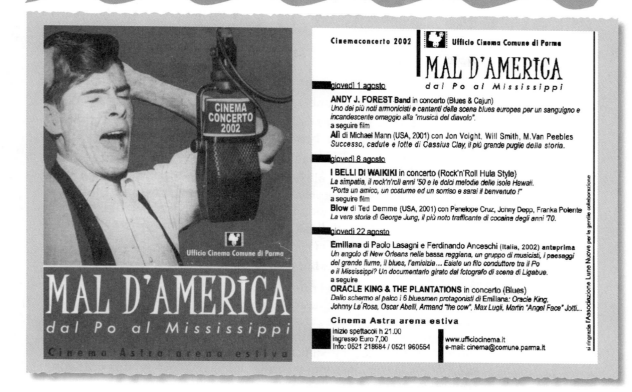

👥 **A. Mal d'America.** Immagini e suoni americani e angoli d'Italia all'americana: ecco come si presenta questa miniserie tra cinema e concerto offerta da un cinema italiano. In gruppi di tre, osservate la grafica di questa cartolina pubblicitaria e leggetene il programma. Poi, riflettendo sui tratti comuni dell'Italia e degli Stati Uniti, pensate a tre film che potrebbero far parte di una vostra serie. Pensate anche al tipo di concerto che dovrebbe accompagnare ogni film e trovate un titolo che catturi l'attenzione. Infine, su un foglio di carta, disegnate la grafica del poster per il vostro mini-festival «Tra l'Italia e l'America».

Titolo del festival:			
	titolo	descrizione molto breve del film	tipo di concerto
primo film			
secondo film			
terzo film			

B. Doppiare: una necessità. Tutti i film non italiani che arrivano nella penisola vengono doppiati. Fortunatamente i doppiatori italiani sono considerati tra i migliori del mondo. In gruppi di quattro, traducete questo passo da *Harry ti presento Sally* (*When Harry Met Sally*) e poi mettetelo in scena. Due studenti faranno gli attori che parlano inglese, gli altri due proveranno a doppiarli con la traduzione appena fatta.

WAITRESS: What can I get you?

HARRY: I'll have the number three.

SALLY: I'd like the chef salad [**l'insalata dello chef**], please, with the oil and vinegar on the side. And the apple pie à la mode.

WAITRESS: Chef and apple à la mode.

SALLY: But I'd like the pie heated, and I don't want the ice cream on top—I want it on the side. And I'd like strawberry instead of vanilla if you have it. If not, then no ice cream, just whipped cream, but only if it's real. If it's out of a can, then nothing.

WAITRESS: Not even the pie?

SALLY: No, just the pie. But then not heated.

C. Ciak, si gira. Alcuni produttori di Cinecittà, la «Hollywood italiana» a Roma, vi hanno appena chiesto di presentare un progetto per un film comico basato sugli stereotipi che caratterizzano gli italiani all'estero. A coppie, preparate un breve progetto. Includete gli stereotipi che vorreste usare, il luogo dove vorreste girare il film, gli attori che vorreste utilizzare e alcune canzoni per la colonna sonora. Fornite spiegazioni per ognuna delle vostre scelte e poi presentatele alla classe.

GRAMMATICA & CO.

I Il discorso diretto e indiretto

There are two ways to report other people's written or spoken words: direct discourse and indirect discourse.

A Il discorso diretto

Direct discourse reports the exact words of the speaker, just as they were spoken or written.

Braccio di Ferro disse: «Mangio spinaci tutti i giorni.»

Popeye said, "I eat spinach every day."

Direct discourse is the easiest and most objective way to report someone else's words. In writing, the person's words are always enclosed in quotation marks.

Among the verbs commonly used to introduce direct discourse are **dire, domandare, esclamare, ordinare, ribattere,** and **rispondere.**

B   Il discorso indiretto

In indirect discourse, a narrator restates or rephrases the words of another person rather than repeating them.

Indirect discourse requires an introductory verb like **dire** or **domandare,** but in writing it is not set off by distinctive punctuation, as is direct discourse.

Braccio di Ferro disse che mangiava spinaci tutti i giorni.

Popeye said that he ate spinach every day.

C   La trasformazione dal discorso diretto al discorso indiretto

As in English, the transformation of direct discourse into indirect discourse requires several changes:

- change of verb tense
- change of subject
- change of personal pronouns
- change of possessive pronouns and adjectives
- change of demonstrative adjectives and adverbs of location and time
- in some cases, change of verb mood

1] Change of verb tense

   a. When the verb that introduces indirect discourse is in the present or future tense, the shift from direct to indirect discourse does not require a change in the verb tense.

discorso diretto ⟶	discorso indiretto
Antonio dice: «Mi **piacciono** i fumetti.» *Antonio says, "I like comic strips."*	Antonio dice che gli **piacciono** i fumetti. *Antonio says that he likes comic strips.*
Antonio dirà: «Non mi **intendo** d'arte.» *Antonio will say, "I don't know much about art."*	Antonio dirà che non si **intende** d'arte. *Antonio will say that he doesn't know much about art.*

b. If, however, the introductory verb is in a past tense, the shift to indirect discourse requires a change in the verb's tense. Note that equivalent changes occur in the indicative and the subjunctive. Below, each example of a change of tense in the indicative is followed by an example of the same change of tense in the subject.

discorso diretto (presente) →	discorso indiretto (imperfetto)
Giovanni ha confessato: «Questo film dell'orrore mi **fa** paura.» *Giovanni confessed, "This horror film scares me."*	Giovanni ha confessato che quel film dell'orrore gli **faceva** paura. *Giovanni confessed that that horror film scared him.*
Siro ha detto: «Non credo che questo cascatore **sappia** fare molto.» *Siro said, "I don't believe this stuntman knows how to do much."*	Siro ha detto che non credeva che quel cascatore **sapesse** fare molto. *Siro said he didn't believe that that stuntman knew how to do much.*

c. Verbs in the **imperfetto** and the **trapassato** do not change tense in the shift from direct to indirect discourse.

discorso diretto (imperfetto) →	discorso indiretto (imperfetto)
Franca ha detto: «Maria non **voleva** restare nel cinema un minuto di più.» *Franca said, "Maria didn't want to stay at the theater one more minute."*	Franca ha detto che Maria non **voleva** restare nel cinema un minuto di più. *Franca said that Maria didn't want to stay at the theater one more minute.*
Disse: «Pensavo che il giornalino **uscisse** oggi.» *He said, "I thought that the magazine came out today."*	Disse che pensava che il giornalino **uscisse** quel giorno. *He said that he thought that the magazine came out that day.*

discorso diretto (trapassato) →	discorso indiretto (trapassato)
Ha detto: «L'**avevo** già **vista** in un altro film.» *He said, "I had already seen her in another movie."*	Ha detto che l'**aveva** già **vista** in un altro film. *He said that he had already seen her in another movie.*
Rispose: «Non credevo che l'**avesse** già **comprata**.» *He answered, "I didn't believe that she had already bought it."*	Rispose che non credeva che l'**avesse** già **comprata**. *He answered that he didn't believe she had already bought it.*

d. Verbs in other past tenses undergo the following changes.

discorso diretto (passato prossimo / remoto) →	discorso indiretto (trapassato)
Anna aggiunse: «Gli effetti speciali mi **hanno fatto** tremare.» *Anna added, "The special effects made me tremble."*	Anna aggiunse che gli effetti speciali l'**avevano fatta** tremare. *Anna added that the special effects had made her tremble.*
Maria ha detto: «Penso che **abbiano girato** il film in Toscana.» *Maria said, "I think they filmed that movie in Tuscany."*	Maria ha detto che pensava che **avessero girato** il film in Toscana. *Maria said that she thought they had filmed that movie in Tuscany.*

discorso diretto (futuro / condizionale) →	discorso indiretto (condizionale passato)
Hanno commentato: «Non **andremo** mai più ai film di quel regista.» *They commented, "We will never go to another film by that director."*	Hanno commentato che non **sarebbero** mai più **andati** ai film di quel regista. *They commented that they would never go to another film by that director.*

2] **Il periodo ipotetico**

Hypothetical constructions—real, possible, and impossible—undergo the following changes in the shift from direct to indirect discourse.

realtà	
Giulia disse: «Se **avremo** tempo, **andremo** insieme.» *Giulia said, "If we have time, we'll go together."*	Giulia disse che se **avessero avuto** tempo, **sarebbero andati** insieme. *Giulia said that if they had time, they would go together.*

possibilità	
Disse: «Se **avessi** tempo, ti **accompagnerei** volentieri.» *He said, "If I had time, I would gladly accompany you."*	Disse che se **avesse avuto** tempo, l'**avrebbe accompagnata** volentieri. *He said that if he had time, he would gladly accompany her.*

irrealtà	
Rispose: «Se **avessi avuto** tempo, ti **avrei accompagnato**.» *He said, "If I had had time, I would have accompanied you."*	Rispose che se **avesse avuto** tempo, l'**avrebbe accompagnata**. *He said that if he had had time, he would have accompanied her.*

3] Changes of subject, personal pronouns, and possessive pronouns and adjectives

    a. If the introductory verb is in the third person and the subject of the direct discourse is in the first or second person, the subject and verb shift to the third person.

discorso diretto →	discorso indiretto
Liliana ha ammesso: «**Ho sbagliato**.» *Liliana admitted, "I made a mistake."*	Liliana ha ammesso che **aveva sbagliato**. *Liliana admitted that she had made a mistake.*
Cristina e Edoardo urlarono a Liliana: «**Hai sbagliato!**» *Cristina and Edoardo yelled at Liliana, "You made a mistake!"*	Cristina e Edoardo urlarono a Liliana che **aveva sbagliato**. *Cristina and Edoardo yelled at Liliana that she had made a mistake.*

b. If the introductory verb is in the first or second person, or if the indirect-object pronouns **mi, ti, ci,** or **vi** appear in the introductory clause, the subject does not usually change to the third person.

discorso diretto →	discorso indiretto
Ho ribattuto: «**Io** non lo **guarderò.**» *I said again, "I'm not going to watch it."*	Ho ribattuto che **io** non l'**avrei guardato.** *I said again that I would not watch it.*
Tu hai detto: «Non lo **farò.**» *You said, "I will not do it."*	Tu hai detto che non l'**avresti fatto.** *You said that you would not do it.*
Luca **ci** ha urlato: «Non **siete** invitati!» *Luca screamed at us, "You are not invited!"*	Luca ci ha urlato che non **eravamo invitati.** *Luca screamed at us that we were not invited!*
Noi abbiamo scritto: «Non **siamo stati** presenti alla riunione.» *We wrote, "We were not present at the meeting."*	Noi abbiamo scritto che non **eravamo stati** presenti alla riunione. *We wrote that we were not present at the meeting.*
Io **vi** ho ripetuto: «**Dovete** vedere quel film!» *I repeated to you, "You must see that movie!"*	Io vi ho ripetuto che **dovevate** vedere quel film! *I repeated to you that you had to see that movie!*

c. Indirect discourse reporting the words of a speaker talking about himself or herself can use the infinitive preceded by the preposition **di.** The present infinitive is used to express a contemporary action and the past infinitive to indicate a past action.

discorso diretto →	discorso indiretto
Tommaso dice: «Sono intelligente.» *Tommaso says, "I'm intelligent."*	Tommaso dice **di essere** intelligente. *Tommaso says that he is intelligent.*
Tommaso ha detto: «Ho letto l'articolo.» *Tommaso said, "I read the article."*	Tommaso ha detto **di aver letto** l'articolo. *Tommaso said that he had read the article.*

d. Possessive adjectives and pronouns in the first or second person shift to the third person.

discorso diretto →	discorso indiretto
mio, tuo nostro, vostro	suo loro
Luca dice: «Il **mio** film preferito è *Cinema Paradiso*.» *Luca says, "My favorite movie is Cinema Paradiso."*	Luca dice che il **suo** film preferito è *Cinema Paradiso*. *Luca says that his favorite movie is Cinema Paradiso.*
Anna e Franco hanno detto: «Il **nostro**, invece, è *Mediterraneo*.» *Anna and Franco said, "Ours, instead, is Mediterraneo."*	Anna e Franco hanno detto che il **loro**, invece, era *Mediterraneo*. *Anna and Franco said that theirs, instead, was Mediterraneo.*

e. First and second person personal pronouns, direct-object pronouns, indirect-object pronouns, and reflexive pronouns often shift to the third person.

Pronomi oggetto diretto

discorso diretto →	discorso indiretto
mi, ti ci, vi	lo, la li, le
Ferruccio chiese ad Anna: «**Ti** vedrò domani sera al cinema?» *Ferruccio asked Anna, "Will I see you tomorrow evening at the movies?"*	Ferruccio chiese ad Anna se **l'**avrebbe vis**ta** la sera dopo al cinema. *Ferruccio asked Anna if he would see her at the movies the following evening.*

Pronomi oggetto indiretto

discorso diretto →	discorso indiretto
mi, ti ci, vi	gli, le gli, ...loro
Gabriella disse: «Anche da grande **mi** piacciono i fumetti.» *Gabriella said, "Even as an adult I like comics."*	Gabriella disse che anche da grande **le** piacevano i fumetti. *Gabriella said that even as an adult she liked comics.*

Pronomi riflessivi		
discorso diretto	→	**discorso indiretto**
mi, ti		si
ci, vi		si
Annamaria ha detto a Paola: «Siedi**ti** qui!» *Annamaria said to Paola, "Sit here!"*		Annamaria ha detto a Paola di seder**si** là. *Annamaria told Paola to sit there.*

4] Demonstrative adjectives and adverbs of place and time

Adjectives and adverbs that express proximity in time or space must be replaced with the corresponding adjectives or adverbs that indicate distance. These changes do not occur if the introductory verb is in the present tense.

discorso diretto	→	**discorso indiretto**
questo		quello
qui / qua		lì / là
oggi		quel giorno
l'altro ieri		due giorni prima
ieri		il giorno precedente (prima)
domani		il giorno seguente (dopo)
poco fa		poco prima
ora		allora
fra poco		poco dopo
scorso		prima, precedente
prossimo		dopo, seguente
Sergio ha dichiarato: «**Ieri** ho guardato un film neorealista, ed **ora** sono depresso.»		Sergio ha dichiarato che **il giorno prima** aveva guardato un film neorealista e **che allora** era depresso.
Sergio declared, "Yesterday I watched a neorealist film, and now I'm depressed."		*Sergio declared that the day before he had watched a neorealist film and that later he was depressed.*

5] Changes in the mood of the verb

In indirect discourse, a command can be reported in two ways: with **di** + infinitive or with the subjunctive.

discorso diretto	→	discorso indiretto
imperativo		infinito congiuntivo imperfetto
Il signore ha urlato: «**Comprate** i biglietti in biglietteria, non qui!» *The man yelled, "Buy the tickets at the ticket booth, not here!"*		Il signore ha urlato **di comprare** i biglietti in biglietteria, non lì! Il signore ha urlato **che comprassero** i biglietti in biglietteria, non lì! *The man yelled to buy the tickets at the ticket booth, not there.*

6] **Domandare** e **chiedere**

When the introductory verb in indirect discourse is either **domandare** or **chiedere,** the subsequent verb may be either indicative or subjunctive. Spoken Italian favors the indicative. Questions that are answered with *yes* or *no* are introduced by the word **se.** All other questions are introduced with the same interrogative used in the direct discourse.

discorso diretto	→	discorso indiretto
Carla ha chiesto: «Qual **è** il tuo fumetto preferito?» *Carla asked, "Which one is your favorite comic strip?"*		Carla ha chiesto quale **era/fosse** il suo fumetto preferito. *Carla asked which one was his favorite comic strip.*
Domandò: «**Hai** mai **letto** *Paperino?*» *He/She asked, "Have you ever read* Paperino?"		Domandò se **avesse/aveva** mai **letto** *Paperino.* *He/She asked if he/she had ever read* Paperino.

~~~~ PRATICA ~~~~

A. Lupo Alberto. A coppie, narrate quello che ha detto Lupo Alberto.

B. Un banchetto. Cambia le frasi dal discorso diretto al discorso indiretto.

Nonna Papera disse:

1. «Non potete mancare. Siete nostri ospiti.»
2. «Il banchetto inizierà fra poco.»
3. «Lo zio Paperone ha preparato una grande cena.»
4. «Mangerete dei cibi incredibili.»
5. «Tutto sarà servito.»
6. «I camerieri non sono arrivati.»
7. «Sembra che non ci sia nemmeno un cameriere in giro.»
8. «Allora, faremo self-service.»

Nonna Papera concluse: «All'attacco!»

C. Il cinema. In gruppi di tre, uno studente fa la domanda, uno risponde e l'altro narra la risposta usando uno dei verbi introduttivi suggeriti in questo capitolo a pagina 241. Fate attenzione al tempo verbale.

ESEMPIO: tu / preferire / film doppiato / sottotitoli
ST. 1: Preferisci un film doppiato o con i sottotitoli?
ST. 2: Preferisco un film con i sottotitoli.
ST. 3: Ha detto che preferiva un film con i sottotitoli.

1. fare / comparsa / scorsa settimana
2. quanto / credere / costare / una cinepresa
3. tu / fare / fila / per / anteprima
4. tu / pensare / il regista / avere / più autorità / lo sceneggiatore
5. è possibile / a Hollywood / esserci / più sceneggiatori / che film
6. a Hollywood / esserci / più attori / che sceneggiatori
7. quanti / film / vedere / la scorsa settimana
8. preferire andare / cinema / o guardare / film / televisione

D. Intervista allo sceneggiatore di un nuovo film dell'orrore. Ripeti ad un tuo amico / una tua amica le domande che sono state fatte a questo sceneggiatore in un'intervista recente sul suo nuovo film dell'orrore usando il discorso indiretto.

> **ESEMPIO:** Cosa comporta esattamente il titolo «sceneggiatore»?
> Gli hanno domandato che cosa comportava esattamente il titolo «sceneggiatore».

1. Che effetto le ha fatto vedere il film?
2. Il viaggio del protagonista è simbolico?
3. In alcune scene ci sono i suoi figli o sono attori bambini?
4. I suoi film sono basati sulla realtà?
5. Cosa ha fatto per creare l'effetto dei colori?
6. Può dirci qualcosa sul suo nuovo progetto?
7. Farebbe questo tipo di film di nuovo se ne avesse l'opportunità?
8. Come si sentiva quando è arrivato l'Oscar?

E. Una serata al cinema. Cambia il seguente dialogo nel discorso indiretto. Introduci ogni frase con uno dei verbi suggeriti a pagina 241 al passato.

LUCIA: Vorrei andare al cinema questo pomeriggio.

STEFANO: Proprio ora? Non ne ho voglia.

LUCIA: Ma c'è il nuovo film di Benigni e la mia attrice preferita interpreta la parte della protagonista. Dai! Fammi questo favore.

STEFANO: Se ci tieni così tanto penso di poterti accompagnare. La prossima volta però andiamo a vedere un film di fantascienza che piace a me, con gli effetti speciali, come nei film del mio regista preferito.

LUCIA: D'accordo. Lo farò volentieri. Adesso andiamo!

F. Una puntata alla televisione. In gruppi di tre, parlate di un film o di una puntata di uno spettacolo alla televisione che avete visto recentemente. Raccontate gli avvenimenti principali. Poi, usando il discorso indiretto, raccontate ad un altro gruppo quello che avete detto. Elencate minimo sei avvenimenti.

BIBLIOTECA 2000

Summarizing

We all summarize constantly in daily life. When you recount a conversation or a scene in a movie or television show—when you render direct discourse as indirect discourse—you typically summarize the intent of individuals' remarks rather than reporting every utterance. Summarizing helps to identify the main ideas of a text and to understand its structure. It requires creative synthesis and condensation of the selection's thrust. Summarizing may begin with an outline, but instead of merely listing the main ideas, a summary creates a new text. The key to the process is to distinguish between the main ideas and the supporting ideas and examples. Putting the main ideas in your own words and in a condensed form can lead to a deeper understanding of any text. Summarized ideas must be attributed to the original source.

～～～ PRE-LETTURA ～～～

In gruppi di due o tre, rispondete alle seguenti domande.

1. C'era un adulto che vi ha ispirato quando eravate piccoli/e? Chi era? Che ruolo ha avuto nel formare il vostro futuro?
2. Provate nostalgia per una città o per una persona? Che cosa sentite quando pensate a questa città o a questa persona?
3. Quando eravate piccoli/e, andavate spesso al cinema? Quale tipo di film preferivate e perché? E adesso?

Nuovo Cinema Paradiso

L'amore per il cinema negli occhi di un bambino in *Nuovo Cinema Paradiso* di Giuseppe Tornatore.

GIUSEPPE TORNATORE

Giuseppe Tornatore (1956–), regista siciliano, ha raggiunto la fama mondiale nel 1988 quando con il suo secondo film, *Nuovo Cinema Paradiso,* ha vinto l'Oscar come migliore film straniero e il premio speciale della giuria al Festival di Cannes. Tra gli altri suoi film ricordiamo *Malena* (2000), *L'uomo delle stelle* (1995) e *Stanno tutti bene* (1990).

Roma – Appartamento Salvatore
(*Interno notte*)

L'appartamento è ricco, ben arredato. Non c'è nessuno ad aspettare Salvatore. Dalla vetrata[1] della terrazza appare la città immersa nella notte. L'uomo si sveste avviandosi verso[2] la camera da letto. Si muove piano, come non volesse far rumore. Non accende neanche la luce, finisce di svestirsi al chiarore bluastro[3] proveniente dalla[4] vetrata. Un fruscio[5], un movimento sul letto, una voce di donna che si sveglia:

CLARA   Salvatore... Ma che ore sono?...

SALVATORE   È tardi, Clara. Perdonami, ma non ho potuto neanche avvisarti[6] che non sarei arrivato...

... Dormi adesso. Dormi...

La ragazza...

CLARA   Ha telefonato tua madre. Mi ha scambiata per un'altra...

SALVATORE (*sorpreso*)   E tu cosa le hai detto?

CLARA   Ho fatto finta di niente, per non deluderla. Abbiamo parlato un bel po'. Dice che non vai a trovarla da anni... Ma è vero?...

SALVATORE   Ha chiamato per dirti solo questo?...

CLARA   Ha detto che è morto un certo Alfredo. E domani pomeriggio ci sono i funerali...

Di colpo gli occhi di Salvatore assumono una strana luce. Non vi si legge più la voglia di prendere sonno. È una notizia che non si aspettava. Che lo coglie impreparato[7]...

CLARA   Ma chi è? Un tuo parente?

SALVATORE   No. Dormi. Dormi.

Lei dorme nel silenzio assoluto della notte.

Una profonda ed inquieta commozione, come un brivido di gelo[8], assale[9] Salvatore. Fissa oltre il vetro la città... ma il suo sguardo va lontano, oltre la linea delle case, oltre il cielo nero, come cercasse di cogliere un volto[10] antico, una espressione che quasi gli sfugge: il volto di Alfredo. Quel nome è come una chiave magica. Evoca mille ricordi, rimuove dai fondali[11] infiniti dell'oblìo[12] un passato che credeva svanito[13], cancellato ed invece ora riemerge, acquista luce per sovrapporsi[14] al suo volto di uomo maturo... un'altra immagine, antica, lontana...

[...]

---

1. picture window   2. **avviandosi...** going toward   3. **chiarore...** bluish light   4. **proveniente...** coming from
5. rustling   6. to inform you   7. **lo...** catches him off-guard   8. **brivido...** shiver (from the cold)   9. comes over
10. face   11. depths   12. oblivion   13. vanished   14. to superimpose

Sala Cinema Paradiso e Cabina
(*Interno mattina*)

Il prete è entrato in una sala cinematografica, non molto grande.

Lungo le pareti, alternati alle appliques delle luci[15], ci sono i cartelloni con i films imminenti... La donna delle pulizie ha finito, se ne sta andando. In galleria, sopra l'ultima fila di sedie, ci sono i buchi della cabina: quello centrale è mimetizzato[16] da una grande testa di leone che ruggisce[17], tutta in gesso, e tra i denti aguzzi[18] si intravede[19] l'obiettivo del proiettore. Poi ci sono altri due buchi più piccoli, dietro i quali si delinea, a tratti, la figura di un uomo...

... È Alfredo, l'operatore. Ha circa quarant'anni, volto duro, da contadino. Ha finito di caricare il proiettore e sta accendendo i carboni nella lanterna. Ora toglie il vetro da uno dei buchi e guarda in sala, verso...

... il prete che gli fa cenno[20]:

PRETE   Alfredo, puoi partire!!

E si siede solitario al centro della sala vuota.

In cabina Alfredo aziona[21] il proiettore...

... Sul quadro appaiono i titoli di testa di un film americano degli anni '40. Il volto del parroco è attento. Nella mano destra, appoggiata sul bracciolo[22] della sedia, tiene il campanello.

In fondo alla platea[23], dietro l'ultima fila, una tenda si muove, si apre una fessura[24], appare il volto piccolo e smunto[25] di Salvatore.

È riuscito a sgattaiolare[26] di nascosto e se ne sta lì silenzioso, affascinato, a seguire la «pellicola» sul quadrato luminoso...

Dal buco della cabina... Alfredo segue il film, ma i suoi occhi vanno spesso verso...

... La sagoma[27] del prete, che adesso tamburella con le dita sul campanello.

Sullo schermo il protagonista e la protagonista, due stars di Hollywood, sono in primo piano, il dialogo è appassionato, romantico.

Salvatore, rapito[28] da quei volti, dal loro modo di parlare, dalla bellezza di lei, scivola piano piano lungo la tenda sino a sedersi per terra, ma i suoi occhi non lasciano mai il quadro...

La scena d'amore è al suo momento più alto, la musica cresce, e finalmente i due protagonisti si abbracciano, si baciano...

Istintivamente il prete alza in aria il campanello, come in un rito antico, e suona con forza...

In cabina Alfredo sente lo squillo, è il segnale che aspettava.

Prende un pezzetto di carta, da un mazzetto di fogli pronti all'uso, e lo mette nella bobina[29] che si sta avvolgendo, tra le spire di pellicola, in quella precisa scena. La proiezione continua...

... Salvatore ha gli occhi sbarrati[30], forse non ha mai visto un uomo e una donna baciarsi, è un'immagine che ha per lui il fascino del proibito, il terrore del peccato...

Ora sullo schermo è apparsa una figura di donna che si spoglia mostrando per un istante le larghe e voluttuose spalle nude, bianche.

Salvatore guarda a bocca aperta. Il prete, arrabbiato, si attacca alla campanella e la scuote con più forza del solito...

[...]

---

15. **appliques...** wall lamps   16. camouflaged   17. roars   18. sharp   19. one catches a glimpse of   20. **fa...** gestures to start   21. starts   22. arm (of a chair)   23. box seats   24. crack   25. pale   26. steal away   27. silhouette   28. abducted   29. reel   30. wide open

Cabina Cinema Paradiso
(*Interno giorno*)

Nonostante la velocità, dalla bobina appaiono numerosi cerchi[31] bianchi, sono i pezzetti di carta che Alfredo ha inserito. Sta riavvolgendo[32] il film a mano, nell'avvolgifilm. Vicino a lui Salvatore fissa attentamente tutti i suoi movimenti, con occhi svelti, ladri.

ALFREDO (*duro, urlando*)   Qua non ci devi venire!! Ma come te lo devo fare capire?...

ALFREDO   ... Se prende fuoco la pellicola, a come sei piccolo tu, fai una vampata[33] sola: vum! E diventi un pezzo di carbone...

SALVATORE (*sovrapponendosi a lui*)   ... e diventi un pezzo di carbone!...

Alfredo coglie l'ironia. Fa per dargli uno scappellotto[34], ritira la mano per prendere le forbici.

ALFREDO (*arrabbiato*)   Minchia[35] che lingua lunga che hai! Qualche giorno te la taglio!...

... Salvatore prende lo spezzone[36] e lo guarda da vicino...

SALVATORE   Me lo posso prendere?...

ALFREDO   Minchia ma allora sei sordo! Questo lo devo mettere di nuovo dentro, quando smontiamo la pellicola! Peggio di una piattola[37] sei!?

Salvatore infila la mano in un cesto pieno di spezzoni. Tira su un ciuffo[38] di pellicola: sono tutti baci tagliati.

SALVATORE   E perché questi non ce l'hai messi quando hai smontato le pellicole?

Alfredo è colto in fallo[39]. Ferma le bobine ad un altro pezzetto di carta, esegue il taglio:

ALFREDO   Perché qualche volta non trovo più il punto giusto e allora... in sostanza... restano qua...

SALVATORE (*eccitato*)   Allora questi me li posso prendere?

Alfredo scoppia, non ne può più. Prende il bambino per le spalle e strattonandolo[40]:

ALFREDO   Senti Totò! Prima che ti do un calcio in culo, facciamo un patto[41]. Questi pezzi qua sono tuoi, te li regalo.

SALVATORE   Grazie!

ALFREDO   Prego! Però! Numero uno: qua non ci devi venire più. Numero due: te li tengo io. Oh!! E ora vattene!!

Lo prende e lo gira verso le scale. Per lui il discorso è chiuso. Torna all'avvolgifilm. Salvatore si volta e, approfittando di un attimo di distrazione di Alfredo, acciuffa una manciata[42] di fotogrammi sparsi sul banco. Li mette in tasca e...

SALVATORE   Però che patto è? I pezzi sono miei. E perché te li devi tenere tu?...

ALFREDO   Vatteneee!!! Non ti fare vedere più!!!

E prima che il calcio giunga a destinazione, Salvatore si è già dileguato[43] correndo veloce giù per la scala a chiocciola[44].

[...]

---

31. circles   32. rewinding   33. blaze, burst of flame   34. slap, smack   35. *curse used in southern Italy to denote stupidity*
36. scene, part of a movie   37. nuisance   38. small bit   39. **colto...** caught in the act   40. pulling him   41. pact, agreement   42. **acciuffa...** snatches a handful   43. vanished   44. **scala...** winding staircase

COMPRENSIONE

A. Domande. In gruppi di tre rispondete alle seguenti domande.

1. Come vi sembra il rapporto tra Clara e Salvatore?
2. Parlate della reazione di Salvatore quando sente la notizia della morte di Alfredo.
3. Cosa avete imparato di Alfredo, del suo lavoro, della sua personalità?
4. Cosa pensate del fatto che il prete censuri il film?
5. Come descrivereste il rapporto tra Salvatore e Alfredo?
6. Secondo voi, Salvatore tornerà per il funerale di Alfredo? Motivate la vostra risposta.
7. Pensate che sia necessario fare la censura dei film oggi?

B. Riassunto. Per riassumere il testo che avete appena letto, procedete seguendo i passaggi suggeriti qui sotto.

1. Identificate i momenti principali in ogni scena.
2. Riassumete l'azione di ogni scena.
3. Scegliete nella terza scena lo scambio centrale tra Alfredo e Salvatore e raccontatelo ai vostri compagni usando il discorso indiretto (riassumetelo invece di riferire ogni parola).

DI PROPRIA MANO

Writing Reviews

Reviews of works of fiction (e.g., books and movies) have a double function: to express the reviewer's observations and opinions and to make recommendations to the reader. Reviewers may:

1. identify the title, author or director, and genre
2. provide an overview or a brief story line
3. discuss a few key points about the book or film
4. compare it to other pertinent books or films
5. assess whether the work is original or derivative
6. speculate about the author's purpose and whether he / she has achieved it
7. make a recommendation

Because film is a collaborative medium, the contributions of the actors, directors, producers, writers, musicians, and camera operators, as well as the movie's rating, running time, and so forth, all need to be considered when reviewing a film. Were the actors believable? Did the music, special effects, etc., enhance or detract from the movie? Your review ultimately convinces others to see or not to see a film. Be thorough but concise!

~~~~~~~~**SCRITTURA**~~~~~~

Adesso, scrivi una tua recensione di quel film o di un passo letterario. Se hai visto un film insieme ai tuoi compagni di classe, o hai occasione di vedere un film italiano, scrivi una recensione di un film. Potresti anche recensire un film che hai visto in passato. Altrimenti, scegli un passo letterario, inclusa la lettura di questo capitolo, e segui le strategie suggerite qui sopra per scrivere una recensione.

BLOCK NOTES

Riflettendo su quello che hai potuto osservare su Web o in classe e sulle letture che hai fatto, rispondi alle seguenti domande.

1. Alcuni fumetti interessano agli adulti perché, al di là del piacere della lettura, affrontano problemi del mondo reale. Quali sono alcuni fumetti che conosci e che presentano anche un lato serio?

2. Fumetti e cinema offrono un momento di svago in modo diverso. Quali sono le affinità e le differenze tra i due?

3. Quali sono i film italiani che ti hanno colpito maggiormente? Quali vorresti vedere dopo averne sentito parlare in classe?

Italiani si diventa?

Communicative Objectives
- Talk about Italian lifestyles and customs
- Talk about practical aspects of daily life in Italy
- Rent an apartment in Italy
- Recognize and use common idioms

INTERNET **Internet Café**

Indirizzo: http://italian.college.hmco.com/students

Attività: Pacchi, lettere e francobolli

In classe: Scegli il francobollo che preferisci, stampalo e portalo in classe. Presentalo alla classe e spiega le ragioni per cui è quello che preferisci.

Emigranti in fila davanti alla Questura per consegnare le domande per il permesso di soggiorno.

Italiani si diventa?

Il sogno di chi viaggia all'estero è, quasi sempre, un'esperienza reale del paese che visita, non solamente da turista ma da assoluto protagonista.

Sotto parecchi punti di vista l'Italia è il luogo adatto per avere questo tipo di immersione, specialmente quando le mete° del viaggio siano lontane dai percorsi° turistici abituali. Nei piccoli centri italiani, i turisti solitamente trovano una cordialità sincera e incoraggiamento° quando provano a parlare la lingua italiana. Ma la vera immersione avviene quando si è deciso di passare in un paese straniero un periodo prolungato di tempo. Solo dopo poche settimane in Italia ci si sarà abituati a bere il caffè in piedi al banco, facendo due chiacchiere° con il barista, a non ordinare il cappuccino a fine pranzo o cena ed a sentirsi parte della città dove si vive.

La comprensione della cultura italiana passa comunque attraverso la lingua. Dopo un po' ci si sente in grado° di usare l'italiano imparato a scuola con le nuove persone e ci si butta° ad assimilare un po' più di lingua gergale°. Risulta più difficile, però, affrontare la burocrazia italiana e le situazioni di tutti i giorni, che si tratti di agenzie immobiliari° o ospedali, stazioni ferroviarie o uffici postali. Le file alle Poste o alle stazioni possono

destinations
routes
encouragement

facendo... chatting

ci... one feels able
ci... one throws oneself / slang
agenzie... real estate agencies

Tutti in fila alla biglietteria della stazione Termini di Roma.

trasformarsi in piccoli incubi° soprattutto quando l'interlocutore non parla altro che l'italiano e la fila dietro comincia ad allungarsi°. Spiegarsi con un agente immobiliare o al pronto soccorso° può risolversi in incomprensioni e/o piccoli disastri.

    La ricetta per vivere l'Italia da italiani insomma è la stessa che vale per tutti i paesi del mondo: immergersi completamente in essa nel bene e nel male, senza chiusure mentali e con la lingua come arma principale per affrontarla°.

nightmares

to get longer

pronto... *emergency room*

to face it

DOMANDE

1. Secondo te, perché l'autore del passaggio pensa che l'Italia sia un luogo perfetto per una vacanza non solo da turisti?
2. Nei tuoi viaggi sei riuscito a «vivere» il luogo che visitavi in questo modo? Dove sei andato? Perché pensi di esserci riuscito o perché credi di averlo vissuto solo da turista?
3. Quali pensi che siano alcune cose necessarie per vivere in una città o in un paese pienamente?
4. Nei tuoi viaggi ti sei mai trovato in difficoltà per la lingua? In quali situazioni non ti vorresti trovare in un luogo dove l'inglese è parlato pochissimo?
5. Cosa diresti di fare ad un amico straniero che viene nel tuo paese per fargliene avere una «vera» esperienza? Quali sarebbero secondo te le più grandi difficoltà per un italiano che visita il tuo paese e non ne conosce la lingua?
6. Comprare francobolli on-line elimina il problema di trovarsi in fila all'ufficio postale. Quali altri servizi on-line vorresti poter trovare per semplificare la tua vita in Italia?

LESSICO.EDU

La burocrazia

l'ambasciata *embassy*
il clandestino *illegal alien*
il consolato *consulate*
l'extracomunitario *person from outside the European Union* (E.U.) *residing in an E.U. country*

l'immigrante (*m.* or *f.*) *immigrant**
l'immigrato/a *immigrant**
il permesso di lavoro *work permit*

il permesso di soggiorno *residency permit*
il visto *visa*

---

* Immigrante è la persona che viene dall'estero per cercare lavoro; immigrato è la persona che si è trasferita in un paese diverso dal proprio per cercare un lavoro.

MINISTERO DELL'INTERNO
AMMINISTRAZIONE DELLA PUBBLICA SICUREZZA

Questura di CATANZARO

PERMESSO DI SOGGIORNO PER STRANIERI
FOREIGNERS' PERMIT OF STAY

COGNOME
SURNAME

NOME
NAME

LUOGO NASCITA PLACE OF BIRTH	DATA DATE

CITTADINANZA CITIZENSHIP	STATO CIVILE CIVIL STATUS	RIFIUG. REFUGEE

RESIDENZA ESTERO
RES. IN THE COUNTRY OF BIRTH

RECAPITO ITALIA–COMUNE ADDRESS IN ITALY–BOROUGH	PROV. COUNTY

INDIRIZZO
ADDRESS

DOCUMENTO DOCUMENT	NUMERO NUMBER	SCADENZA / / VALID UNTIL

RILASCIATO DA ISSUED BY	DATA / / DATE

INGRESSO ITALIA–DATA ENTRY IN ITALY–DATE	FRONTIERA BORDER OF

VISTO VISA	RILASCIATO DA ISSUED BY	SCADENZA / / VALID UNTIL

MOTIVO DEL VISTO INGRESSO
REASON FOR VISA

MOTIVO DEL SOGGIORNO
REASON FOR STAY

MEZZO SOSTENTAMENTO
MEANS OF SUPPORT

CONIUGE
WIFE/HUSBAND

PERSONE A CARICO CONVIVENTI
PERSONS BEING CARED FOR IF LIVING TOGETHER

CONTI CORRENTI POSTALI – Ricevuta di Versamento BancoPosta

TELECOM ITALIA € sul C/C n. 1404 di Euro 89,00

IMPORTO DA PAGARE
Euro: **89,00**
SCADENZA
17/06/2002
Le alleghiamo il bollettino per il pagamento
I pagamenti delle fatture precedenti sono
regolari. Grazie

intestato a:
TELECOM ITALIA S.P.A.BOLOGNA

N.TELEFONO	CODICI		PERIODO
0621931071	15	PR	3 BIM.2002

FATTURA	SCADENZA
1H04349463	17/06/2002

Eseguito da :

CAVATORTA RAG. UGO
60, VIA VERDI
43100 PARMA PR

44/221 02 14-06-02 R1
0077   €*89,00*
VCY 0320 _____ €*0,77*

BOLLO DELL' UFF. POSTALE

Trovare una casa, un appartamento

l'acconto, la caparra *deposit*
l'affitto *rent*
l'allacciamento del telefono *telephone installation*
ammobiliato/a *furnished*

il bilocale *one-bedroom apartment*
la bolletta *bill*
firmare *to sign*
la luce, l'acqua, il gas e il riscaldamento *utilities*

il monolocale *studio apartment*
il padrone / la padrona di casa *landlord*

All'ufficio postale

la cartolina *postcard*
il destinatario *recipient*
il francobollo *stamp*

l'impiegato *clerk*
il mittente *sender*
il pacco *package*

la posta aerea *air mail*
il postino *postman*
il vaglia postale *money order*

Alla stazione

l'andata e ritorno *round trip*
la biglietteria *ticket counter*
la cuccetta *bed in sleeper car* (on a train)
la prenotazione *reservation*

la prima / seconda classe *first / second class*
la sala d'aspetto *waiting room*
lo sportello *window* (for service)

il supplemento rapido *supplemental fare* (for a high-speed train)

Trovare un lavoro

compilare *to fill out*	il modulo *form*	l'ufficio di collocamento
il curriculum vitae *résumé*	lo stage *internship*	*employment agency*

Curriculum Vitae

Nerina Vecchi
Via Pispini 3
53100 Siena
0577-459872

EDUCAZIONE

- Maggio 2003 - Laurea in Economia & Commercio - Università degli Studi di Roma.
- Giugno 1998 - Diploma di Ragioneria - Istituto «Melloni» di Siena.

LINGUE

- Inglese, tedesco e spagnolo.

CONOSCENZE INFORMATICHE

- Word, WordPerfect, Adobe Photoshop, Acrobat Reader, Netscape Composer, Multi Edit.

ESPERIENZA LAVORATIVA

- Giugno 2003–presente - Stage per interpreti - Parlamento Europeo, Bruxelles.
- Maggio–Settembre 2002 - Segretaria - Ufficio Commerciale Tidone, Siena.
- Luglio–Agosto 2001 - animatrice - Club Vacanze Sole e Mare, Sardegna.
- Luglio–Agosto 2000 - animatrice - Club Vacanze Savana, Kenia.
- Luglio–Agosto 1998 - animatrice - Club Vacanze Lago d'Idro, Brescia.

Dal medico

avere mal di testa / stomaco / denti *to have a headache / stomachache / toothache*	l'iniezione *injection*	la ricetta *prescription*
	la medicina *medicine*	il ricovero *hospitalization*
la cura *treatment, cure*	la pastiglia *pill*	lo sciroppo *medicinal syrup*
la/le diagnosi *diagnosis*	la pomata *ointment*	sdraiarsi *to lie down*
la frattura *fracture*	i punti *stitches*	la vaccinazione *vaccination*

~~~~~ PRATICA ~~~~~

A. Una vacanza disastrosa. Completa con le parole appropriate e scopri di cosa si tratta.

allacciamento	cura	firmare	permesso di soggiorno
ambasciata	diagnosi	padrone di casa	visto
biglietteria	fila		

GIOVANNI: Amelia, com'è andato il viaggio in Italia?

AMELIA: Non mi va di parlarne... L'Italia era bellissima e credo che ci tornerò, ma farò qualcosa di diverso...

GIOVANNI: Su, per favore, dimmi cos'è successo?

AMELIA: Non ero abbastanza organizzata, non mi ero preparata bene... Tutto è cominciato bene. Sono andata all'_____ per fare mettere il _____ sul passaporto. Come sai, dovevo lavorare al Guggenheim a Venezia e mi sono fatta dare anche il _____. I problemi sono cominciati appena arrivata. Per uno sciopero all'aeroporto di Venezia, siamo stati mandati a Verona. Da lì ho dovuto prendere un treno. Alla _____ c'era una _____ lunghissima e dopo un'ora sono arrivata davanti allo sportello. Purtroppo nessuno parlava inglese e le persone dietro di me non erano molto pazienti. Un vero incubo!

GIOVANNI: Mi sembra solo un piccolo inconveniente...

AMELIA: Questo è solo l'inizio! Arrivata a Venezia ci sono voluti 25 giorni per l'_____ del telefono e così per chiamare ho dovuto affittare un telefonino che mi è costato un occhio della testa; il _____, che era stato tanto simpatico prima di _____ il contratto, era un mostro. Non potevo fare feste, non potevo invitare amici e spesso il riscaldamento non funzionava; per finire mi sono ammalata.

GIOVANNI: Cos'hai avuto?

AMELIA: Non lo so ancora. Il primo dottore ha sbagliato _____, il secondo anche e il terzo finalmente ha capito che avevo una polmonite. Sono stata in ospedale per tre settimane. La _____ era soprattutto a base d'iniezioni... Non voglio più parlarne. Quando sono uscita dall'ospedale, sono dovuta ripartire perché il mio lavoro era finito.

GIOVANNI: Mi dispiace, Amelia. Sei stata davvero sfortunata.

B. Com'è difficile trovare un appartamento! A coppie, descrivete il vostro tipo di appartamento ideale scrivendo la vostra preferenza nell'apposita casella. Poi trovate un compromesso e descrivete un appartamento che accontenti i gusti di entrambi. Aggiungete l'affitto che vorreste pagare e altre cose importanti per voi. Presentatelo alla classe.

	studente/essa 1	studente/essa 2
monolocale / bilocale / trilocale		
ammobiliato / non ammobiliato		
a pianterreno / al primo piano / al secondo piano / all'ultimo piano		
numero bagni		
servizi extra indispensabili		
elettrodomestici necessari (lavatrice, lavastoviglie, ecc.)		
con aria condizionata		
con giardino		
con balcone		
massimo affitto		
altre cose importanti		

C. Al pronto soccorso. Avete avuto un piccolo incidente in cucina e siete dovuti andare al pronto soccorso. A coppie, fate uno / una la parte del medico, l'altro/a quella del / della paziente. Aiutandovi con le informazioni fornite dal paziente e dal medico nella tabella, ricostruite il dialogo tra i due.

Ospedale San Patrizio — Pronto Soccorso

Nome del paziente: Guido Pisi

Età: 45 anni

Allergie: antibiotici

Parte riservata al medico:

Diagnosi: ferita al dito medio della mano sinistra

Causa: taglio con coltello mentre affettava il salame

Trattamento: vaccinazione antitetanica, 4 punti di sutura

Ricovero: no

Cura: cambiare medicazione una volta al giorno, tenere puliti i punti, non bagnarli per 5 giorni

Note: ritornare tra 10 giorni per la rimozione dei punti

STUDIO REALIA

A. Offerte di lavoro su Internet

1.

Nome dell'azienda: aguar sas

Settore: Servizi professionali (consulenze, contabilità)

Società di elaborazione dati contabili[1] in ausilio ad uno studio professionale

CERCHIAMO

1 Segretaria

Non sono richieste conoscenze specifiche se non l'utilizzo di Office e Internet. La candidata dovrà avere meno di 24 anni e svolgerà lavori vari d'ufficio, archivio, segreteria e centralino.

Categoria dell'offerta	Impiegati
Altra categoria	Primo Impiego
Area professionale	Amministrazione e Finanza (segreteria, impiegati, contabilità)
Zona di lavoro	Città: Milano (MI), zona Centro (la zona è servita da mezzi pubblici)
Tipo di inquadramento[2]	Assunzione a tempo indeterminato
Stipendio lordo[3] annuo	Fino a 15.000 euro all'anno

---

1. **elaborazione...** bookkeeping   2. position   3. gross

2.

Nome dell'azienda: Mia S.r.l.	
Settore: Turismo (hotel, ristorazione, viaggi)	
Società di fornitura servizi turistici e animazione turistica	

CERCHIAMO

300 Animatori / Animatrici

Giovani con età compresa tra i 18 e i 35 anni, caratterialmente estroversi, dinamici, disponibili a spostamenti sul territorio nazionale. Bella presenza, conoscenza lingue, buon livello di cultura generale. Individui disponibili a lavorare nell'ambito dell'animazione e intrattenimento turistico.

Categoria dell'offerta	Collaborazioni
Altra categoria	Lavoro Temporaneo
Area professionale	Turismo e Lingue (interpreti, guide, alberghieri, animatori)
Zona di lavoro	Nazione: Italia
Tipo di inquadramento	Assunzione a Tempo determinato (2 / 6 mesi)
Stipendio lordo annuo	Commisurato alle capacità individuali

3.

Nome dell'azienda: Etjca Milano	
Settore: Vendita al dettaglio[1]	
Importante catena di supermercati	

CERCHIAMO

50 Cassiere e Cassieri part-time

Giovani, età massima 32 anni, dinamici, anche senza esperienza ma con molta voglia di imparare. Si offre un lavoro di 4 ore giornaliere collocate[2] nel tardo pomeriggio e in chiusura di negozio.

Categoria dell'offerta	Lavoro Temporaneo
Altra categoria	Primo Impiego
Area professionale	Senza specifiche
Zona di lavoro	Città: Milano (MI)
Tipo di inquadramento	Lavoro Temporaneo
Stipendio lordo annuo	Fino a 15.000 euro all'anno

---

1. **al...** retail   2. arranged

Per chi cerca lavoro e non ha paura di spostarsi in città diverse, l'Internet è diventata una fonte d'informazioni preziosissima. Avete visto tre delle offerte dal sito Bancalavoro. Seguendo lo stesso schema, lavorate in coppia e create un'offerta per un lavoro che vorreste avere in Italia quando avrete finito l'università. Poi descrivete alla classe il lavoro che avete creato.

Nome dell'azienda:	
Settore:	

CERCHIAMO

_____

Descrizione:

Categoria dell'offerta	
Altra categoria	
Area professionale	
Zona di lavoro	
Tipo di inquadramento	
Stipendio lordo annuo	

B. Cerco lavoro! A coppie, scoprite quali di queste persone potrebbe fare domanda per uno dei lavori sopra descritti e perché non potrebbe farla per gli altri due.

Cristina Ferrari ha 21 anni e cerca il suo primo lavoro. Preferirebbe lavorare a Milano. Vorrebbe trovare un lavoro che le assicuri un contratto duraturo. No part-time.

Luca Pelosio ha 33 anni. Cerca un lavoro temporaneo mentre aspetta di poter aprire un'attività in proprio.

Chiara Minardi ha 24 anni. Cerca un lavoro lontano dalle grandi città e dove sia possibile fare pratica dell'inglese e del francese che ha studiato all'università.

Guardando poi alla vostra offerta di lavoro, spiegate chi di queste persone potrebbe andare bene e perché.

C. Pro e contro.   Come avete potuto vedere, in Italia è possibile specificare nelle offerte di lavoro l'età massima dei candidati, mentre in molti altri paesi è illegale rifiutare un posto di lavoro secondo questo criterio. A coppie, elencate i pro e i contro di questa possibilità.

pro	contro

GRAMMATICA & CO.

I modi finiti e i modi indefiniti

The conjugated forms of Italian verbs, or **modi finiti** (indicative, subjunctive, conditional, and imperative), specify person, number, time, and sometimes gender. By contrast, the **modi indefiniti** (infinitives, participles, and gerunds) do not specify the subject, and thus never function as the main verb in a sentence. These indefinite forms are used to introduce subordinate clauses that add detail to the statement in the main clause.

Infinitive: **Dopo aver vinto** la borsa di studio, è potuto andare in Italia per un anno.
Participle: **Vinta** la borsa di studio, è potuto andare in Italia per un anno.
Gerund: **Avendo vinto** la borsa di studio, è potuto andare in Italia per un anno.

I L'infinito

The infinitive has two forms: present (simple) and past (compound). The past infinitive consists of the infinitive of the auxiliary verb **avere** or **essere** plus the past participle of the main verb.

infinito presente	infinito passato
affittare	aver(e) affittato
andare	essere andato/a/i/e

Vorrei **affittare** un appartamento in centro.

I'd like to rent an apartment downtown.

Dopo **aver affittato** un appartamento in centro, mi sono reso conto che c'era troppo rumore.

After having rented an apartment downtown, I realized that it was too noisy.

A Usi dell'infinito presente

1] Like the English *-ing* form, the infinitive often functions as a subject or an object. Sometimes, especially in poetry and proverbs, it is preceded by the definite article **il.**

Vivere in Italia è meraviglioso. — *Living in Italy is wonderful.*

E il **naufragar** m'è dolce in questo mare. (G. Leopardi) — *And sweet to me is being shipwrecked in this sea.*

2] The infinitive can be used as an imperative, particularly in written notices and instructions.

Chiudere il gas! — *Turn off the gas!*

3] The infinitive is used after impersonal expressions containing **essere;** the modal verbs **dovere, potere,** and **volere;** and verbs followed by a preposition.

È necessario **compilare** il modulo completamente. — *It is important to fill out the form completely.*

Vorrei **trovare** un appartamento entro una settimana. — *I'd like to find an apartment within a week.*

Spero di **chiamare** il padrone di casa domani. — *I hope to call the landlord tomorrow.*

B Usi dell'infinito passato

The past infinitive is used to express an action completed before the action of the main verb. The past infinitive may also be introduced by another verb or by **dopo.**

Dopo **aver chiamato** il padrone di casa, sono andata a vedere il bilocale. — *After having called the landlord, I went to see the one-bedroom apartment.*

Mi ricordo di **aver** finalmente **ricevuto** il permesso di lavoro. — *I remember finally receiving the work permit.*

C L'infinito ed i pronomi

When pronouns are attached to the infinitive, the final **-e** of the infinitive is dropped. With past infinitives, the past participle agrees in gender and number with the pronoun.

Compilar**lo** (il modulo) non è stato facile. — *Filling it out wasn't easy.*

Dopo aver**le** spedit**e** (le lettere), sono andata a casa. — *After having mailed them, I went home.*

～～～～～～～～ **PRATICA** ～～～～～～～～

A. Sostituzioni.   Sostituisci la parte in grassetto con un infinito facendo i cambiamenti necessari.

> ESEMPIO: **Il pensiero** del trasloco la rendeva nervosa.
> Pensare al trasloco la rendeva nervosa.

1. **La vita** in Italia non è facile.
2. **La perdita dei** soldi dell'acconto era sufficiente per convincerlo a non cambiare casa.
3. Per lui **il viaggio** non era più un'avventura ma era un lavoro.
4. Ci è voluta un'ora per **la lettura degli** annunci.
5. Gli inquilini hanno lottato per **la difesa dei** loro appartamenti.
6. **L'ammissione** che acqua, luce e gas erano troppo cari non era stata una cosa facile per il padrone di casa.

B. Dal medico.   Trasforma le seguenti frasi dall'infinito presente all'infinito passato facendo tutti i cambiamenti necessari.

> ESEMPIO: Penso di prendere la medicina stasera.
> Penso di aver preso la medicina ieri sera.

1. Dubito di comprare lo sciroppo al supermercato.
2. Temo di perdere la pastiglia.
3. Penso di andare da un altro medico per questa ricetta.
4. Sono felice di uscire dall'ospedale.
5. Spero di ricevere una buona diagnosi.
6. Sono contenta di sdraiarmi per qualche ora.
7. Credo di pagare troppo per le visite mediche.
8. Penso di guarire.

C. La burocrazia.   Trasforma le seguenti frasi all'infinito passato.

> ESEMPIO: Dopo che ebbi ricevuto il visto, partii.
> Dopo aver ricevuto il visto, partii.

1. Dopo che avrò compilato il modulo per il permesso di soggiorno, tornerò a casa.
2. Dopo che ebbe ottenuto il permesso di lavoro, festeggiò.
3. Dopo che sarà andata all'ambasciata, avrà i documenti necessari per viaggiare all'estero.
4. Dopo che ci saremo sposati, non saremo più considerati extracomunitari.
5. Dopo che avrai sentito il messaggio dal consolato, ti sentirai più tranquillo.
6. Dopo che avrò chiarito il mio stato, andrò in vacanza.

D. Prima una cosa, poi l'altra.   Completa le seguenti frasi con una forma dell'infinito.

1. Dopo _____, gli piace sdraiarsi sul divano.
2. Dopo _____, manderò cinquanta copie del mio curriculum in giro.
3. Dopo _____, si è recato all'ospedale dove gli hanno dato dieci punti.
4. Dopo _____, spediranno una cartolina al professore d'italiano.
5. Dopo _____, devo chiedere scusa al padrone di casa.
6. Dopo _____, si sono rese conto che è bene fare una prenotazione.

 Il participio

The participle has two forms: present and past.

A Il participio presente

The present participle is formed by adding **-ante** to the stem of **-are** verbs, and **-ente** to the stem of **-ere** and **-ire** verbs.* The present participle often serves as a noun or an adjective. Used as an adjective, the present participle agrees with the noun it modifies.

importare	→	import**ante**
dirigere	→	dirig**ente**
seguire	→	segu**ente**

1] The present participle used as an adjective can replace a relative clause.

I passeggeri **paganti** (che hanno pagato) hanno diritto alla colazione nel vagone ristorante. | *Paying passengers have a right to breakfast in the dining car.*

2] The present participle can also be used as a noun.

Gli **insegnanti** d'inglese devono avere il permesso di soggiorno. | *The English teachers have to get a residency permit.*

---

* Note that some **-ire** verbs form the present participle with the suffix **-iente**. Among them: **dormire – dormiente, salire – saliente, venire – veniente.**

B Il participio passato

1] The past participle is already familiar as a component of the compound past tenses. The past participle can also be used alone in a dependent clause to express an action completed before that of the main clause. When used in this way, the past participle agrees with the object or the subject depending on the meaning of the sentence.

Presa la patente, è partito subito sulla moto.	*Having received his license, he left immediately on a motorcycle.*
Preso per un altro, è stato arrestato.	*Mistaken for someone else, he was arrested.*

2] The past participle can replace a clause beginning with **quando** or **dopo che** that describes a past action.

Quando avevo finito di fare le valige, ho chiamato il taxi.

Finito di fare le valige, ho chiamato il taxi.

Having finished packing the suitcases, I called a taxi.

C Il participio passato ed i pronomi

When pronouns are used with the past participle, they attach to it.

Fatte le fotografie, ci siamo avviati verso il consolato.

Fattele, ci siamo avviati verso il consolato.

Having taken the pictures (them), we set out for the consulate.

Lasciato il messaggio al direttore, speravamo di ricevere una risposta presto.

Lasciatoglielo, speravamo di ricevere una risposta presto.

Having left the message (it) with the director (him), we hoped to get an answer soon.

~~~~~ **PRATICA** ~~~~~

A. Alla manifestazione.   Completa con la forma corretta del participio presente o passato del verbo tra parentesi.

Avendo _____ (invitare) tutti a partecipare alla manifestazione per i diritti degli _____ (immigrare) africani, ci si aspettava una folla _____ (impressionare). Infatti, tutti i _____ (partecipare) capivano l'importanza della loro presenza per cercare di arrivare ad una vera integrazione. _____ (studiare) tutti i documenti del governo, era chiaro che molte leggi _____ (proporre) ma non _____ (attuare), avrebbero potuto aiutare la causa di altre culture.

B. Domande per voi. A coppie, rispondete usando il participio passato.

> **ESEMPIO:** Quando hai finito i compiti, dove sei andato/a?
> Finiti i compiti, sono andato/a in discoteca.

1. Dopo essere arrivato/a a scuola, sei andato/a subito a lezione?
2. Quando hai aperto la porta, chi hai visto?
3. Essendo confuso/a, hai deciso di tornare a casa?
4. Dopo aver telefonato agli amici, cosa hai saputo?
5. Quando hai preso il libro, dove l'hai messo?
6. Dopo esserti sdraiata sul letto, hai cominciato a leggere?

C. Ora ripetete l'esercizio B scambiandovi i ruoli. Questa volta usate i pronomi oggetto diretto, indiretto, doppi, **ci** o **ne** quando possibile.

> *Dove non arrivano le Poste Italiane Spedita & Arrivata servizi di posta celere* nazionali e internazionali con una marcia in più*

III Il gerundio

The gerund is the Italian equivalent of the *-ing* form in English. It is used to describe an action in progress. When a gerund introduces a dependent clause, its subject and the subject of the main clause must be the same.

Pagando (Mentre pagava) la caparra, si rese conto di non avere più soldi.	*Paying the deposit, he realized he didn't have any more money.*

A Il gerundio presente

1] The present gerund is formed by adding **-ando** to the stem of **-are** verbs and **-endo** to the stems of **-ere** and **-ire** verbs.

consigliare	→	consigli**ando**
credere	→	cred**endo**
preferire	→	prefer**endo**

Some irregular formations include:

bere: **bevendo**
dire: **dicendo**
fare: **facendo**

> Non aver paura di commettere errori. SBAGLIANDO S'IMPARA! Corsi di lingua per stranieri «Istituto Astrolabio» Via Nenni, 10

When a verb is reflexive, the pronoun attaches to the gerund.

togliersi: **togliendosi**
trasferirsi: **trasferendosi**

2] The gerund can replace **mentre** + *imperfect* to indicate an action or condition going on when something else occurred.

Cercando (Mentre cercavo) una farmacia, mi è passato il mal di testa.	*While I was looking for a pharmacy, my headache went away.*

---

* **posta...** express mail

3] A gerund can indicate the manner in which something is done.

Ridendo ha detto: «Perfetto.
Non volevo andare comunque.»

*Laughing, she said, "Perfect. I didn't
want to go anyway."*

4] A gerund can be used independently to describe a condition that leads to,
permits, or causes the action in the main clause. In this case, the subjects
of the dependent and independent clauses need not be the same.

Tempo **permettendo,** andremo
a Bologna per il weekend.

*Weather permitting, we'll go to
Bologna for the weekend.*

5] A gerund can also replace a hypothetical construction.

Pagando (Se paghi) in anticipo,
risparmi il 5 percento.

*By paying ahead of time, you save
5 percent.*

B Il gerundio passato

The past gerund is formed with the present gerund of the auxiliary verb **essere**
or **avere** and the past participle. It is used to express actions that took place before the action of the main clause.

| mandare | → | avendo mandato |
| rimanere | → | essendo rimasto/a/i/e |

Avendo abitato in Italia per un
anno, ho imparato ad apprezzare
molte tradizioni italiane.

*Having lived in Italy for a year, I
learned to appreciate many Italian
traditions.*

Essendo arrivata in ritardo, era
molto nervosa.

*Having arrived late, she was very
nervous.*

C Il gerundio e i pronomi

1] When pronouns are used with the present gerund, they attach directly to it.

Scrivendo a lui un email,
potrai avere una risposta
più velocemente.

Scrivendo**gli** un email, potrai
avere una risposta più
velocemente.

*By writing him an email, you'll
get an answer faster.*

Andando a quell'appartamento,
vedrete quanto è bello.

Andando**ci,** vedrete quanto
è bello.

*If you go to that apartment (there),
you'll see how beautiful it is.*

2] When pronouns are used with the past gerund, they attach to the auxiliary verb. The past participle agrees in gender and number with direct-object pronouns.

Avendo comprato i biglietti, eravamo sicuri di avere un posto in aereo.

Avendo**li** comprat**i,** eravamo sicuri di avere un posto in aereo.

Having purchased the tickets (them), we were sure to have a seat on the plane.

Essendo**ci** già stata molte volte, conosceva bene Roma.

Having been there many times, she knew Rome well.

~~~~~ PRATICA ~~~~~

A. Alla stazione. Trasforma le seguenti frasi seguendo l'esempio.

ESEMPIO: Mentre andava alla biglietteria, ha visto un suo amico.
Andando alla biglietteria, ha visto un suo amico.

1. Mentre si sedeva in sala d'aspetto, sentì l'annuncio che il suo treno era in arrivo.
2. Mentre facevi la prenotazione, hai deciso di comprare un biglietto di prima classe.
3. Mentre dormivano nella cuccetta, hanno sentito tanti rumori.
4. Mentre pagavate il supplemento rapido, vi accorgeste che il costo del treno era troppo alto.
5. Mentre lasciavo lo sportello, vidi il mio portafoglio per terra.
6. Mentre ordinava un cappuccino al bar, ha visto arrivare il suo treno.

B. Adesso ripeti l'esercizio usando i pronomi oggetto diretto, indiretto, doppi, **ci** o **ne** quando possibile.

C. All'ufficio postale. A coppie, rispondete alle seguenti domande usando il gerundio passato.

ESEMPIO: Hai spedito la lettera? (non finirla)
No. Non avendola finita, non l'ho spedita.

1. Hai incartato il pacco? (dimenticare la carta)
2. È venuto il postino? (essere un giorno di festa)
3. Hai trovato l'indirizzo del destinatario? (perdere l'agenda)
4. Hai preso il vaglia? (uscire dall'ufficio alle 8,00)
5. Hai comprato i francobolli? (alzarsi tardi)
6. Sei riuscito/a a leggere il nome del mittente? (lasciare gli occhiali a casa)

D. Sistemandoti a Roma.   A coppie, chiedete al vostro compagno / alla vostra compagna di classe un aiuto per potervi sistemare a Roma. Rispondete alle domande usando il gerundio. Seguite l'esempio dato.

ESEMPIO: trovare un appartamento a Roma
    ST. 1: Come faccio a trovare un appartamento a Roma?
    ST. 2: Puoi trovare un appartamento mettendoti in contatto con un'agenzia immobiliare.

1. sapere se ho bisogno di un visto
2. prendere un permesso di soggiorno
3. trovare un monolocale non costoso
4. comunicare con il padrone di casa
5. mandare un pacco ai miei
6. comprare un cellulare

BIBLIOTECA 2000

—Per il permesso di soggiorno, ha bisogno di compilare questi 56 moduli.
—Mi prende in giro?
—Certo che no! E devono essere tutti in un italiano perfetto!

Interpreting Idioms

An idiom is a combination of words that have acquired a special meaning different from the literal meanings of the individual words. One definition of an idiom is a usage that cannot be translated word for word into another language; for this reason, idioms often trip up language students who try and fail to decipher them literally. Some idioms are common to everyday speech. An example of such an idiom in English is *to carry out,* meaning *to put into action.* In Italian a common idiom is **prendere in giro,** meaning *to tease, to fool.*

Other idioms are more colorful, and likely to be even more baffling to a non-native speaker. Consider what an Italian who had never encountered the term would think if you asked him for a "rain check." You might be similarly baffled if an Italian said that he had been studying English **da un pezzo.**

Advanced language skills call for understanding and using idioms. Some idioms are easy to guess if similar expressions exist in your native language: **stanco morto,** for example, translates as *dead tired.* If you don't recognize an idiom, try to guess its meaning from the context. When using a dictionary to find the meaning of an idiom, search toward the end of the entry.

～～～～ PRE-LETTURA ～～～～

A. Studia la seguente lista di frasi idiomatiche e abbina loro il significato corretto.

_____ 1. sfiorare il cielo con le dita
_____ 2. portare i pantaloni
_____ 3. avere cura di sé
_____ 4. tentare la carta sentimentale
_____ 5. ridere a piena gola
_____ 6. groppo in gola
_____ 7. trattenersi a stento
_____ 8. fare la serva
_____ 9. fare per me

a. *to play on one's emotions*
b. *to barely be able to keep oneself from doing something*
c. *lump in the throat*
d. *to be in seventh heaven*
e. *to be a slave / servant (figuratively)*
f. *to laugh wholeheartedly*
g. *to be the boss*
h. *to take care of oneself*
i. *to suit me*

B. Verifica le tue scelte e poi leggi i seguenti passi e inserisci l'idioma dalla lista precedente che descrive meglio la situazione. Fa' tutti i cambiamenti necessari.

1. Giulia ha deciso in giovane età che non voleva essere casalinga e che addirittura non voleva sposarsi. Aveva osservato la vita di sua madre, sempre a pulire, a cucinare, a lavare e stirare, ad aiutare gli altri, ecc., cioè _____. Giulia aveva deciso che quella vita non _____.

2. Lasciando l'Italia e gli amici per sempre, ha sentito un

   _____.

3. Quando si incontravano il weekend, preparavano cibo tradizionale del loro paese, ascoltavano la loro musica, raccontavano storie divertenti di vecchi tempi e _____.

4. In quella casa, anche se lui credeva di essere il capo, lei prendeva tutte le decisioni importanti e chiaramente era lei che

   _____.

5. Quando sua madre le disse che poteva andare in Italia, un suo sogno che finalmente si sarebbe realizzato, lei _____.

6. Lei non si trascurava. _____. Tutti i giorni andava in palestra, nuotava in piscina, e poi tornava al lavoro.

C. La lettura che segue tratta di una giovane donna emigrata in Italia dal Togo, nell'Africa dell'Ovest. Immaginate quali aspetti della vita italiana le potessero sembrare diversi e quali aspetti del suo paese le potessero mancare. Dite le vostre idee alla classe.

Italia: aspetti diversi	Togo: aspetti nostalgici

Mal di...

KOSSI KOMIA-EBRI

Kossi Komia-Ebri è nato in Togo ed è
venuto in Italia per studiare medicina.
Attualmente lavora all'ospedale di Erba,
vicino a Milano. Ha partecipato al premio letterario Eks & Tra* dove ha ricevuto vari riconoscimenti. I suoi lavori
sono presenti in numerose antologie.

Di tutti gli anni trascorsi in Italia, non saprei quale incol-
pare[1] per quello che mi succede ora. So bene che dovrei
decidermi una volta per tutte a recidere[2] il cordone
ombelicale che mi lega a questo vizio[3], questa specie di
malattia.

Non ricordo neanche come iniziò tutto questo, sicuramente incominciò al mio ritorno in Africa dall'Italia.

«L'Italia!»... allora solo pensarci era come sfiorare
il cielo con le dita. Erano anni che Fofo (mio fratello) mi
prometteva di portarmi con sé in Europa. Non so descrivere l'immensità della mia gioia quando arrivò la tanto
attesa lettera. Ce la portò mio cugino che abitava in città
la cui casella postale faceva in pratica da «refugium pec-
catorum[4]» per tutta la corrispondenza della parentela ed
oltre, nel villaggio.

Mio padre fu un po' restio[5] a lasciarmi partire:

—Una ragazza che se ne va da sola nei paesi dei
bianchi! Non se ne parla neanche!

Mia madre prese le mie difese:

—Non se ne va da sola, va a raggiungere suo fratello! Al cocciuto[6] «Non se ne parla» reiterato dal marito, lei mi fece segno con la testa di uscire e quel segnale
mi rincuorò[7], perché, sapevo, nonostante le apparenze,
chi in casa nostra «portava i pantaloni».

Di fatto, il giorno dopo, mia madre mi portò al mercato ad acquistare una valigia, dei pantaloni usati e mio
padre andò in città, a richiedere i documenti di viaggio.

Una ragazza filippina aspetta l'autobus in una via
della capitale.

La vigilia della partenza, vidi una tenera lacrima
solcare[8] il viso di mia madre ed ebbi un effimero senso
di colpa, sapendo di abbandonarla da sola al lavoro dei
campi e alle faccende domestiche. Papà si rinchiuse in
un silenzio di difesa fino all'ultimo momento, poi nel
salutarmi, mi mise nella mano un talismano di cuoio
intarsiato[9], con una conchiglia e brontolò:

—Abbi cura di te!

L'Italia! Dio, il freddo! Non immaginavo fosse così
pungente. Le mie labbra si screpolarono[10], le dita si irri-
gidirono e la mia pelle prese quel colore grigio delle lucer-
tole, nonostante mi spalmassi[11] di crema di cocco. La
prima notte fu infernale, la passai in un albergo prenotato
a Roma da mio fratello; coricata sul letto come usavo

---

1. to blame   2. to cut   3. habit   4. **refugium...** (Latin) here, a post office box shared by many people   5. reluctant
6. obstinate   7. **mi...** cheered me up   8. to streak   9. inlaid   10. **si...** got chapped   11. **mi...** I covered myself

---

* Questo concorso è aperto a tutti gli immigrati residenti in Italia e provenienti dall'Europa dell'Est, Africa, Asia e
  America Latina. Il nome indica la provenienza da altri paesi (Ex) e l'arrivo *tra* gli italiani.

fare sulla stuoia[12] nella mia capanna[13], ero mezzo assiderata[14], non sapendo che bisognava infilarsi dentro le lenzuola. Fofo me lo spiegò, sfottendomi[15], il giorno dopo, quando venne a prendermi alla stazione a Bergamo.

Mio fratello mi aveva fatto venire per badare alla sua casa e ai suoi figli, perché lui e la moglie lavoravano tutto il giorno. Lui, la moglie italiana e i loro due bambini abitavano a Torre Boldone, un paesino non lontano dal capoluogo, dove lavorava come medico. Mi avevano destinato una stanza nella taverna[16] della loro villetta. Si vedeva che stavano bene, anche se trovavo mio fratello un po' succube[17] della moglie, che comandava come mia madre, ma in modo più esplicito.

All'inizio fu difficile comunicare con mia cognata e i miei nipotini, perché non capivo la lingua, e mio fratello si rifiutò di farmi da traduttore. Subito mi raccomandò di tenere la mia stanza in ordine, di usare le «pattine[18]» quando entravo in salotto, di non farmi la doccia tutti i giorni perché il riscaldamento costa, di non lasciare le luci accese nelle scale e in bagno, di non impiegare tre ore per stirare, di non parlare nella nostra lingua e di tenere basso il volume di quella «nenia[19]» di musica africana. Incluso nel sacrosanto decalogo[20], vi era il divieto di cucinare cibi che richiedevano troppo tempo di cottura, e che soprattutto impregnavano la casa per giorni con la scia[21] degli aromi dei condimenti (la «puzza»)...

Dovevo badare a loro [ai miei nipoti], ma non riuscivo a farmi obbedire. Un giorno in cui ero fuori di me, li sgridai nella mia lingua, perché mi era più facile e loro scoppiarono a ridere, scimmiottando[22] letteralmente il mio «parlare africano» con «Abuga, bongo bingo!» «Eppure» —pensai con amarezza— «questa è la lingua dei padri del vostro padre!», ma non proferii[23] parola.

Non sapevo più come comportarmi. Mia cognata mi faceva sentire un'intrusa, mi guardava con aria sospettosa, perché, per educazione, non la guardavo negli occhi quando le parlavo. La sentii un giorno dire a una sua amica al telefono che ero sorniona[24] e ipocrita.

Il mio sogno d'Europa stava tramutandosi in un incubo: troppo freddo, poco tempo, e poi l'indifferenza, la solitudine...

Devo la mia salvezza a Conception, una ragazza filippina che faceva la colf[25] presso una famiglia nella villetta contingua alla nostra e parlava un po' di francese. Ci vedemmo per la prima volta sui balconi, mentre ero intenta a battere un tappeto, poi ci trovammo a fare la spesa al supermercato. Lei era già in Italia da cinque anni e la sua amicizia ed i suoi consigli furono per me come manna nel deserto.

Presto imparai la lingua, a cucinare e a tenere la casa al meglio. Lavoravo svelta e mi avanzava tempo per leggere e guardare la televisione. Ben presto avevo imparato ad apprezzare il cibo. Cercai di assimilare più cose possibili, di dimenticare totalmente quella che ero. Intanto diventai più esigente, volevo che mio fratello mi lasciasse uscire ogni tanto, volevo la mia giornata di libertà come Conception, volevo soldi per poter mandare un regalo a mia madre, per comprare vestiti nuovi come piacevano a me e non più riciclare quelli di mia cognata. Nella discussione che ne nacque con mio fratello, ci scambiammo accuse reciproche, che non avrei mai pensato poter formulare. Disse: «Sei un'ingrata!», quando gli annunciai di aver trovato lavoro presso una signora anziana a Bergamo, perché volevo guadagnarmi la mia indipendenza. Da prima urlò: «Se volevamo pagarci una babysitter o una colf, non c'era bisogno di mandarti a chiamare dall'Africa, sai!», poi di fronte alla fermezza della mia decisione, tentò la carta sentimentale: «Non t'importa di lasciarci così in difficoltà, di abbandonare i tuoi nipoti, fingevi allora di volergli bene! Sei proprio senza cuore!»

Solo io so quanto mi costò lasciare mio fratello, resistendo alla tentazione di abbracciarlo, per spiegargli che non ero venuta fino in Europa senza tentare di realizzare qualcosa, che a differenza di lui, sognavo di tornare a casa o creare qualche cosa di mio, che non volevo fare la domestica a vita in terra straniera...

Passato il primo momento di rabbia, e dopo una lettera di nostro padre, mio fratello venne a trovarmi di nascosto dalla moglie. Lì da me, ritrovavo il Fofo che avevo sempre conosciuto, parlavamo nella nostra lingua, gli preparavo piatti nostri, piccanti, che inghiottiva golosamente[26]... con le dita, poi spezzava l'osso con i denti e ne succhiava voluttuosamente il midollo[27], facendo un rumore infernale e lo sentii infine ridere come si usa da noi a piena gola e parlare e ricordare della gente, degli episodi del villaggio. Un giorno,

---

12. mat 13. hut 14. frozen to death 15. teasing me 16. basement 17. dominated 18. cloth covers for shoes (to protect floors) 19. monotonous chant 20. decalogue (a set of rules) 21. trail 22. mimicking 23. I uttered 24. sneaky 25. housekeeper 26. **inghiottiva...** gobbled gluttonously 27. marrow

vedendolo ballare scatenato al ritmo di una musica tradizionale, lo sfottei:

—Dottore, se ti vedessero i tuoi pazienti!

E lui ribattè ridendo:

—Diranno: eppure sembrava uno come noi!...

Un giorno, Fofo mi trovò a casa con delle amiche [africane] intente a ballare un motivo[28] del paese. Al suo arrivo, si fece un silenzio di rispetto, ma carico di rimprovero, perché in molti lo consideravamo come un «traditore». Non tanto perché aveva sposato una bianca, ma perché, dicevano, era diventato come un bianco: freddo ed indifferente alla sua gente, come se si vergognasse delle sue origini e poi non si capiva perché, con tutto lo spazio che aveva in casa sua, non organizzasse ogni tanto qualche serata per ballare, almeno per le feste importanti. Si sentiva a disagio e dopo un po' scappò via con la scusa di un paziente da visitare. Da allora prese a telefonarmi prima di arrivare come usano in Europa. Non per difenderlo, ma capivo che aveva fatto la scelta di stare definitivamente in Italia, e per la pace della sua famiglia era dovuto scendere a compromessi con se stesso...

«Qui in Europa» sentenziò «ognuno deve pensare per sé, punto e basta, io mi sento in dovere solo nei confronti dei miei parenti stretti e solo se bisognosi o meritevoli.»

Certo non condividevo il suo punto di vista.

Replicai soltanto:

«Fofo, questo paese, questa nebbia, non fa per me, mi manca il sole, le feste al villaggio, il tempo, le risa della gente, il vivere assieme con le persone.»

Eppure, continuai a lavorare, risparmiando, soffocata dalla nostalgia con un unico pensiero e traguardo[29]: tornare a casa per aprire il mio negozio di sartoria[30].

Infine due anni fa, con un groppo[31] in gola,... trattenendo a stento[32] le mie lacrime nascenti, salutai mio fratello, Conception e tutti i miei amici, e me ne tornai a «casa» con la valigia piena di regali, di piatti e posate, con un sogno da realizzare.

Al mio ritorno in Africa, passata la prima settimana d'effervescenza, capii che non potevo più vivere al villaggio, dove non c'era né luce né acqua corrente, abituata com'ero ormai a vivere con certe comodità. Non riuscivo più ad intavolare[33] una conversazione decente

con le amiche di un tempo che, ormai, si erano sposate: chi già con due, o tre figli e che, lo sentivo, m'invidiavano malevolmente. I miei vecchi insistevano a volermi scegliere un uomo da sposare, ma io avevo ormai deciso per una vita libera da «single»: non volevo fare la serva di nessun uomo e tanto meno rinunciare ai miei progetti.

Decisi di trasferirmi in città, un po' per sfuggire all'assalto quotidiano dello sciame[34] di parenti, che si allineavano[35] per la questua[36], un po' perché il caldo, le mosche, le zanzare mi erano diventati insopportabili e sentivo la necessità di vivere in un ambiente climatizzato, ordinato e tranquillo.

Il primo anno non fu così facile, ma lentamente incominciai a farmi una certa clientela e una delle mie clienti, Sonia, che ha il suo negozio di parrucchiera dirimpetto[37] al mio, è diventata la mia migliore amica. Sonia è una ragazza formosa, gentile e decisa: è tornata dalla Germania, dove lavorava «nello spettacolo» due anni prima di me, per investire i suoi risparmi nel suo salone.

Ora per me le cose vanno meglio.

In verità dovrei dire, ora andrebbero meglio, se non fosse per quella strana sensazione d'irrequietezza che ogni tanto mi invade tutta fin dentro le ossa.

Allora prendo la mia auto, vado in centro città a girare per i negozi, entro nei supermercati a comprarmi degli spaghetti, delle scatole di pelati[38], della carne venuta dalla Francia, un po' di taleggio[39] e poi ritorno a casa a cucinare il tutto ed ad invitare Sonia a cenare con me. A volte andiamo a prendere l'aperitivo al «Gattobar» e poi via di corsa a divorare una pizza «Da Silvia» per concludere la serata a vedere qualche bel film con Mastroianni e Sofia Loren. Oppure ce ne stiamo in casa a vedere le mie foto di quando ero a casa «mia» in Italia ascoltando le canzoni del festival di Sanremo, di Baglioni, Ramazzotti o Zucchero...

Ah, l'Italia! Pensare che in Italia, volevo tanto tornare a casa! Ormai mi sento come inquilina[40] di due patrie: a volte ne sono felice, a volte mi sento un po' dimezzata[41], un po' squilibrata, come se una parte di me fosse rimasta là, eppure so che lì avrei di nuovo il mal d'Africa.

Forse la mia è nostalgia, o più semplicemente mal di... mal d'Europa.

---

28. motif (here, of a dance)   29. goal   30. **negozio...** tailoring shop   31. lump   32. **trattenendo...** holding back   33. to start up   34. swarm   35. **si...** lined up   36. donation of money   37. opposite   38. peeled whole tomatoes   39. type of cheese   40. tenant   41. torn two ways

~~~~~~~~ **COMPRENSIONE** ~~~~~~~~

1. Quali sono i requisiti del «sacrosanto decalogo» fatti alla sorella di Fofo al suo arrivo in Italia? Come avresti reagito a tali ordini?
2. Elenca alcune tradizioni che la protagonista aveva portato in Italia con sé e che l'avevano messa inizialmente in difficoltà.
3. Quando la protagonista viveva in Italia, per quali cose provava nostalgia? Quando tu viaggi, che cosa ti manca di più del tuo paese?
4. Quando la protagonista torna al suo paese, come riesce a soddisfare i suoi desideri legati all'Italia?
5. Ti sei mai sentito/a diviso/a tra due paesi o città? Spiega.

DI PROPRIA MANO

Organizing a Paper

Since the beginning of this book, you have kept a journal of your observations about and reactions to Italian lifestyles, traditions, and behaviors. This chapter's writing assignment is to use your journal entries in an essay on cultural stereotyping. First, reread your entries with an eye to gathering material for your paper.

- Look for recurring themes and ideas and highlight them.
- Think about how they relate to each other.
- Divide your themes into subcategories and try to arrange them in a rational order.

Then answer these questions.

1. Did you have stereotyped mental images of Italians at the beginning of the year, or before you began to study Italian?
2. What were the main features of your stereotypes?
3. What do you think were the sources of those images? Did any pieces of information in particular cause you to revise your stereotypes?
4. Do you think you have acquired any new mental images that are probably also stereotypes? Explain.

Keeping your answers to these questions in mind and using your journal entries to support your opinions, draft a tentative outline. Once your outline is in order, start your rough draft.

BLOCK NOTES

Riflettendo su quello che hai potuto osservare su Web o in classe e sulle letture che hai fatto, rispondi alle seguenti domande.

1. Come pensi che sia meglio comportarsi per vivere pienamente in un paese straniero?

2. Dopo aver studiato italiano per due anni, quali situazioni credi che potrebbero metterti in difficoltà in Italia?

3. Utilizzando il racconto di Kossi Komia-Ebri come modello, quali pensi che possano essere le situazioni che troverai più difficili e quali più piacevoli in un soggiorno in Italia?

Reference

VERB APPENDIX

A. *Avere* and *essere*

				Avere			
Presente	*Imperfetto*	*Futuro*	*Condizionale*	*Passato remoto*	*Congiuntivo presente*	*Congiuntivo imperfetto*	*Imperativo*
ho	avevo	avrò	avrei	ebbi	abbia	avessi	———
hai	avevi	avrai	avresti	avesti	abbia	avessi	abbi
ha	aveva	avrà	avrebbe	ebbe	abbia	avesse	abbia
abbiamo	avevamo	avremo	avremmo	avemmo	abbiamo	avessimo	abbiamo
avete	avevate	avrete	avreste	aveste	abbiate	aveste	abbiate
hanno	avevano	avranno	avrebbero	ebbero	abbiano	avessero	abbiano

Participio passato: avuto
Passato prossimo: ho avuto, hai avuto, ha avuto, abbiamo avuto, avete avuto, hanno avuto
Participio presente: avente
Participio passato: avuto

Infinito presente: avere
Infinito passato: aver avuto
Gerundio presente: avendo
Gerundio passato: avendo avuto

				Essere			
Presente	*Imperfetto*	*Futuro*	*Condizionale*	*Passato remoto*	*Congiuntivo presente*	*Congiuntivo imperfetto*	*Imperativo*
sono	ero	sarò	sarei	fui	sia	fossi	———
sei	eri	sarai	saresti	fosti	sia	fossi	sii
è	era	sarà	sarebbe	fu	sia	fosse	sia
siamo	eravamo	saremo	saremmo	fummo	siamo	fossimo	siamo
siete	eravate	sarete	sareste	foste	siate	foste	siate
sono	erano	saranno	sarebbero	furono	siano	fossero	siano

Participio passato: stato
Passato prossimo: sono stato/a, sei stato/a, è stato/a, siamo stati/e, siete stati/e, sono stati/e
Participio presente: ———
Participio passato: stato/a/i/e

Infinito presente: essere
Infinito passato: esser(e) stato/a/i/e
Gerundio presente: essendo
Gerundio passato: essendo stato/a/i/e

B. Regular verbs: simple tenses and compound tenses with *avere* and *essere*

	Verbi in -are		Verbi in -ere	Verbi in -ire	
	comprare	*entrare*	*vendere*	*partire*	*finire*
Indicativo presente	compro	entro	vendo	parto	finisco
	i	i	i	i	isci
	a	a	e	e	isce
	iamo	iamo	iamo	iamo	iamo
	ate	ate	ete	ite	ite
	ano	ano	ono	ono	iscono
Imperfetto	compravo	entravo	vendevo	partivo	finivo
	avi	avi	evi	ivi	ivi
	ava	ava	eva	iva	iva
	avamo	avamo	evamo	ivamo	ivamo
	avate	avate	evate	ivate	ivate
	avano	avano	evano	ivano	ivano
Futuro	comprerò	entrerò	venderò	partirò	finirò
	ai	ai	ai	ai	ai
	à	à	à	à	à
	emo	emo	emo	emo	emo
	ete	ete	ete	ete	ete
	anno	anno	anno	anno	anno
Passato remoto	comprai	entrai	vendei (etti)	partii	finii
	asti	asti	esti	isti	isti
	ò	ò	è (ette)	ì	ì
	ammo	ammo	emmo	immo	immo
	aste	aste	este	iste	iste
	arono	arono	erono (ettero)	irono	irono
Passato prossimo	ho comprato	sono entrato/a	ho venduto	sono partito/a	ho finito
	hai	sei	hai	sei	hai
	ha	è	ha	è	ha
	abbiamo	siamo entrati/e	abbiamo	siamo partiti/e	abbiamo
	avete	siete	avete	siete	avete
	hanno	sono	hanno	sono	hanno
Trapassato	avevo comprato	ero entrato/a	avevo venduto	ero partito/a	avevo finito
	avevi	eri	avevi	eri	avevi
	aveva	era	aveva	era	aveva
	avevamo	eravamo entrati/e	avevamo	eravamo partiti/e	avevamo
	avevate	eravate	avevate	eravate	avevate
	avevano	erano	avevano	erano	avevano

	Verbi in -are		Verbi in -ere	Verbi in -ire	
	comprare	*entrare*	*vendere*	*partire*	*finire*
Imperativo	compra	entra	vendi	parti	finisci
	i	i	a	a	isca
	iamo	iamo	iamo	iamo	iamo
	ate	ate	ete	ite	ite
	ino	ino	ano	ano	iscano
Condizionale	comprerei	entrerei	venderei	partirei	finirei
	eresti	eresti	eresti	iresti	iresti
	erebbe	erebbe	erebbe	irebbe	irebbe
	eremmo	eremmo	eremmo	iremmo	iremmo
	ereste	ereste	ereste	ireste	ireste
	erebbero	erebbero	erebbero	irebbero	irebbero
Congiuntivo presente	compri	entri	venda	parta	finisca
	i	i	a	a	isca
	i	i	a	a	isca
	iamo	iamo	iamo	iamo	iamo
	iate	iate	iate	iate	iate
	ino	ino	ano	ano	iscano
Congiuntivo imperfetto	comprassi	entrassi	vendessi	partissi	finissi
	assi	assi	essi	issi	issi
	asse	asse	esse	isse	isse
	assimo	assimo	essimo	issimo	issimo
	aste	aste	este	iste	iste
	assero	assero	essero	issero	issero
Participio presente	comprante	entrante	vendente	partente	finente
Participio passato	comprato	entrato	venduto	partito	finito
Infinito presente	comprare	entrare	vendere	partire	finire
Infinito passato	aver(e) comprato	esser(e) entrato	aver(e) venduto	esser(e) partito	aver(e) finito
Gerundio presente	comprando	entrando	vendendo	partendo	finendo
Gerundio passato	avendo comprato	essendo entrato	avendo venduto	essendo partito	avendo finito

C. Verbs conjugated with *essere*

The following verbs are conjugated with **essere.** In addition, all reflexive verbs are conjugated with **essere** (for example, **lavarsi,** *to wash oneself*): **mi sono lavato/a, ti sei lavato/a, si è lavato/a, ci siamo lavati/e, vi siete lavati/e, si sono lavati/e.**

accadere to happen
andare to go
arrivare to arrive

bastare to be enough

cadere to fall
cambiare* to change
cominciare* to begin
costare to cost
crescere to grow

dimagrire to lose weight
diminuire to diminish, to decrease
diventare to become
durare to last

entrare to enter
essere to be
evolvere to evolve

fuggire to flee

giungere to arrive
guarire to heal

impazzire to go mad
importare to matter
ingrassare to gain weight

mancare to lack
morire to die

nascere to be born

parere to seem
partire to depart
passare to stop by
piacere to please, to like

restare to remain
rimanere to remain
ritornare to return
riuscire to succeed

salire* to climb up
servire** to be useful
scappare to escape
scendere* to go down, to get off
scivolare to slide
scomparire to disappear
sembrare to seem
sorgere to rise
stare to stay
succedere to happen

uscire to go out

venire to come

*These verbs can also be conjugated with **avere.** See Chapter 2, pages 32–34.

The verb **servire is conjugated with **avere** when it means *to serve.*

D. Verbs with irregular past participles

accendere (acceso) to turn on
affiggere (affisso) to post, to affix
aggiungere (aggiunto) to add
apparire (apparso) to appear
appendere (appeso) to hang
apprendere (appreso) to learn
aprire (aperto) to open
assumere (assunto) to hire
attendere (atteso) to wait

bere (bevuto) to drink

chiedere (chiesto) to ask
chiudere (chiuso) to close
cogliere (colto) to gather
comprendere (compreso) to understand
concludere (concluso) to conclude
conoscere (conosciuto) to know
convincere (convinto) to convince
coprire (coperto) to cover
correre (corso) to run
correggere (corretto) to correct
cuocere (cotto) to cook

decidere (deciso) to decide
difendere (difeso) to defend
dire (detto) to say
discutere (discusso) to discuss
dipendere (dipeso) to depend
distruggere (distrutto) to destroy

eleggere (eletto) to elect
esprimere (espresso) to express
essere (stato) to be
evadere (evaso) to evade

fare (fatto) to do, to make
fingere (finto) to pretend

giungere (giunto) to arrive

indire (indetto) to call, to announce
insistere (insistito) to insist
interrompere (interrotto) to interrupt

leggere (letto) to read

mettere (messo) to put
morire (morto) to die
muovere (mosso) to move

nascere (nato) to be born
nascondere (nascosto) to hide

offendere (offeso) to offend
offrire (offerto) to offer

perdere (perso or **perduto)** to lose
permettere (permesso) to permit
persuadere (persuaso) to persuade
porre (posto) to place
prendere (preso) to take
prevedere (previsto) to expect, to foresee
promettere (promesso) to promise
promuovere (promosso) to promote
proporre (proposto) to propose
proteggere (protetto) to protect

raggiungere (raggiunto) to arrive, to reach
rendere (reso) to render
richiedere (richiesto) to require, to seek
ridere (riso) to laugh
ridurre (ridotto) to reduce
rimanere (rimasto) to remain
riprendere (ripreso) to start again
risolvere (risolto) to resolve
rispondere (risposto) to answer
rompere (rotto) to break

scegliere (scelto) to select
scendere (sceso) to go down, to get off
scomparire (scomparso) to disappear
scrivere (scritto) to write
soffrire (sofferto) to suffer
sorridere (sorriso) to smile
spegnere (spento) to turn off
spendere (speso) to spend
succedere (successo) to happen

togliere (tolto) to remove
trarre (tratto) to draw, to pull
trasmettere (trasmesso) to transmit

uccidere (ucciso) to kill

vedere (visto or **veduto)** to see
venire (venuto) to come
vincere (vinto) to win

E. Irregular verbs

The verbs in this section are irregular in the following tenses only.

accendere to turn on
P. remoto: accesi, accendesti, accese, accendemmo, accendeste, accesero

accogliere to welcome (*compound of* **cogliere**)

affiggere to post, to affix
P. remoto: affissi, affiggesti, affisse, affiggemmo, affiggeste, affissero

andare to go
Ind. pres.: vado, vai, va, andiamo, andate, vanno
Futuro: andrò, andrai, andrà, andremo, andrete, andranno
Imperativo: va', vada, andiamo, andate, vadano
Condizionale: andrei, andresti, andrebbe, andremmo, andreste, andrebbero
Cong. pres.: vada, vada, vada, andiamo, andiate, vadano

apprendere to learn (*compound of* **prendere**)

assumere to hire
P. remoto: assunsi, assumesti, assunse, assumemmo, assumeste, assunsero

bere to drink
Ind. pres.: bevo, bevi, beve, beviamo, bevete, bevono
Imperfetto: bevevo, bevevi, beveva, bevevamo, bevevate, bevevano
Futuro: berrò, berrai, berrà, berremo, berrete, berranno
P. remoto: bevvi, bevesti, bevve, bevemmo, beveste, bevvero
Imperativo: bevi, beva, beviamo, bevete, bevano
Condizionale: berrei, berresti, berrebbe, berremmo, berreste, berrebbero
Cong. pres.: beva, beva, beva, beviamo, beviate, bevano
Cong. imp.: bevessi, bevessi, bevesse, bevessimo, beveste, bevessero

cadere to fall
Futuro: cadrò, cadrai, cadrà, etc.
P. remoto: caddi, cadesti, cadde, cademmo, cadeste, caddero
Condizionale: cadrei, cadresti, cadrebbe, etc.

chiedere to ask for
P. remoto: chiesi, chiedesti, chiese, chiedemmo, chiedeste, chiesero

chiudere to close
P. remoto: chiusi, chiudesti, chiuse, chiudemmo, chiudeste, chiusero

cogliere to pick
Ind. pres.: colgo, cogli, coglie, cogliamo, cogliete, colgono
P. remoto: colsi, cogliesti, colse, cogliemmo, coglieste, colsero
Imperativo: cogli, colga, cogliamo, cogliete, colgano
Cong. pres.: colga, colga, colga, cogliamo, cogliate, colgano

comprendere to understand (*compound of* **prendere**)

concludere to conclude
P. remoto: conclusi, concludesti, concluse, concludemmo, concludeste, conclusero

conoscere to know
P. remoto: conobbi, conoscesti, conobbe, conoscemmo, conosceste, conobbero

convincere to convince (*compound of* **vincere**)

dare to give
Ind. pres.: do, dai, dà, diamo, date, danno
P. remoto: diedi (detti), desti, diede (dette), demmo, deste, diedero (dettero)
Imperativo: da', dia, diamo, date, diano
Futuro: darò, darai, darà, daremo, darete, daranno
Condizionale: darei, daresti, darebbe, daremmo, dareste, darebbero
Cong. pres.: dia, dia, dia, diamo, diate, diano
Cong. imp.: dessi, dessi, desse, dessimo, deste, dessero

decidere to decide
P. remoto: decisi, decidesti, decise, decidemmo, decideste, decisero

dire to say, to tell
Ind. pres.: dico, dici, dice, diciamo, dite, dicono
Imperfetto: dicevo, dicevi, diceva, etc.
P. remoto: dissi, dicesti, disse, dicemmo, diceste, dissero
Imperativo: di', dica, diciamo, dite, dicano
Cong. pres.: dica, dica, dica, diciamo, diciate, dicano
Cong. imp.: dicessi, dicessi, dicesse, etc.

discutere to discuss
P. remoto: discussi, discutesti, discusse, discutemmo, discuteste, discussero

distrarre to distract (*compound of* **trarre**)

dovere to have to, must
Ind. pres.: devo, devi, deve, dobbiamo, dovete, devono
Futuro: dovrò, dovrai, dovrà, etc.
Condizionale: dovrei, dovresti, dovrebbe, etc.
Cong. pres.: debba, debba, debba, dobbiamo, dobbiate, debbano

eleggere to elect
P. remoto: elessi, eleggesti, elesse, eleggemmo, eleggeste, elessero

esprimere to express
P. remoto: espressi, esprimesti, espresse, esprimemmo, esprimeste, espressero

fare to do, to make
Ind. pres.: faccio, fai, fa, facciamo, fate, fanno
Imperfetto: facevo, facevi, faceva, etc.
P. remoto: feci, facesti, fece, facemmo, faceste, fecero
Imperativo: fa', faccia, facciamo, fate, facciano
Futuro: farò, farai, farà, faremo, farete, faranno
Condizionale: farei, faresti, farebbe, faremmo, fareste, farebbero
Cong. pres.: faccia, faccia, faccia, facciamo, facciate, facciano
Cong. imp.: facessi, facessi, facesse, etc.

indire to call (*compound of* **dire**)

interrompere to interrupt
P. remoto: interruppi, interrompesti, interruppe, interrompemmo, interrompeste, interruppero

leggere to read
P. remoto: lessi, leggesti, lesse, leggemmo, leggeste, lessero

mettere to place, to put
P. remoto: misi, mettesti, mise, mettemmo, metteste, misero

morire to die
Ind. pres.: muoio, muori, muore, moriamo, morite, muoiono
Cong. pres.: muoia, muoia, muoia, moriamo, moriate, muoiano

nascere to be born
P. remoto: nacqui, nascesti, nacque, nascemmo, nasceste, nacquero

nascondere to hide
P. remoto: nascosi, nascondesti, nascose, nascondemmo, nascondeste, nascosero

ottenere to obtain (*compound of* **tenere**)

permettere to permit (*compound of* **mettere**)

piacere to like, to please
Ind. pres.: piaccio, piaci, piace, piacciamo, piacete, piacciono
P. remoto: piacqui, piacesti, piacque, piacemmo, piaceste, piacquero
Cong. pres.: piaccia, piaccia, piaccia, piacciamo, piacciate, piacciano

potere to be able
Ind. pres.: posso, puoi, può, possiamo, potete, possono
Futuro: potrò, potrai, potrà, etc.
Condizionale: potrei, potresti, potrebbe, etc.
Cong. pres.: possa, possa, possa, possiamo, possiate, possano

prendere to take
P. remoto: presi, prendesti, prese, prendemmo, prendeste, presero

prevedere to foresee (*compound of* **vedere**)

promettere to promise (*compound of* **mettere**)

promuovere to promote
P. remoto: promossi, promovesti, promosse, promovemmo, promoveste, promossero

raccogliere to collect, to gather (*compound of* **cogliere**)

raggiungere to reach
P. remoto: raggiunsi, raggiungesti, raggiunse, raggiungemmo, raggiungeste, raggiunsero

richiedere to require, to seek (*compound of* **chiedere**)

ridere to laugh
P. remoto: risi, ridesti, rise, ridemmo, rideste, risero

ridurre to reduce
Ind. pres.: riduco, riduci, riduce, riduciamo, riducete, riducono
Imperfetto: riducevo, riducevi, riduceva, riducevamo, riducevate, riducevano
Futuro: ridurrò, ridurrai, ridurrà, etc.
P. remoto: ridussi, riducesti, ridusse, riducemmo, riduceste, ridussero
Imperativo: riduci, riduca, riduciamo, riduciate, riducano
Condizionale: ridurrei, ridurresti, ridurrebbe, etc.
Cong. pres.: riduca, riduca, riduca, riduciamo, riduciate, riducano
Cong. imp.: riducessi, riducessi, riducesse, riducessimo, riduceste, riducessero

rimanere to remain
Ind. pres.: rimango, rimani, rimane, rimaniamo, rimanete, rimangono
Futuro: rimarrò, rimarrai, rimarrà, etc.
P. remoto: rimasi, rimanesti, rimase, rimanemmo, rimaneste, rimasero
Imperativo: rimani, rimanga, rimaniamo, rimanete, rimangano
Condizionale: rimarrei, rimarresti, rimarrebbe, etc.
Cong. pres.: rimanga, rimanga, rimanga, rimaniamo, rimaniate, rimangano

riprendere to start again (*compound of* **prendere**)

rispondere to answer
P. remoto: risposi, rispondesti, rispose, rispondemmo, rispondeste, risposero

salire to go up
Ind. pres.: salgo, sali, sale, saliamo, salite, salgono
Imperativo: sali, salga, saliamo, saliate, salgano
Cong. pres.: salga, salga, salga, saliamo, saliate, salgano

sapere to know
Ind. pres.: so, sai, sa, sappiamo, sapete, sanno
Futuro: saprò, saprai, saprà, etc.
P. remoto: seppi, sapesti, seppe, sapemmo, sapeste, seppero
Imperativo: sappi, sappia, sappiamo, sappiate, sappiano
Condizionale: saprei, sapresti, saprebbe, etc.
Cong. pres.: sappia, sappia, sappia, sappiamo, sappiate, sappiano

scegliere to choose
Ind. pres.: scelgo, scegli, sceglie, scegliamo, scegliete, scelgono
P. remoto: scelsi, scegliesti, scelse, scegliemmo, sceglieste, scelsero
Imperativo: scegli, scelga, scegliamo, scegliete, scelgano
Cong. pres.: scelga, scelga, scelga, scegliamo, scegliate, scelgano

scendere to go down, to get off
P. remoto: scesi, scendesti, scese, scendemmo, scendeste, scesero

scrivere to write
P. remoto: scrissi, scrivesti, scrisse, scrivemmo, scriveste, scrissero

sedere to sit
Ind. pres.: siedo, siedi, siede, sediamo, sedete, siedono
Imperativo: siedi, sieda, sediamo, sedete, siedano
Cong. pres.: sieda, sieda, sieda, sediamo, sediate, siedano

sorridere to smile (*compound of* **ridere**)
P. remoto: sorrisi, sorridesti, sorrise, sorridemmo, sorrideste, sorrisero

spegnere to turn off
P. remoto: spensi, spegnesti, spense, spegnemmo, spegneste, spensero

stare to be
Ind. pres.: sto, stai, sta, stiamo, state, stanno
Futuro: starò, starai, starà, staremo, starete, staranno
P. remoto: stetti, stesti, stette, stemmo, steste, stettero
Imperativo: sta', stia, stiamo, state, stiano
Condizionale: starei, staresti, starebbe, staremmo, stareste, starebbero
Cong. pres.: stia, stia, stia, stiamo, stiate, stiano
Cong. imp.: stessi, stessi, stesse, stessimo, steste, stessero

tenere to keep
Ind. pres.: tengo, tieni, tiene, teniamo, tenete, tengono
Futuro: terrò, terrai, terrà, etc.
P. remoto: tenni, tenesti, tenne, tenemmo, teneste, tennero
Imperativo: tieni, tenga, teniamo, tenete, tengano
Condizionale: terrei, terresti, terrebbe, etc.
Cong. pres.: tenga, tenga, tenga, teniamo, teniate, tengano

trarre to take out
Ind. pres.: traggo, trai, trae, traiamo, traete, traggono
Imperfetto: traevo, traevi, traeva, traevamo, traevate, traevano
Futuro: trarrò, trarrai, trarrà, etc.
P. remoto: trassi, traesti, trasse, traemmo, traeste, trassero
Imperativo: trai, tragga, traiamo, traete, traggano
Condizionale: trarrei, trarresti, trarrebbe, etc.
Cong. pres.: tragga, tragga, tragga, traiamo, traiate, traggano

trasmettere to transmit (*compound of* **mettere**)

uscire to go out
Ind. pres.: esco, esci, esce, usciamo, uscite, escono
Imperativo: esci, esca, usciamo, uscite, escano
Cong. pres.: esca, esca, esca, usciamo, usciate, escano

vedere to see
Futuro: vedrò, vedrai, vedrà, etc.
P. remoto: vidi, vedesti, vide, vedemmo, vedeste, videro
Condizionale: vedrei, vedresti, vedrebbe, etc.

venire to come
Ind. pres.: vengo, vieni, viene, veniamo, venite, vengono
Futuro: verrò, verrai, verrà, etc.
P. remoto: venni, venisti, venne, venimmo, veniste, vennero
Imperativo: vieni, venga, veniamo, venite, vengano
Condizionale: verrei, verresti, verrebbe, etc.
Cong. pres.: venga, venga, venga, veniamo, veniate, vengano

vincere to win
P. remoto: vinsi, vincesti, vinse, vincemmo, vinceste, vinsero

vivere to live
Futuro: vivrò, vivrai, vivrà, etc.
P. remoto: vissi, vivesti, visse, vivemmo, viveste, vissero
Condizionale: vivrei, vivresti, vivrebbe, etc.

volere to want
Ind. pres.: voglio, vuoi, vuole, vogliamo, volete, vogliono
Futuro: vorrò, vorrai, vorrà, etc.
P. remoto: volli, volesti, volle, volemmo, voleste, vollero
Condizionale: vorrei, vorresti, vorrebbe, etc.
Cong. pres.: voglia, voglia, voglia, vogliamo, vogliate, vogliano

Vocabolario italiano-inglese

The vocabulary contains all active words from the **Lessico.edu** chapter lists and words presented in grammar sections, as well as many words used in activities and readings. A number following an entry indicates the chapter in which the word first appears as an active item. Adjectives appear in their masculine singular form. The following abbreviations are used.

adj.	adjective	*n.*	noun
adv.	adverb	*pl.*	plural
f.	feminine	*p.p.*	past participle
inv.	invariable	*sing.*	singular
m.	masculine	*v.*	verb

A

a coste ribbed (*e.g., fabric*), 9
a mani vuote empty-handed, 3
a meno che non unless
a proposito by the way
a quadri checked, 9
a righe striped, 9
a tinta unita solid-color, 9
abbassare (il volume) to turn down, to lower (the volume), 4
abbonamento subscription, 2
abbonarsi to subscribe, 2
abitanti (*m. pl.*) inhabitants
abito suit (*for men and women*), dress, 9
abituarsi to get used to
abitudine (*f.*) habit, practice, 9
accadere to happen, 1
accanto a next to, 2
accendere (*p.p.* **acceso**) to turn on, to light, 7
accettare to accept, 7
accogliente cozy, welcoming
accomunare to join, to unite, 5
acconto deposit, 12
accorgersi to become aware of, to notice, 3
acqua del rubinetto tap water, 5

acqua minerale natural mineral water, 5
acqua minerale gasata sparkling mineral water, 5
acrilico acrylic, 9
ad un tratto all of a sudden, 3
adattarsi to adapt oneself, 7
addirittura absolutely, even
additivo additive, 5
adeguarsi to conform, 1
adozione (*f.*) adoption, 8
afferrare to grasp, to grab, 3
affidare to entrust, 2
affinché in order that
affitto rent, 12
affliggere (*p.p.* **afflitto**) to afflict, 7
affrontare to face, to confront, 2
aggiungere (*p.p.* **aggiunto**) to add, 1
agnello lamb, 5
al forno baked, 5
alba dawn, 3
alcolista (*m./f.*) alcoholic, 8
alcuni/e some, a few, 6
all'antica old-fashioned, 3
alla griglia grilled, 5
allacciamento (del telefono) telephone installation, 12

allontanarsi to go away, to depart, 2
altrimenti otherwise
alzare (il volume) to turn up (the volume), 4
ambasciata embassy, 12
ambientalista (*m./f.*) environmentalist, 8
ambiente (*m.*) environment, 8
ammobiliato furnished, 12
amplificatore (*m.*) amplifier, 4
amuleto amulet, 6
analfabetismo illiteracy, 8
andarsene to go away, to leave, 5
andata e ritorno round trip, 12
animalista (*m./f.*) animal-rights supporter, 8
annullare to cancel, to annul, 2
annunciatore (*m.*) announcer, 2
anteprima sneak preview, 11
antipasti (*m. pl.*) appetizers, 5
aperitivo aperitif, 5
apocalittico apocalyptical, 8
apparecchiare to set the table, 5
apparire (*p.p.* **apparso**) to appear, 8
appartenere to belong, 3
applaudire to applaud, 4

B

C

appoggiare to support, 3

approfittare to profit; to take advantage of, 7

appropriarsi to appropriate

appunto (*adv.*) exactly, precisely, 7

arbitro referee

arma weapon, 12

armadio closet, 9

arrabbiarsi to get angry, 1

arredamento furnishings, 2

arrossire to blush, 3

arrosto (*n.*) roast, 5; (*adj.*) roasted, 5

artigianale handmade, 9

aspettarsi to expect, 8

assaggiare to taste, 5

assai (*adv.*) so much, 5

assicurare to assure, 3

assistere to attend, 8

asso ace, 10

assomigliare to be like

atteggiamento attitude, 8

attesa wait, 2

attirare to attract

attore (*m.*) actor, 11

attrice (*f.*) actress, 11

augurarsi to wish, 8

aula classroom, hall, 8

avanguardia avant-garde, 7

avercela con to have it in for (someone), 5

avere mal di testa to have a headache, 12

avere orecchio to have an ear for music, 4

avvelenare to poison, 8

avvenimento event, 2

avvenire (*n.*) future; (*v.*) (*p.p.* **avvenuto**) to come about, 12

avversario opponent, 10

avvertire to inform, 7

avvicinarsi to approach

avvisare to inform, to advise, 2

azienda business, 1

azzardo hazard, risk, 4

baffi (*m. pl.*) moustache, 9

bagaglio luggage, 2

ballare (una canzone) to dance (to a song), 4

bancone (*m.*) counter, 2

banditore (*m.*) number caller (in tombola), 10

basarsi su to be based on, 4

basso bass guitar, 4

bastare to suffice, to be enough, 5

bastoni clubs (*suit in cards*), 10

battere a macchina to type on a typewriter

batteria drums, 4

battute (*f. pl.*) beats (*music*), 4

bebé (*m.*) baby, 3

benché even though

beneficenza charity, 8

biglietteria box office, ticket counter, 11

bilocale (*m.*) one-bedroom apartment, 12

bimbo baby, 8

biologico organic, 5

bisognoso needy (person), 8

blindato armored, 4

bloccarsi to freeze (*computer*), 7

bloccato stopped, blocked

bolletta bill, 7

bollettino bill, 12

bollito boiled (added to boiling water), 5

bomboletta spray aerosol spray can, 8

bontà goodness, 2

bottone (*m.*) button, 9

bretelle (*f. pl.*) suspenders, 9

brivido shiver, 3

brodo broth, 5

bruciare to burn, 9

bussare to knock, 6

buttafuori (*m.*) bouncer, 4

buttare to throw, 5

buttarsi to throw, to fling oneself, 3

caderci to fall for, 5

cadere to fall

calorosamente warmly, 4

calzare to put on, to fit (*shoes, gloves*), 9

calza sock, 9

camerino dressing room, 4

camion (*m.*) truck, 4

camoscio suede, 9

campionato championship, 2

cancello di imbarco boarding gate

canile (*m.*) dog pound, 8

cantante (*m./f.*) singer, 4

cantautore singer-songwriter, 4

caparra deposit, 12

capo d'abbigliamento article of clothing, 9

Capodanno New Year's Day, 6

carcerato prisoner, 8

carcere (*m.*) prison, jail, 8

caricare to load; to weigh down, 2

cartella bingo or tombola card, 10

cartolina postcard, 12

cartomante (*m./f.*) fortune-teller, 10

cartuccia cartridge, 7

casa di riposo retirement home, 8

casa popolare low-cost / subsidized housing, 8

casalinga housewife, 3

cascarci to fall for, 5

cascatore (*m.*) stuntman, 11

casella box (*on a bingo card*), 10

caso: nel caso che in case, 9

catturare to capture

catturato captured, 2

cellulare (*m.*) cell phone

cementificazione (*f.*) overdevelopment, 8

cenare to eat dinner / supper, 5

centinaia hundreds, 2

centro d'accoglienza shelter, 8

cercapersone (*m.*) pager, 7

cervello brain, 3

chiarificare to clarify, 2

chiaro e tondo in no uncertain terms, 1

chiarore (*m.*) glimmer, faint light, 9

chilo kilo (2.2 pounds), 5

chiromante (*m./f.*) fortune-teller, 6

chirurgo surgeon, 2

chitarra guitar, 4

chiunque anyone, 6

ciascuno each, each one, 6

cinematografico cinematographer, 11

cinepresa movie camera, 11

cioè that is, 8

ciondolo pendant, good-luck charm, 6

circondare to surround, 4

civiltà civilization, 1

clandestino illegal alien, 12

cliccare to click on, 7

codice (*m.*) code, 7

cogliere (*p.p.* **colto**) to collect, to gather, 7

coinvolgersi (*p.p.* **coinvolto**) to get involved, 8

collant (*m. pl.*) pantyhose, 9

collegare to connect, to link, 7

collina hill, 3

colloquio (di lavoro) job interview, 7

colomba (literally, *dove*) traditional Easter cake in the shape of a dove, 6

colonna sonora soundtrack, 11

colorante (*m.*) food coloring, 5

colpa fault, 2

come se as if

comitiva party, group

commessa sales clerk, 7

commuovere (*p.p.* **commosso**) to move, to touch (*emotionally*), 2

comparsa walk-on, extra (*in a film*), 11

compere (*f. pl.*) shopping (*not for food*), 7

compilare to fill out (*a form*), 12

complesso band (music), 4

completo suit, 9

comporre (*p.p.* **composto**) to compose, 4

comunità rehabilitation center, 8

condimento dressing (*for salad or sandwich*), 5

condividere (*p.p.* **condiviso**) to share, 3

condurre (*p.p.* **condotto**) to conduct, 6

consegnare to deliver, to hand over, to submit, 3

conservante (*m.*) preservative, 5

consigliare to advise

consolato consulate, 12

contare to count, 10

contorno side dish, 5

contraddistinguere (*p.p.* **contraddistinto**) to mark, 2

convegno meeting, conference, 7

convincere (*p.p.* **convinto**) to convince, 1

convivenza cohabitation, 3

convivere (*p.p.* **convissuto**) to live together, 3

copione (*m.*) script, 11

coppa cup, goblet, 10

cortometraggio short movie, 11

così... come as . . . as, 1

costringere (*p.p.* **costretto**) to force, 3

costume da bagno (*m.*) bathing suit, 9

costumi (*m. pl.*) customs, 6

cotone (*m.*) cotton, 9

cravatta a farfalla bowtie, 9

credenza belief

crescere (*p.p.* **cresciuto**) to grow, 6

cronaca news, 2

cronaca nera crime news, 2

cronaca rosa celebrity news, 2

cronista (*m./f.*) reporter, 2

cuccetta bed in sleeper car (*on a train*), 12

cucire to sew, 9

cuocere (*p.p.* **cotto**) to cook, 5

cuoio leather (*shoes*), 9

cuori (*m. pl.*) hearts (*suit in cards*), 10

cura treatment, cure, 12

cure termali (*f. pl.*) spa treatments

curriculum vitae (*m.*) resumé, 12

D

dado die (*singular of dice*), 10

davanti a in front of, 3

decollare to take off (*plane*)

decollo takeoff (*plane*), 2

dedurre (*p.p.* **dedotto**) to deduce, 6

degno worthy, 1

demolire to demolish, 6

denari (*m. pl.*) coins (*suit in cards*), 10

deprimente depressing, 9

depurare to purify, 8

destinatario recipient, 12

detenuto prisoner, 8

di fronte a in front of, 3

di modo che so that

di proposito on purpose

diagnosi (*f.*) diagnosis, 12

dibattere to debate, 2

dichiarare to declare, to state, 3

difendere (*p.p.* **difeso**) to defend

difetto defect, 2

diffidare to distrust, 5

dimagrire to lose weight, 5

dimenticarsi to forget

dipingere (*p.p.* **dipinto**) to paint

dirigente (*m./f.*) manager, 3

disabile (*m./f.*) handicapped person, 8

dischetto diskette, 7

disco record, 4

disco fisso hard drive, 7
discografico person in the record industry, 4
discorso speech, 6
discoteca discotheque, 4
discutere (*p.p.* **discusso**) to discuss
disegnatore (*m.*) cartoon artist
dispiacere to be sorry, to mind, 5
disporre (*p.p.* **disposto**) to arrange; to dispose, 10
disprezzo contempt, 8
distinguersi (*p.p.* **distinto**) to stand out
distribuire to distribute, 8; **distribuire le carte** to deal cards, 10
disumano inhuman, cruel, 7
ditta company, 3
dividere (*p.p.* **diviso**) to share, to divide, 3
diverso various; different, 6
divorziare (da) to divorce, 3
documentario documentary, 11
documento computer file, document, 7
dolce (*n. m.*) dessert; (*adj.*) sweet, 5
dolcificante (*m.*) sugar substitute, 5
domicilio residence, 7
donna queen (*in cards*), 10
doppiaggio dubbing, 11
doppiare to dub, 11
doppiatore (*m./f.*) dubber, 11
dubitare to doubt, 8
duello elettorale electoral challenge, 8
durante during, 3
durare to last, 7

E

ebbene well then, so, 9
eccetto except, 3
edicola newsstand, 2
editore (*m.*) publisher, 2
edizione straordinaria (*f.*) special edition, 3

effetti speciali (*m. pl.*) special effects, 11
effetto serra greenhouse effect, 8
efficace efficient, 1
elencare to list, 2
emittente (*f.*) television station, 2
enfatizzare to emphasize, 1
enoteca wine shop, 5
entrambi both, 5
entusiasta (*adj.*) enthusiastic, 7
episodio episode
errato wrong, 2
esaltarsi to boast, 9
eseguire to execute, to carry out, 7
esibire to exhibit, 1
esigente demanding, 7
esortare to exhort, to urge, 1
esprimere (*p.p.* **espresso**) to express
esquimese (*m.*) Eskimo, 8
essere a dieta to be on a diet, 5
essere a posto to be fine
essere in tournée to be on tour, 4
essere intonato to have good pitch, 4
essere pieno to be full, 5
essere sazio to be full, 5
essere stonato to be tone-deaf, 4
estrarre (*p.p.* **estratto**) to draw, to extract, 10
estrazione (*f.*) drawing, 10
etto hectogram (approx. one-quarter pound), 5
evolvere (*p.p.* **evoluto**) to evolve, 6
extracomunitario/a person from outside the European Community residing in an E.U. country, 8

F

fabbricare, fabbricarsi to make, 6
faccende domestiche (*f. pl.*) household chores, 3
fango mud, 8

fantasma (*m.*) ghost, 6
fante (*m.*) jack (*in cards*), 10
farcela to be able to do something, 5
farcire to stuff, to fill, 8
fare concorrenza a to compete with (in business)
fare il bucato to do laundry, 3
fare i segni to signal, 10
fare la fila to stand in line, 11
fare la parte di to play the part of, 11
fare le corna to knock on wood, 6
fare le spese to go (non-grocery) shopping, 9
farina flour, 5
farsi fare to have something done, 9
fascia dell'ozono ozone layer, 8
fattura invoice, 12
favola fairy tale, 6
femminista (*n. and adj. invar.*) feminist, 3
ferro da stiro iron, 3
fiaba fairy tale, 6
fianco hip, side, 7
fibre naturali (*f. pl.*) natural fibers, 9
fibre sintetiche (*f. pl.*) synthetic fibers, 9
fidarsi to trust someone, 3
fiducia trust, 1
film a colori (*m.*) color movie, 11
film d'animazione (*m.*) animated movie, 11
film d'avventura (*m.*) adventure movie, 11
film d'azione (*m.*) action movie, 11
film dell'orrore (*m.*) horror movie, 11
film di fantascienza (*m.*) science-fiction movie
film giallo (*m.*) mystery movie, 11
film in bianco e nero (*m.*) black and white movie, 11

film poliziesco (*m.*) detective movie, 11
film romantico (*m.*) romantic movie, 11
film storico (*m.*) historical movie, 11
fingere (*p.p.* **finto**) to pretend, 2
fino a until, 3
fiori clubs (*suit in cards*), 10
firmare to sign, 12
fisarmonica accordion, 4
fischiare to boo (literally, *to whistle*), 4
flauto flute, 4
folklore (*m.*) folklore, 6
fondo bottom, 3
formaggiera bowl for grated cheese, 5
fornitore (*m.*) supplier, 1
forzare to force
fotoreporter (*m./f.*) news photographer, 2
francobollo stamp, 12
frattura fracture, 12
freccia arrow, 1
fregare to cheat, to take someone for a ride; to rub, 2
fregarsene not to care about
fritto fried, 5
frontiera border, frontier
frutti di mare (*m. pl.*) seafood, 5
fumetto comic strip, 2
fuochi artificiali (*m. pl.*) fireworks, 6
fuoco fire, 8
furto theft

G

galleria tunnel
garanzia (*n.*) guarantee, 5
genero son-in-law, 3
gesto gesture, 6
ginocchio (*pl.* **le ginocchia**) knee, 3
giocare d'azzardo to gamble, 10
giocatore (*m.*) player, 10
gioco da tavola board game, 10
gioco di società board game, 10
giornalista (*m./f.*) journalist, 2

girare to shoot (*a film*), 11
gita excursion, 8
giungere (*p.p.* **giunto**) to arrive; to join, 6
giurisprudenza law, 7
godersi to enjoy, 1
grattugiare to grate, 5
gravidanza pregnancy
guardaroba (*m.*) wardrobe, 9
guarire to heal, 6
guastare to spoil, to damage, 1

I

idromassaggio hydromassage, 7
imbarcare to embark, 2
immettere (dati) (*p.p.* **immesso**) to upload, 7
immigrante (*m./f.*) immigrant, 12
immigrato/a immigrant, 8
immigrazione (*f.*) immigration, 8
impacco compress, 6
impegnarsi to get involved, 8
impegnativo demanding, time-consuming, 8
impegno commitment, 3
impegno sociale social obligation, 8
impiegato/a clerk, 12
imporre (*p.p.* **imposto**) to impose, to inflict, 8
importarsene to care about something, 5
impresario/a entrepreneur
In bocca al lupo! / Crepi il lupo! Good luck! / Thank you!, 6
incarico task, job, 3
incentivo incentive, stimulus, 8
inconfondibile unmistakable, 1
indossare to wear, to put on, 9
indovinare to guess, 7
indumento garment, 6
infastidire to annoy, 6
infine in conclusion, 2
influsso influence, 1
informatica computer science, 7
ingiustizia injustice, 6
ingoiare to swallow, 5

ingrassare to gain weight, 5
ingresso entry, 7
iniezione (*f.*) injection, 12
iniziativa initiative, 8
innamorarsi to fall in love
innamorato cotto madly in love, 1
innanzitutto above all, 3
innervosire to get nervous, 7
inquinamento pollution, 8
inquinare to pollute, 8
insipiente silly, foolish, 8
insomma in short, in other words, 2
intanto meanwhile, 1
intendersi (*p.p.* **inteso**) to be an expert, 3
interpretare to play the part of, 11
interrompere (*p.p.* **interrotto**) to interrupt, 7
intervistare to interview
intorno around, 8
invece di rather than, instead of, 3
inviare to send, 7
inviato/a correspondent, 3
iscriversi (*p.p.* **iscritto**) to enroll

L

lana wool, 9
lanciare to throw, to fling, to launch, 7
lattina (aluminum) can, 8
lavare i piatti to wash the dishes, 3
lavoro a tempo pieno full-time work, 3
lavoro part-time part-time work, 3
lecito lawful, permissible
lessato boiled (*added to cold water and brought to a boil*), 5
levarsi to take off (*one's clothes or shoes*), 9
lino linen, 9
litigare to fight, to argue, 3
lontano da far from, 3

lotta partigiana partisan struggle, 3
lotta fight, 3
Lotto Italian national lottery, 10
lungo along, 3
lungometraggio feature-length movie
lusinghiero flattering, 1

M

macedonia fruit salad, 5
maestoso majestic, 7
maestro/a teacher, 2
maiale (*m.*) pork, 5
malgrado despite
malocchio evil eye, 6
mancanza lack, 5
mancare to miss; to be lacking, 5
manifesto poster, 8
mano (*f.*) hand; hand of cards, 10
manzo beef, 5
marca brand name, 9
marchio mark, 9
maschera mask; usher, 11
maschilista (*m.*) male chauvinist, 3
mazziere (*m.*) card dealer, 10
mazzo di carte deck of cards, 10
medaglia medal
medicina medicine, 12
melanzana eggplant, 9
melodico melodic, 4
mensile (*m.*) monthly publication
meritare to deserve, 1
merito credit, 9
mescolare to mix, 6
metodo method, 2
Mezzogiorno the South of Italy, 3
migliaio thousand, 2
millesima thousandth, 9
minaccia threat, 6
miscuglio mix, 8
misura size, 9

mitigare to mitigate, to appease, 8
mito myth, 3
mitra machine gun, 3
mittente (*m./f.*) sender, 12
modificare to modify, to change, 7
modulare to modulate, 9
modulo form (*to fill out*), 12
mollica soft part of bread, 5
moltiplicare to multiply, 2
monolocale studio apartment, 12
mordere (*p.p.* **morso**) to bite, 6
motore di ricerca (*m.*) search engine, 7
muovere (*p.p.* **mosso**) to move (*an object*), 8
musicale (*adj.*) musical, 4
musicista (*m./f.*) musician, 4
mutande (*f. pl.*) underwear, 9
mutare to change, 8

N

nano dwarf, 6
nascondere (*p.p.* **nascosto**) to hide
nastro trasportatore conveyor belt, 2
Natale (*m.*) Christmas, 6
navigare su Internet to surf the Internet, 7
nel caso che in case, 9
nessuno no, no one, none, 6
niente nothing, 6
noce moscata (*f.*) nutmeg, 5
noleggiare to rent (*a car, video, etc.*), 1
non poterne più to be unable to put up with, 5
nonostante even though, 9
notevolmente notably, 7
notizia d'apertura lead story (*in a newspaper*), 2
nozze (*f. pl.*) wedding, nuptials
nulla nothing, 6

numero shoe size, 9
nuotare to swim
nutrire to feed, 7

O

occhiello subheading (*newspaper*), 2
occorrere (*p.p.* **occorso**) to need, to take (*time*), 5
occulto hidden, concealed, 10
occuparsi to be responsible for, 3; to address, to concern oneself with, 8
odissea odyssey, 2
offendere (*p.p.* **offeso**) to offend
ogni every
ognuno/a everyone
operatore sociale (*m.*) social worker, 8
opporre (*p.p.* **opposto**) to oppose, 3
orgoglio pride, 1
osare to dare
ostaggio hostage, 2
osteria inn, tavern, 5
ostracismo ostracism, 8
ostracizzare to ostracize, 8
ottenere to obtain

P

pacco package, 12
padrone di casa (*m.*) landlord, 12
padrona di casa (*f.*) landlady, 12
palco box seat, 9
palcoscenico stage, 4
pandoro traditional Christmas cake, 6
panettone traditional Christmas cake, 6
paninoteca sandwich shop, 5
pantaloncini (*m. pl.*) shorts, 9
papillon (*m.*) bowtie, 9
paragonare to compare, 9
parecchio some, several, quite a few, 6

parere (*p.p.* **parso**) to seem, to appear, 3

pari opportunità (*f. sing. or pl.*) equal opportunity/ies

parità equality

parrocchia parish, 10

parrucchiere (*m.*) hairdresser, 9

partigiano (*n. or adj.*) partisan, 3

partita game, 10

Pasqua Easter, 6

passatempo hobby, 10

passeggiare to take a walk

passerella runway (*for modeling*), catwalk, 9

pastiglia pill, 12

patito wan, sickly, 7

patrono patron, 6

pazzesco mad, insane, 2

pazzo da legare totally crazy, 1

peggiorare to worsen; to make worse, 2

pelle (*f.*) leather (*clothing, purse*), 9

pelliccia fur coat, 9

pensionato retired person, 7

pentirsi to regret, to be sorry, 8

peraltro moreover, 5

percepire to perceive, 7

perfino even, 1

periodico newspaper, 2

permesso di lavoro work permit, 12

permesso di soggiorno residency permit, 12

pesante heavy, 2

pescare una carta to draw a card, 10

pescatore (*m.*) fisherman, 8

pettegolezzo gossip

pettinare to comb, 6

pezzo piece, 3

piacere to be pleasing, to please; to like, 5

piangere (*p.p.* **pianto**) to cry

pianoforte (*m.*) piano, 4

picche (*f. pl.*) spades (*suit in cards*), 10

picchiare to hit, to strike, 2

piegare to fold, 3

piemontese (*adj. or n.*) person from Piedmont, 2

pieno zeppo jam-packed, 1

pietà pity, mercy, 8

pigiama (*m. sing.*) pajamas, 9

pila battery, 8

piste (*f. pl.*) runways, (train) tracks

piuttosto rather, 2

pizzico pinch, 5

poiché since, 8

poliestere (*m.*) polyester, 9

poltrona easy chair, armchair

pomata ointment, 12

portamento modeling, 9

portare to wear, 9

portare fortuna to bring luck, 6

portare sfortuna to bring bad luck, 6

portatile (*m.*) laptop computer, 7

portatore di handicap (*m.*) handicapped person, 8

portiere (*m.*) doorman, porter, 2

posate (*f. pl.*) silverware, 5

possedere to possess, 6

posta aerea air mail, 12

posta elettronica email, 7

postino postman, 12

pregio quality, 2

premere to press (*key or button*), 7

prendersi cura di (*p.p.* **preso**) to take care of, 3

prenotare to reserve, 2

prenotazione (*f.*) reservation, 12

presso at, in care of, for, 3

presumere (*p.p.* **presunto**) to presume, 7

prete (*m.*) priest, 7

pretendere (*p.p.* **preteso**) to demand, 8

previsione (*f.*) forecast, 8

prima che before, 9

prima di before, 3

prima mano opening hand (*in cards*), 10

primo (piatto) first course, 5

procurare to obtain, 8

prodotto usa-e-getta disposable product, 8

produrre (*p.p.* **prodotto**) to produce, 6

produttore cinematografico filmmaker, producer, 11

promettere (*p.p.* **promesso**) to promise

promuovere (*p.p.* **promosso**) to promote, 3

proporre (*p.p.* **proposto**) to propose, 6

proposito purpose, intention, aim

proseguire to pursue

proteggere (*p.p.* **protetto**) to protect, 8

protezione (*f.*) protection, 8

provare to try

pulsante (*m.*) key (*on a keyboard*), 7

pungere (*p.p.* **punto**) to sting, 6

punteggio score, 10

punti (*m. pl.*) stitches, 12

purché provided that, 9

purtroppo unfortunately, 2

puzzare to stink, 3

Q

quadri (*m. pl.*) diamonds (*suit in cards*), 10

qualche some, 6

qualcosa something, 6

qualcuno someone, some, 6

qualsiasi any, 6; whatever, whichever, 9

qualunque any, 6

quantunque although, 9

quarantenne (*m./f.*) person in his/her forties, 2

Quaresima Lent, 6

quinte (*f. pl.*) scenes

quotidiano daily newspaper, 2

R

raccogliere (*p.p.* **raccolto**) to gather, to collect

raccolta collection

radersi (*p.p.* **raso**) to shave (oneself)

ragazza madre young unwed mother, 3

ragazzo padre young unwed father, 3

raggiungere (*p.p.* **raggiunto**) to reach, 9

rallegrarsi to be happy, 8

rapporto relationship, 3

rassicurare to reassure, 5

razza race, 8

recupero recovery, rescue, 8

redattore/redattrice member of editorial staff, 2

redattore/redattrice capo editor-in-chief, 2

redazione (*f.*) editorial office; editing, 2

regina queen, 10

regista (*m.*) film director, 11

rendere (*p.p.* **reso**) to give back; to produce, to result in

restare to remain, to be left, 5

restituire to return, to give back, 4

rete (*f.*) Internet, the Web, 2

ribellarsi to rebel, 3

ricamare to embroider, 9

ricco sfondato filthy rich, 1

ricetta prescription, 12

riciclaggio recycling, 8

riconoscere (*p.p.* **riconosciuto**) to recognize

ricorrere (*p.p.* **ricorso**) to apply, to resort, 9

ricovero hospitalization, 12

ridere (*p.p.* **riso**) to laugh

ridurre (*p.p.* **ridotto**) to reduce, 6

rifiuti (*m. pl.*) garbage, 7

rimanere (*p.p.* **rimasto**) to stay, 6

rimpianto regret

rinascimentale (*adj.*) of (pertaining to) the Renaissance, 7

ringiovanito rejuvenated, 9

ringraziare to thank, 9

rinunciare to renounce

ripieno (*adj.*) stuffed; (*n. m.*) stuffing, 5

ripresa shot (*film*), 11

risalire to go up again, 9

risanamento recovery, 8

riscontrare to verify, 2

rispetto respect, 3

ristampa reprint, 2

ritmo rhythm, 4

ritornello refrain, chorus (*in a song*), 4

ritratto portrait, 2

ritrovarsi to find oneself again (*in a place or condition*)

riuscire to succeed

rivista magazine, 3

romanzo novel

rossetto lipstick, 9

rottura breakup, 3

rumore (*m.*) noise, 6

ruolo role, 3

S

saggezza wisdom, 10

sala d'aspetto waiting room, 12

saldo sale, 9

salire to climb; to board, to get on, 2

salsa sauce, 5

salumi (*m. pl.*) cold cuts, 5

salvo except, 3

sardo (*adj. and n.*) from Sardegna, 8

sarto/a tailor, 9

sassofono saxophone, 4

sbadigliare to yawn, 2

scacchi (*m. pl.*) chess, 10

scacciare to drive away, 6

scadenza due date, deadline, 12

scambio culturale cultural exchange

scappare to escape, 6

scaramanzia superstitious practice, 6

scaricare to download, 7

scartare una carta to discard (*in a card game*), 10

scattare una foto to take a photo, 2

scegliere (*p.p.* **scelto**) to choose

scena scene, 11

scendere (*p.p.* **sceso**) to descend; to get off, 2

sceneggiatore (*m.*) screenwriter, 11

schermo (movie) screen, 7

scherzare to joke, 11

sciare to ski

sciarpa scarf, 9

scioccare to shock, 2

sciogliersi (*p.p.* **sciolto**) to loosen, 8

sciroppo medicinal syrup, 12

scivolare to slide, 2

scommettere (*p.p.* **scommesso**) to bet, 10

scomparire (*p.p.* **scomparso**) to disappear, 5

scongiurare to ward off bad luck, 6

scongiuro superstitious practice, 6

sconto discount, 9

scoprire (*p.p.* **scoperto**) to discover, 8

scrivere al computer (*p.p.* **scritto**) to type on a computer, 7

sdraiarsi to lie down, 12

sebbene even though, 9

secondo (piatto) second course, 5

segnalino marker, game piece, 10

seme (*m.*) suit (*of cards*), 10

sempre meno less and less, 1

sempre più more and more, 1
senonché unless, 9
sentirsi a proprio agio to feel at ease, 8
senza che without, 9
senzatetto (*m./f.*) homeless person / people, 8
serratura lock, 6
servire to be useful, to need, 5
seta silk, 9
settimanale (*m.*) weekly magazine or newspaper, 2
sfilata parade, 5; fashion show, 6
sfoggiare to show off, 7
sintomo symptom, 6
sito site, 7
smoking (*m.*) tuxedo, 9
soffrire (*p.p.* **sofferto**) to suffer, 3
soia soy, 6
solidarietà solidarity, 8
sollecitazione (*f.*) solicitation, 9
sollevare to lift, 3
solitudine (*f.*) solitude, 4
sondaggio survey, 6
soprannaturale supernatural, 6
sorpassare to bypass, 9
sorte (*f.*) luck, fortune
sostenere to sustain, 7
sottolineare to underline; to emphasize
sottotitoli (*m. pl.*) subtitles, 11
sovrappopolamento overpopulation, 8
spade (*f. pl.*) spades (*suit in cards*), 10
sparare to shoot, 3
sparecchiare to clear the table, 5
spartito (musical) score, 4
spaventare to scare, 2
specificare to specify, 7
spegnere (*p.p.* **spento**) to turn off, to extinguish, 6
spiedino food cooked on a skewer, 5

spingere (*p.p.* **spinto**) to push, 6
spogliarsi to undress, 9
spogliatoio dressing room, 9
sportello window (*for service*), 12
sposarsi to marry
sprecare to waste, 8
spuntino snack, 5
spunto cue, hint
squillare to ring (*phone, buzzer*), 7
staccare to take off, to remove, 2
stadio stadium, 4
stage (*m.*) internship, 12
stagionale seasonal, 6
stampante (*f.*) printer, 7
stampare to print, 7
stanco morto dead tired, 1
stendere (*p.p.* **steso**) to hang
stilista (*m./f.*) fashion designer, 9
stirare to iron, 3
stivale boot, 9
stoffa material, 9
stracciare to tear, to rip, 1
stregare to bewitch, 6
striscia comic strip, 11
stupire to astonish, 9
succedere (*p.p.* **successo**) to happen, 5
sudare to sweat, 4
sughero cork, 5
sugo sauce (*for pasta*), 5
suono sound, 4
superare to pass, to overtake
supplemento rapido supplemental fare (*for a fast train*), 12
supporre (*p.p.* **supposto**) to suppose, 8
svago diversion, amusement, 10
sviluppare to develop, 2
svolgere (*p.p.* **svolto**) to develop
svolgersi (*p.p.* **svolto**) to unfold, to develop (*a situation*)

T

taglia size, 9
tailleur (*m.*) woman's suit, 9
talismano talisman, 6
tanto so much, so many, 6
tanto… quanto as … as, 1
tasca pocket, 6
tastiera keyboard, 4
telefonino cell phone, 7
telegiornale (*m.*) television news
tenerci to attach importance to, 5
tentare to try, 5
testata masthead, 2
testo lyrics, 4
tingere (*p.p.* **tinto**) to dye, 9
titolo headline, 2
toccare ferro to knock on wood (literally, *to touch iron*), 6
tocco touch, 9
togliere (*p.p.* **tolto**) to take away, to remove
togliersi (*p.p.* **tolto**) to take off (*clothes*), 9
tombola Italian bingo, 10
torace (*m.*) chest, thorax, 9
torbido turbid, 3
torrone (*m.*) traditional Christmas nougat candy, 6
tossicodipendente (*m./f.*) drug addict, 8
tradurre (*p.p.* **tradotto**) to translate, 6
trafittura stabbing, piercing, 6
tramandare to pass down, to transmit, 6
tranne except, 3
trasloco relocation, move, 6
trattarsi to treat oneself, 3
tratto: ad un tratto all of a sudden, 3
tromba trumpet, 4
trottola spinning top, 4
truccarsi to put on makeup, 9
trucco makeup, 1

U

uccidere (*p.p.* **ucciso**) to kill
udire to hear, 3
ufficio di collocamento
    employment office, 12
uguaglianza equality
uovo di Pasqua (*pl.* **le uova**)
    chocolate Easter egg(s), 6
usanza custom, 6

V

vaccinazione (*f.*) vaccination, 12
vaglia postale (*m.*) money
    order, 12
valere to value, 7
valerne la pena to be worth
    it, 5
varcare to cross, to pass, 9

vasca idromassaggio whirpool
    bath, 7
vederci to be able to see
    something, 5
vegano/a vegan, 5
vegetaliano/a vegan, 5
vegetariano/a vegetarian, 5
veleno poison, 8
velluto velvet, 9
vergognarsi to be ashamed of
    oneself, 3
verso toward, 3
vestito da sera evening
    gown, 9
vicino a close to, 3
videogioco videogame,
    computer game, 10
videoteca video store

vignetta cartoon, 2
violino violin, 4
violoncello cello, 4
visto visa, 12
vitello veal, 5
vitellone (*m.*) self-indulgent
    young man
voler bene a to be fond of,
    to love
volontà will, willpower, 9
volontariato volunteer
    work, 8
volontario/a volunteer, 8
volpe (*f.*) fox, 6
voluttuario luxury, 7

Z

zitto quiet, 3

INDEX

A

a
  idiomatic expressions with, 53
  infinitive with, replaced by **ci,**
    102
  uses of, 52–53, 59
  verbs that require **a,** 53
  with **casa** and **lezione,** 59
  with geographical names, 52
  with time expressions, 52
absolute superlatives, 12–13,
    15–16
  of **bene, male, poco, molto,** 16
  of **buono, cattivo, grande,**
    piccolo, 15–16
accedere
  condizionale passato of, 155
accendere
  condizionale presente of, 153
accorgersi
  passato remoto of, 125
adjectives
  indefinite, 130–133
    uses of **ogni, qualche,**
      qualunque, qualsiasi,
      131–133
adverbs
  of place **(ci),** 102
  use of **ne,** 105
affinché
  followed by subjunctive in
    subordinate clause, 199
  replaced by **per** + *infinitive,* 199
agent, passive voice, 221
agreement of past participle
  with impersonal construction
    si, 226
  with **ne,** 106
  with preceding direct-object
    pronouns, 77
  with reflexive pronouns, 80–81
alcuni/-e
  as indefinite, uses of, 132
  as partitive, 105

altro/-i
  as indefinite, uses of, 132
andare
  as auxiliary in passive voice, 223
  ci used with, 102
  condizionale presente of, 153
  congiuntivo presente of, 176
  futuro semplice of, 148
  imperativo of, 84
apparire
  congiuntivo presente of, 177
appena (non)
  futuro anteriore with, 151
  in dependent clauses, futuro
    semplice with, 149
  trapassato prossimo with, 62
-are verbs (first-conjugation verbs)
  congiuntivo imperfetto of, 180
  congiuntivo passato of, 179
  congiuntivo presente of, 176
  congiuntivo trapassato of, 183
  passato remoto of, 124
  see also Appendix B, R3
assistere
  congiuntivo imperfetto of, 180
avere
  as auxiliary, 30, 32–34
  condizionale presente of, 153
  congiuntivo presente of, 177
  elision of direct-object
    pronouns with, 77
  futuro semplice of, 148
  idiomatic uses with **ci,** 103
  imperativo of, 84
  imperfetto of, 37
  passato remoto of, 124
  see also Appendix A, R2

B

ballare
  passato remoto of, 124
bastare, 111
bene, comparative and
    superlative of, 16
bere
  congiuntivo imperfetto of, 181

congiuntivo presente of, 177
futuro semplice of, 148
gerundio of, 273
imperfetto of, 37
passato remoto of, 125
buono, comparative and
    superlative of, 15

C

cadere
  condizionale presente of, 153
  futuro semplice of, 148
cambiare
  conjugated with **essere** or
    avere, 33
capire
  congiuntivo presente of, 177
-care, verbs ending in, 148, 153
cascare
  idiomatic uses with **ci,** 103
cattivo, comparative and
    superlative of, 15
causative constructions
  with **fare** + *infinitive,* 204–205
    direct and indirect objects
      with, 204–205
    reflexive verbs with, 205
  with **lasciare** + *infinitive,*
    205–206
    + **che** and congiuntivo, 205
    direct and indirect objects
      with, 205
    stare and **perdere** with, 206
certo/-i
  as indefinite, uses of, 132
che
  relative pronoun, 158
chi
  relative pronoun, 160
chiunque
  as indefinite, uses of, 131
ci (partitive), 102–103
  idiomatic functions of, 103
  imperativo with, 103
  ne with, 106
  placement of, 103

R23

CREDITS

Staccioli/Graffiti Press; p. 188, AP/Wide World; p. 192, David R. Frazier Photolibrary; p. 193, David R. Frazier Photolibrary; p. 196, Bettmann/Corbis; p. 197 (*left*), Emiliano Pinnizzotto/Graffiti Press; p. 197 (*center*), David R. Frazier Photolibrary; p. 197 (*right*), David R. Frazier Photolibrary; p. 209, John Springer Collection/Corbis; p. 213, Jonkmanns/Bilderberg/ Aurora Quanta Productions; p. 214, AP/Wide World; p. 220, David R. Frazier Photolibrary; p. 230, David R. Frazier Photolibrary; p. 234, Miramax/Dimension Films/The Kobal Collection; p. 251, Cristaldifilm/ Films Ariane/The Kobal Collection; p. 257, Graffiti Press; p. 258, David R. Frazier Photolibrary; p. 276 (*left, center, right*), David R. Frazier Photolibrary; p. 279, David R. Frazier Photolibrary.

COLOR PHOTOS

Le perle d'Italia: p. 1, David R. Frazier Photolibrary; p. 2 (*top left*), Signorella of Westport; (*top right*), David R. Frazier Photolibrary; (*bottom*), AFP/ Corbis; p. 3 (*top*), Muzzi Fabio/Corbis Sygma; (*bottom*), David R. Frazier Photolibrary; p. 4 (*top*), © Municipality of Reggio Emilia-Infant-Toddler Centers and Preschools. The views expressed in this publication are those of the authors representing their own interpretation of the philosophy and practices of the Municipal Infant-Toddler Centers and Preschools of Reggio Emilia. The content of this publication has not been officially approved by the Municipality of Reggio Emilia nor by Reggio Children in Italy, therefore it may not reflect the views and opinions of these organizations.; (*bottom*), David R. Frazier Photolibrary.

Il mondo di oggi nelle città, nei palazzi e nelle strade di ieri: p. 1, David R. Frazier Photolibrary; p. 2 (*top, bottom left, and bottom right*), David R. Frazier Photolibrary; p. 3 (*top*), Graffiti Press; (*bottom*), AFP/Corbis; p. 4 (*top*), Reuters NewMedia Inc./Corbis; (*bottom*), Paramount/The Kobal Collection/Claudette Barius.

Una nuova terra promessa: p. 1, AFP/Corbis; p. 2 (*top left*), Baldev/Corbis Sygma; (*top right*), Beryl Goldberg; (*bottom*), Dario Caricato/AFP/Getty Images; p. 3 (*top*), Stephanie Maze/Corbis; (*bottom*), Origlia Franco/ Corbis; p. 4 (*top*), David Turnley/Corbis; (*bottom*), David R. Frazier Photolibrary.

La strana vita dei centri storici: All photos David R. Frazier Photolibrary.

REALIA

p. 3, Courtesy RTL 102.5 Hit Radio; p. 5, Courtesy Sammontana; p. 28, Courtesy Corriere della Sera; p. 58, *Peanuts* reprinted by permission of United Feature Syndicate, Inc.; p. 74 (*left*), il CD *Buon Compleanno Elvis* di Luciano Ligabue è commercializzato dalla Warner Music Italia Srl; (*center and right*), Courtesy Universal Music; p. 96, ITATI.COM; p. 114, Courtesy Monrif Group; p. 171, Courtesy ARCI; p. 172 (*left and right*), Tratto da Donna Moderna-Arnoldo Mondadori Editore-Italia; p. 235, © Sergio Bonelli Editore 2003; p. 239, Courtesy Ufficio Cinema Comune di Parma; p. 240, Reprinted with Special Permission of King Features Syndicate; p. 249, *Lupo Alberto* reprinted by permission of United Feature Syndicate, Inc.; p. 261, Courtesy Telecom Italia.